U0927369

教育部人文社会科学重点研究基地重庆工商大学长江上游经济研究中心

“三峡库区百万移民安稳致富国家战略”服务国家特殊需求博士人才培养项目

国家社科基金项目（项目编号：14CJL012）

国家统计局科研项目（项目编号：2018LY67）

重庆教育科学规划项目（项目编号：2019-GX-363）

重庆市教委人文社科项目（项目编号：18SKJD028）

教育公平在脱贫攻坚中的功能与机制研究

黄　潇◎著

中国财经出版传媒集团
经济科学出版社
Economic Science Press

图书在版编目（CIP）数据

教育公平在脱贫攻坚中的功能与机制研究/黄潇著.
—北京：经济科学出版社，2021.6
ISBN 978-7-5218-2638-8

Ⅰ.①教… Ⅱ.①黄… Ⅲ.①教育-公平原则-研究-中国②教育-扶贫-研究-中国 Ⅳ.①G52

中国版本图书馆 CIP 数据核字（2021）第 123575 号

责任编辑：周国强
责任校对：孙 晨
责任印制：王世伟

教育公平在脱贫攻坚中的功能与机制研究
黄 潇 著
经济科学出版社出版、发行 新华书店经销
社址：北京市海淀区阜成路甲 28 号 邮编：100142
总编部电话：010-88191217 发行部电话：010-88191522
网址：www.esp.com.cn
电子邮箱：esp@esp.com.cn
天猫网店：经济科学出版社旗舰店
网址：http://jjkxcbs.tmall.com
北京季蜂印刷有限公司印装
710×1000 16 开 14 印张 2 插页 240000 字
2021 年 6 月第 1 版 2021 年 6 月第 1 次印刷
ISBN 978-7-5218-2638-8 定价：78.00 元
（图书出现印装问题，本社负责调换。电话：010-88191510）

前　言

中共十九大报告指出："我国社会主要矛盾已经转化为人民日益增长的美好生活需要和不平衡不充分的发展之间的矛盾。"为解决这一矛盾，我国实施了脱贫攻坚战略并于2020年底全面消除了绝对贫困。在脱贫攻坚战略实施过程中，基于中国实际形成了独具特色且系统全面的反贫困理论。因此，科学总结我国脱贫攻坚的成就及经验，不仅是实现脱贫攻坚与乡村振兴有效衔接的需要，而且是丰富人类社会反贫困理论的需要。在绝对贫困全面消除的背景下，进一步巩固脱贫攻坚成效不仅要"授人以鱼"更要"授人以渔"，以此提升困难群体的"造血"能力，降低返贫风险以及实现可持续发展。其中，教育有着非常重要的作用，从教育视角出发来归纳脱贫攻坚的经验总结，是讲好中国故事的需要，具有重要的理论和现实意义。

本书正是基于上述理念和背景展开。按照"理论分析—文献研究—现状考察—实证研究—政策建议"的逻辑，首先构建数理模型分析了教育公平在脱贫攻坚中的功能，并通过文献考察获得研究启示，形成了研究的理论基础。进一步，从教育发展、收入分配和贫困治理三个维度考察了研究的现实背景，明确了研究的环境条件。在此基础上，从三个方面分析了教育在脱贫攻坚中的实现机制：一是对代际收入流动进行了测度并明晰了教育的作用及贡献；二是对教育收益率进行了异质性分析并阐明了促进劳动力迁移的意义；三是对贫困脆弱性进行测算并分解了相关因素的贡献程度。最后从建立新户籍制度、消除劳动力市场歧视、推进教育供给侧改革等方面提出了政策建议。

主要研究结论如下：

第一，理论分析表明，家庭教育投入的多寡与代际收入流动性的大小密切相关。在初始收入不平等的条件下，子代人力资本水平的高低并不仅仅取决于父代物质性投入，还与父代本身的受教育水平密切相关，二者是“互补”的关系，二者的叠加效应使得代际收入流动存在明显的阶层分化特征。同时外部环境也会产生重要影响，一方面源于不同类型劳动力（技能型与非技能型）的教育收益率差异，另一方面在于代际间的职业流动，以及劳动力市场分割等环境因素。

第二，教育对于促进收入流动具有非常重要的作用，对于巩固脱贫攻坚的长效机制发挥着基础功能。但是，教育对代际收入流动的影响具有明显的异质性，收入阶层越高则教育所发挥的作用越大。教育扩展给了女性更多的受教育和劳动参与机会，按家庭角色看，父亲对子代收入的影响渐弱、母亲的影响渐强，女儿对父代的收入依赖度大于儿子。因此教育供给要更多地惠及低收入群体，并注重劳动力供给结构的转变，才能有效抵消基于家庭背景的差距，进而提升低收入群体的发展能力，以至于实现脱贫攻坚成效的巩固。

第三，教育扩张背景下不同收入群体的教育收益率存在异质性。首先，教育收益率随收入水平的上升而增加，且低收入阶层的教育收益率与其他收入阶层差距较大，体现出明显的收入阶层异质性。高等教育的正向收入回报是普遍显著的，特别是对中等及中高收入阶层而言，大学教育的回报最高、也最具人力资本投资价值。其次，劳动力迁移能够显著提升各阶层的教育收益率，表明其对于劳动力市场具有明显的配置作用。最后，按要素回报和要素禀赋进行分解，教育回报的收入阶层差异对收入差距的贡献最大；劳动力迁移有助于缩减由于受教育水平分布不均以及教育回报差异所引致的收入差距，特别是与高等教育相关的收入差距。由此看来，应该注重低收入流动人口教育收益率的提升，从而实现其收入水平的可持续增长。

第四，对贫困风险成因的分析有助于更具前瞻性地推进精准扶贫。对贫困脆弱性的分析表明，最低收入阶层面临的贫困脆弱性最大，教育有助于降低贫困脆弱性，巩固脱贫攻坚的长效机制应在于加强人力资本投资。具体而言，首先，尽管农户贫困脆弱性的整体水平随时间而降低，但农户之间面临着明显的贫困风险差异。其次，包含教育和健康的人力资本有助于降低贫困脆弱性，对贫困脆弱性的贡献度达60%，同时获得非农工作也是控制贫困脆弱性的重要因素，对贫困脆弱性的解释度达到了25%。最后，家庭背景、资产水平虽有利于降低贫困脆弱性但贡献度不高，而“层次受限”的社会交往的影响甚微。因此，为低收入群体提供更好的基础教育和培训，是形成发展能力和巩固脱贫攻坚成效的长期举措。

目　　录

第1章 引 言

1.1 问题提出

中共十九大报告指出："我国社会主要矛盾已经转化为人民日益增长的美好生活需要和不平衡不充分的发展之间的矛盾。"中共十八届五中全会提出了共享发展理念，强调"坚持共享发展，必须坚持发展为了人民、发展依靠人民、发展成果由人民共享，作出更有效的制度安排，使全体人民在共建共享发展中有更多获得感，增强发展动力，增进人民团结，朝着共同富裕方向稳步前进"。为此，我国实施了脱贫攻坚战略并于2020年底全面消除了绝对贫困。在脱贫攻坚战略实施过程中，基于中国国情形成了独具特色且系统全面的反贫困理论。因此，科学总结我国脱贫攻坚的历史成就及实践经验，不仅是实现脱贫攻坚与乡村振兴有效衔接的需要，而且是丰富人类社会反贫困理论的需要。在绝对贫困全面消除的背景下，进一步巩固脱贫攻坚成效不仅要"授人以鱼"还要"授人以渔"，以此提升困难群体的

“造血”能力，彻底阻断贫困恶性循环。因此，落实共享发展理念，就是要缩减过大的收入分配差距，保障人们发展的机会公平。其中，教育公平有着非常重要的作用，从教育视角出发来归纳研究脱贫攻坚，具有重要的理论和现实意义。

教育公平的重要性不仅在于有助于提高低收入群体当代人的人力资本水平，使之掌握更先进的生产技术或采用更高效的生产方式，并进而提升收入水平；而且在于可以促进低收入群体后代的人力资本积累，从而帮助其获得更多的发展机会，帮助该群体逐步实现共同富裕。可以说，教育公平是实现共同富裕的长期基础保障。因此，从教育公平视角研究如何巩固脱贫攻坚成效，就是要从长期视角来促进收入流动，以反映出机会公平。从这个意义上看，对代际流动问题的研究尤为重要，其有助于揭示机会公平的长期趋势及内在机制，也是巩固脱贫攻坚成效的研究切入点。事实上，以往贫困人口之所以贫困，主要在于发展能力缺失，根源在于发展机会不足。作为反映机会公平的代际流动，正以此为研究切入点来剖析如何持续巩固脱贫攻坚成效。代际流动的内涵较为广，一般主要是指代际收入流动。代际收入流动指子代的收入水平在多大程度上受父代收入水平的影响，是研究收入分配的动态视角，反映了跨代机会不平等程度，对于缓解收入分配差距具有重要意义。如果一个社会的代际收入流动相对较高，则个体有更多可能通过自身后天努力来达到更好的生活状态；反之，一个完全缺乏代际收入流动的社会则意味着阶层固化，其阻断了个体实现美好生活的路径。

我国正处于全面实现小康社会的关键时期。在此过程中，必须要消除绝对贫困，我们不仅要通过相关帮扶措施来消除绝对贫困现象，更要帮助贫困群体建立可持续发展能力。事实上，对贫困户脱贫后返贫问题的关注，其根源在于该群体发展能力的缺失。正如阿玛蒂亚·森所说，暂时的贫困状态并不可怕，可怕的是因发展能力的缺失而陷入持续性或永久性贫困。因此，巩固脱贫攻坚成效，从本质上说与促进代际流动是一致的。而帮助贫困人口形成可持续的发展能力，人力资本是关键，教育作为人力资本形成的重要渠道具有非常重要的作用。

要看到我国经济社会发展的不平衡性仍然比较突出，城乡发展差距、地区发展差距仍较为明显，相关的资源仍显稀缺，公共服务水平仍不够高。其中，教育获得的均等与否成为个体间人力资本差异的重要原因，并进一步与职业选择以及收入分配相关。而教育不均等，本质上是教育资源需求与供给的不匹配，是资源配置失衡的结果。我国正经历大规模的城镇化进程，人口的快速流动与人口管理制度以及教育资源布局并不契合，由此引致了教育分配的差异。教育属于公共服务的重要构成部分，在新型城镇化的进程中，需要统筹推进教育等公共服务的综合改革，将人们为城市发展所作的贡献与享受的公共服务有序结合。也只有这样，才能逐步改变教育分配不均的局面，使更多低收入群体能够获得更充分的人力资本投资，并形成可持续发展的能力，最终迈向共同富裕。

本书的研究正是基于上述理念和背景展开。以共享发展理念为指导，以收入分配、人力资本相关理论为基础，紧密结合新型城镇化中的教育分配及相关改革实践，着重考察教育公平在脱贫攻坚中的功能与机制，并从促进机会公平视角提出建设性的政策建议。

1.2 研究价值

本书的研究具有重要的理论意义和实践价值。就理论意义而言，一是从机会公平视角，厘清教育对于促进代际收入流动以及降低返贫风险方面的作用机制，从而明晰何种受教育水平或受教育类型能够更有效地促进代际流动，不断巩固脱贫攻坚成效。二是对我国当前的代际流动性有一个较为全面而深入地掌握，特别是对长期变化趋势和特征的归纳分析。三是对相关影响因素的定量化分解，有助于科学认识教育等因素在促进机会公平乃至巩固脱贫攻坚中的功能与机制。

就实践价值而言，在全面消除绝对贫困之后，巩固精准扶贫的效果、防止返贫则需要从根本上提升已脱贫人口的发展能力，这也是推进机会公平的基础性功能，这就需要从教育方面提出具备建设性的政策建议。因此，本书从户籍制度改革、教育公平、教育有效供给等方面提出的政策建议，可以为相关政策的制定提供决策参考。

1.3 研究思路

本书研究按照“理论分析—文献研究—现状考察—实证研究—政策建议”展开。理论分析部分，就主要概念进行了界定，也对涉及的相关理论进行了阐述；在此基础上，运用代际交替模型分析了教育、人力资本与代际收入流动之间的关系，并求解出短期和长期均衡，从而引申出实证研究的着眼点。

在理论研究的基础上，分三个方面对相关文献进行了述评。一是有关教育公平的文献，涵盖了教育公平的概念、测度方面及影响因素。二是明晰了代际收入流动的内涵，以及代际收入流动的测度方式，包括偏误纠正、样本选择、估计技术等；此外，也就父代收入如何影响子代收入进行了归纳分析，重点探讨了影响机制的实现条件和方式。三是就贫困治理进行了归纳和总结，首先是贫困线的演变，其次是从不同维度对贫困的测算，最后是从经济增长、收入分配、支农投入、金融发展和人力资本等方面，梳理了其对贫困缩减的影响。通过对上述三个方面的文献整理，使我们对所研究问题相关领域的最新进展有了系统的认识，从而为后续实证设计提供了启示。

接下来，是项目研究的背景分析部分，有助于深化对所研究问题的认识和理解。首先，对我国教育发展及资源分布状况进行了考察。在分析时，按照初等教育、中等教育和高等教育分别进行了分析，也从教育经费角度进行了整理，还按照城乡和地区视角进行了对比，从而对我国教育发展状况有一个系统性的认识。其次，对我国收入分配状况的解析，不仅从整体上刻画了收入分配差距，还从劳动收入占比、城乡居民收入、地区和行业收入差距等方面，整体描述了我国收入分配差距的变迁。最后，则是对贫困的专门探讨。既包括对贫困认定标准、贫困规模和贫困深度的总结，又包括对我国贫困治理变迁的梳理。

上述理论、文献及背景分析，为接下来的实证研究提供了指导和启示，并建立了坚实的理论基础。实证研究部分，首先，对代际收入流动性进行了测算，并探讨了不同收入阶层的代际传递特征，以及采用中介效应模型分析了教育对代际收入流动的作用。其次，从阶层差异视角测度了教育回报率，并分析了劳动力迁移对教育回报率的影响，以此明晰如何更有效地提升居民的教育回报，特别是低收入阶层的教育回报。最后，从预期风险视角测度了贫困脆弱性，并对相关影响因素的贡献度进行了分解。

实证分析所得结论为政策建议的提出建立了科学的依据。本书在最后一个部分总结了主要研究结论，并从户籍制度改革、公共服务资源配置、劳动力市场等方面提出了政策建议。

1.4 创新点

本书结合中国脱贫攻坚的历程，在既有研究的基础上更进一步，从机会公平视角系统地探讨了教育在脱贫攻坚中的功能和机制，获得了较为丰富的研究结论。主要表现在以下几个方面：

第一，扎实的理论分析。采用代际交替的数理模型，综合考虑父代教育分配与人力资本投资差异，求解了教育影响代际流动的长期和短期均衡；并结合中国代际流动的研究进展和现实背景，揭示出理论模型分析结果在中国经济社会背景中的理论内涵。并且，还从研究涉及的三个方面（教育公平、代际收入流动、贫困治理），按照概念内涵、指标测度、影响因素，对既有文献进行了系统而深入地梳理，由此获得研究启示。

第二，系统的研究视角。代际收入流动是对机会公平的反映。本书以代际流动为切入点，有助于厘清教育巩固脱贫攻坚的长效机制，从以下几个方面展开了深入的分析，由此构成了一个较为系统的研究框架。对代际收入流动的分析揭示出了代际的收入依赖程度，是从机会公平维度的考察；对劳动力迁移与教育收益率的分析，从劳动力市场环节考察了不同收入群体的人力资本投资回报差异；而对贫困脆弱性的分析则进一步基于风险视角探讨了如何形成巩固脱贫攻坚的长效机制。于是，本书不仅探讨了代际流动以及教育的作用机制，更将研究视角拓展到了劳动力市场过程，以及从风险视角研究了如何巩固脱贫攻坚成效。这不仅涵盖了人力资本形成和作用的主要过程，而且还揭示了代际流动的结构和外因。

第三，严密的实证分析。一是分城乡、城镇、农村并采用条件和非条件分位回归方法，对我国近三十年的代际收入流动进行了测度，并按各类家庭角色配对进行了比较研究。二是利用分位回归技术考察教育回报率的结构性特征，以及分解出其对收入差距的贡献。三是采用 VEP 方法对贫困脆弱性进行了测度并运用夏普利值方法进行了分解，有助于厘清教育对于减低返贫风险的贡献度。上述实证研究综合使用了 CHIP、CHNS、CLDS、CGSS 等多个大型调查数据，为结论提供了丰富的资料支撑。

| 第 2 章 |
理 论 基 础

2.1 概念界定

明晰研究概念是清晰界定研究范围的前提，本书所涉及的研究概念包括以下三个方面：

（1）代际收入流动。代际收入流动是指子代收入在多大程度上受父代收入的影响，其衡量了同一个家庭中两代人的收入关联程度，若相关性越高，则认为代际收入流动性越低。而如果一个社会的代际收入流动性很低，那么子代难以脱离父代的收入状态；对于低收入阶层而言，则意味着低收入水平的代际传递，因而具有机会公平的内涵。但在实证分析中，代际收入流动有两个衡量维度。一是绝对流动，是指子代与父代实际收入水平的关联度，通常用代际收入弹性（IGE）来表示；二是相对流动，是指子代与父代的相对收入排序之间的联系，通常用转移矩阵来反映。考虑到相对流动的测度更易受抽样偏差的影响，同时相关实证研究依赖于长期追踪调查数据，但目前此类数据还较为缺乏。综合考虑，采用绝对流动的概念来阐释代际收入流动。

（2）贫困及贫困脆弱性。贫困有绝对贫困和相对贫困之分：绝对贫困是指不能满足基本生存需要的状态，一般可用官方或学术机构公布的贫困线来衡量；而相对贫困则更侧重于衡量相对发展能力不足，一般泛指低收入群体。所以，处于绝对贫困的个体也是相对贫困的一部分，但处于相对贫困的个体不一定处于绝对贫困。我国脱贫攻坚的主要目的在于消除绝对贫困。有关绝对贫困的衡量，通常采用收入指标，因此项目研究也遵循既有研究的做法，以收入水平作为辨别贫困的标准。另外，贫困脆弱性更突出预期和风险的内涵。世界银行于2000年提出贫困脆弱性的概念，它是对家户由于未知的不确定性而遭受未来贫困威胁大小的一种事先测度，使其能够前瞻性地反映出低收入群体的返贫风险。贫困脆弱性越高则意味着未来陷入贫困的风险概率越大，越难以实现脱贫攻坚成效的巩固。

（3）教育公平。教育公平包括起点公平、过程公平、结果公平，其贯穿了教育发展的全过程。但在项目研究领域的相关实证文献中，则更多采用的是结果公平的概念。这是因为结果公平通常可以用个体的受教育层次或受教育年限来衡量，而这类数据无论是微观调查还是宏观统计都比较好获得；同时，个体之间受教育水平的差异，也很容易通过这种方式直观反映出来。但既有文献虽然也对起点公平和过程公平进行了探讨，但是囿于相关测度指标难以量化以及数据不易获取，相关实证分析还不多见。因此，这里主要基于结果公平视角展开研究。当然，这并不是说在分析论证时不考虑起点公平和过程公平的内涵，实际上正是由于起点和过程的分化，才导致了教育产出结果的差别。

2.2 理论模型

关于代际收入流动的正式化数理模型探讨，始于贝克和托姆斯（Becker and Tomes，1979），其从家庭人力资本投资的角度入手，构建了一个跨期效用方程来探讨代际收入流动问题。其认为，代际收入流动一方面来自父代对子代的人力资本投资，另一方面源于能力等不可观测因素。其中，对子代人力资本投资的大小受到父代收入水平的约束，在收入不平等背景下，这种父代的收入差距会转化为对子代人力资本投资的差距；并且，如果进一步考虑到信贷约束，那么基于收入不平等而引致的人力资本投资代际差异将会更大。由此，贝克和托姆斯（Becker and Tomes，1979）论证了代际收入流动的形成机制与人力资本密切相关。而教育作为形成人力资本的重要渠道，其本身就是人力资本的重要载体。于是，代际收入流动性的大小在理论上就与教育联系起来。而贝克和托姆斯（Becker and Tomes，1979）则被认为对该问题的理论分析做了开创性的工作。

值得注意的是，代际不仅存在收入不平等，而且还存在人力资本不平等，即父代人力资本分布不均。贝克等（Becker et al.，2018）则更进一步，在既有研究基础上将收入分布和人力资本分布共同纳入理论分析框架，从而更为系统地对代际收入流动的形成机制进行了考察。

本节将基于贝克等（Becker et al.，2018）的分析框架，先引述其模型并进行适当延伸，再结合近年来中国实证分析得到的结论来进一步阐释模型参数的理论价值及经济含义，由此构成研究的理论基础。

2.2.1　模型基本设定及求解

2.2.1.1　代际交替设定

个体在两期内存活，第一期作为子女（幼年），第二期作为父母（成年），且每个家庭只有一个子女。个体在幼年时期进行人力资本积累，并在成年时期依靠该人力资本来获得劳动报酬。个体在成年时期获得的劳动报酬将用于消费、对子女的人力资本投资以及留给子女的遗产。上述代际更替过程如图2.1所示。

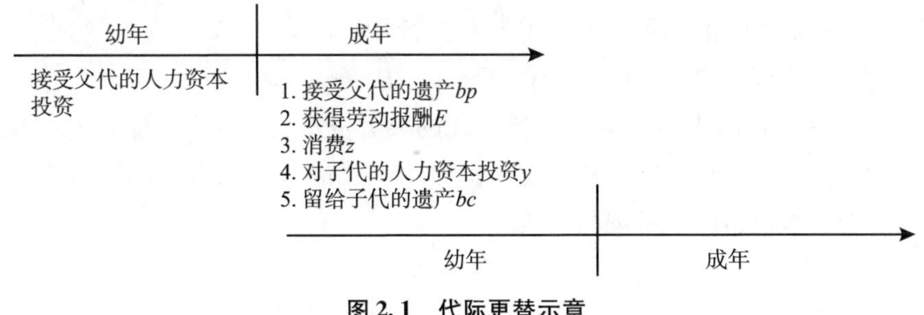

图2.1　代际更替示意

2.2.1.2 效用函数

父代的效用最大化函数为：

$$V(I_p) = u(z) + \delta U_c(\bar{I}_c) \quad (2.1)$$

其中，I_p 代表父代收入；z 代表父代消费；U_c 为子代的效用函数，其效用水平的大小与子代的期望收入 $\bar{I}_c$ 有关。式（2.1）表明，父代的效用一方面取决于自己的消费效用，另一方面取决于子代的效用。因此，父代的效用实质上是在利己和利他之间进行权衡，而这个权衡系数就是 δ。$\delta \in (0, 1)$，当 δ 越接近于1，意味着子代效用在父代效用中的“分量”越重；反之，则表明父代对子代的重视程度不够。所以，可以称 δ 为父代对子代的偏好因子。另外，函数 $u(\cdot)$ 和 $U_c(\cdot)$ 均满足一阶导数大于零、二阶导数小于零，即满足函数的凸性，这也是求解此类最优化问题的通常设定。

2.2.1.3 工资方程

无论父代还是子代，其工资方程均为：

$$E = rH^{\sigma}\varepsilon \quad (2.2)$$

其中，E 代表工资、ε 是随机干扰项，代表不可观测的因素（如运气）。$r(r > 0)$ 代表人力资本的社会平均回报率，$\sigma(\sigma > 0)$ 代表人力资本的个体回报率，之所以这么划分，是为了凸显人力资本的工资回报存在差异，其中差异部分就体现在个体回报率 σ。如果把劳动力按照技能型和非技能型划分，对于那些技能型劳动力，显然其对应的 σ 相对较高，这也与既有研究关于不同层次教育回报率的实证结果相符合（邓峰、丁小浩，2014）。

2.2.1.4 人力资本的形成

个体在幼年时期累积人力资本，人力资本方程为：

$$H_c = F(y, G, A_c, H_p, v_c) \quad (2.3)$$

其中，H_c 是子代的人力资本，H_p 是父代的人力资本，y 为父代对子代的人力资本投资，G 为政府的公共教育支出，A_c 为子代的个人能力，v_c 为其他影响子代人力资本积累的不可观测因素。

在子代的人力资本形成中，父代对子代的人力资本投入 y 与父代的人力资本是互补的（Lareau，2011；Heckman and Mosso，2014）。这可以理解为，对于那些人力资本投资能力较强且父代受教育水平较高的家庭，其兼具对子代人力资本投资的“实力”和“效率”。“实力”，源于父代对子代的人力资本投资 y；“效率”，源于父代受过较高教育水平所带来的培养理念前瞻性、方法合理性和时间高效性[①]。并且，父代受过良好教育的家庭本身通常具备较高的收入水平。所以，两者共同构成了人力资本代际传递的基础，父代在教育或收入方面的相对优势，更有可能通过代际传递给子代。

并且，在这种“互补”的情况下，还可以进一步放松信用约束的假定，即认为信贷市场是完美的，穷人即使在投资子代人力资本时面临信用约束，也可以通过信贷市场获得足够的资金。但这是否意味着穷人对子代的人力资本投资 y，可以跟富人一样呢？其实不然，正是由于上述“互补性”的存在，穷人的父代人力资本缺乏，将会“掣肘”子代人力资本。

基于上述判断，人力资本积累方程可简化为如下的C-D函数形态：

$$H_c = A_c y^{\alpha} H_p^{\beta} \tag{2.4}$$

此时，α 代表子代人力资本投入 y 的边际产出，β 代表父代人力资本 H_p 的边际效应。$\alpha \in (0,\ 1)$[②]，说明父代对子代人力资本投入的边际产出递减，原因在于子代学习知识技能的边际效用在递减，随着学习量的增大，其人力资本累积的边际增速越慢。

关于个人能力（禀赋）A_c，为分析简便起见，贝克等（Becker et al.，2018）假定其为1。这一同质性假定的含义在于：个体人力资本水平的高低只与父代投入和父代人力资本相关，而与子代自身的禀赋无关。尽管该假定并不完全符合现实状况，但有助于使问题更加聚焦：到底人力资本在代际流动中扮演着何种角色。事实上，近年来对中国的实证研究表明：尽管人力资本投资对于摆脱贫困非常重要，但相对于高收入家庭，低收入家庭普遍地无法或者不愿让自己的子女接受较高教育，低收入家庭带来的风险溢价会成为其投资的成本而削弱教育投资的吸引力（邹薇、郑浩，2014）。

---

① 例如，更能合理安排子女的学习规划，具备辅导子女学习的能力，对教育体系更熟悉以及为子女选择更适合的学校等。

② 例如，这未囊括那些低收入家庭的子女通过自身能力而获得更高教育水平的情况。实际上，这些家庭对子女的人力资本投资是比较有限的，家庭父辈也通常不具备较高的人力资本，子代的人力资本积累更多源于自身的能力。

2.2.1.5 预算约束及最优解

接下来，考察父代的预算约束方程：

$$z + \frac{b_c}{R_k} + y = I_p \equiv E_p + b_p \tag{2.5}$$

其中，R_k 是利息率。式（2.5）表明，工资（E_p）和来自上一代的遗产（b_p）构成了父代的总收入（I_p），而这些总收入分别用于父代的消费（z）、父代对子代的人力资本投资（y）以及父代留给子代的遗产（b_c）。

将式（2.4）代入式（2.2），可得（按上述假定 $A_c=1$）：

$$E_p = r(A_c y^{\alpha} H_p^{\beta})^{\sigma}\varepsilon + b_p = ry^{\alpha\sigma}H_p^{\beta\sigma}\varepsilon \tag{2.6}$$

再将式（2.6）代入式（2.5），替换 E_p，则有：

$$I_p = ry^{\alpha\sigma}H_p^{\beta\sigma}\varepsilon + b_p \tag{2.7}$$

根据 $V(\cdot)$ 为凸函数的性质，要使得式（2.1）的效用最大化，可直接由式（2.7）分别对 y 和 b_c 求偏导数即可（一阶条件）。利用式（2.7）对 y 求偏导数可得：

$$R_y = \frac{\mathrm{d}\bar{I}_c}{\mathrm{d}y} = r\alpha\sigma y^{\alpha\sigma-1}H_p^{\beta\sigma} = R_k \tag{2.8}$$

其中，R_y 为人力资本投资回报率。也就是说，当人力资本投资回报率（R_y）等于利息率（R_k）时，便得到了最优的人力资本投入水平 y^*。利用式（2.8）化简，可得出最优人力资本投入水平 y^* 的表达式为：

$$y^* = \left(\frac{r\alpha\sigma}{R_k}\right)^{\frac{1}{1-\alpha\sigma}} H_p^{\frac{\beta\sigma}{(1-\alpha\sigma)}} \tag{2.9}$$

显然，最优人力资本投资水平 y^* 随利息率 R_k 的上升而降低。但随人力资本回报水平（社会平均回报 r 和个体回报 σ）以及父代人力资本 H_p 的提高，最优人力资本水平 y^* 也会增加。

进一步，将上述最优解式（2.9）代入式（2.4），则有：

$$H_c = \left(\frac{r\alpha\sigma}{R_k}\right)^{\frac{1}{1-\alpha\sigma}} H_p^{\frac{\beta}{1-\alpha\sigma}} \tag{2.10}$$

注意到，如果 $\alpha+\beta<1$，即人力资本生产函数的规模报酬递减，那么要满足函数的凸性特征，必然要求 $\alpha\sigma+\beta<1$。并且，此时只有在 $\sigma>1$ 的条件下，才能满足个体的人力资本形成是差异性的。

2.2.1.6 代际收入弹性的决定因素

根据式（2.2），可以分别表示出父代和子代的工资方程：

$$E_c = rH_c^{\sigma_c}\varepsilon \tag{2.11}$$

$$E_p = rH_p^{\sigma_p}\varepsilon \tag{2.12}$$

再将式（2.10）代入式（2.11），两边同时取对数，可得：

$$\log(E_c) = \frac{1}{1-\alpha\sigma_c}\log r_c + \frac{\alpha\sigma_c}{1-\alpha\sigma_c}\log\frac{\alpha\sigma_c}{R_k} + \frac{\beta\sigma_c}{1-\alpha\sigma_c}\log H_p + \log\varepsilon_c \tag{2.13}$$

此时，式（2.13）仍不是关于父代工资（E_p）和子代工资（E_c）的表达式。进一步，可利用式（2.12）简化得到 H_p 的表达式，并代入式（2.13），则得出了代际收入弹性的解析表达式：

$$\log E_c = \mu + \frac{\beta}{1-\alpha\sigma_c}\frac{\sigma_c}{\sigma_p}\log E_p + \tilde{\varepsilon} \tag{2.14}$$

其中，$\mu = \frac{1}{1-\alpha\sigma_c}\log r_c - \frac{\beta}{1-\alpha\sigma_c}\frac{\sigma_c}{\sigma_p}\log r_p + \frac{\alpha\sigma_c}{1-\alpha\sigma_c}\log\frac{\alpha\sigma_c}{R_k}$，$\tilde{\varepsilon} = \log\varepsilon_t - \frac{\beta}{1-\alpha\sigma_c}\frac{\sigma_c}{\sigma_p}\log\varepsilon_p$。

若 $\sigma_c = \sigma_p$，即假定代际人力资本的个体回报差异没有变化。例如，对于大学教育而言，在 t 期，其教育回报的个体差异与社会平均回报的差为 $r_1 - \bar{r}_1$；在 $t+1$ 期，该差异为 $r_2 - \bar{r}_2$。$\sigma_c = \sigma_p$，也就意味着 $r_1 - \bar{r}_1 = r_2 - \bar{r}_2$。也就是说对于大学教育而言，在 t 期和 $t+1$ 期收入回报的相对差异是相同的，也即大学教育对于收入的“地位”是一样的①。在此假定下，可得到代际收入弹性（IGE）的表达式如下：

$$\frac{d\log E_c}{d\log E_p} = \frac{d\log H_c}{d\log H_p} = \frac{\beta}{1-\alpha\sigma} \tag{2.15}$$

根据式（2.15）可知：父代人力资本对子代人力资本的边际影响 β 越大，父代对子代的偏好系数 σ 越大，以及父代对子代人力资本投资的边际回报 α 越大，则代际收入弹性越大，相应地代际收入流动性越小。

---

① 当然，两代人面临同样的教育扩展水平时，该假定具备较强的合理性，例如，两代人都生活在高等教育大众化阶段。但如果父代面临的教育扩展水平较低，而子代面临的教育扩展水平较高，那么同一学历层次在劳动力市场上面临的稀缺性也就不同，也必然会对教育回报率产生影响。为简化分析，这里先假定其相同。

因此，父代对子代的人力资本投入水平以及父代人力资本水平，共同决定了代际收入流动性的大小。如果考虑到上述两个因素的“互补性”，则可能引致代际收入流动呈现马太效应。即不同收入阶层之间（组间）可能更难实现代际流动，代际流动更可能在收入阶层内部（组内）发生。其理论含义在于，教育作为形成人力资本的核心渠道，教育分配的均衡与否与代际收入流动有着非常重要的联系。

2.2.2　外部冲击与代际收入流动性

2.2.2.1　人力资本社会平均回报率变化

国外不少实证文献表明，过去30多年来人力资本回报率大幅提升（Katz and Murphy，1992）；同时，中国的人力资本回报（特别是大学的教育回报）也呈现出随时间而递增的特征（Ren and Miller，2012；刘泽云，2015）。这种社会平均教育回报率的提升，一方面会带来同代间的收入差距，另一方面也会对代际收入流动产生影响。为考察这一影响，只需要用代际收入弹性对人力资本社会平均回报率 r 求偏导，则有：

$$\frac{\mathrm{d}}{\mathrm{d}r}\left(\frac{\mathrm{dlog}E_c}{\mathrm{dlog}E_p}\right)=0 \tag{2.16}$$

显然，人力资本社会平均回报率上升，并不会影响到代际收入流动性。这可以解释为家庭在看到人力资本社会平均回报增加时，无论是穷人还是富人，都会同比例地增加对子代的人力资本投资。如果这样，那么代际收入弹性将不会发生变化。但实际上，发达国家的数据表明近几十年来代际收入弹性的确同步上升了，那么该如何解释这种现象呢?

为此，可利用IGE进一步对偏好系数 σ 求偏导数，则有：

$$\frac{\mathrm{d}}{\mathrm{d}\sigma}\left(\frac{\mathrm{dlog}E_c}{\mathrm{dlog}E_p}\right)>0 \tag{2.17}$$

式（2.17）表明，如果父代对子代的偏好系数增加，那么代际收入弹性依然会提高，而代际收入流动性将会下降。不难理解，家庭会敏锐地观察到技能型劳动力相对于非技能型劳动力有更高的收入，对技能型劳动力的超额人力资本投资更具价值，于是家庭在效用最大化决策时会更加偏向子代（表

现为 σ 的增加)。在不同收入阶层间，σ 的增加所引致的效应是不一样的，于是带来了代际收入弹性的提高。

特别地，如果技能型与非技能型劳动力的教育收益率差异足够大，且不同层次教育的投资门槛差异也较大，那么极有可能造成富人的偏好系数更高($\sigma_{rich} > \sigma_{poor}$)，则会进一步提高代际收入弹性，降低代际收入流动性，加剧了代际间贫富分化的马太效应。

2.2.2.2 代际间人力资本个体回报率的不同

对于式 (2.14)，如果假定 $\sigma_c = \sigma_p$，即认为 $\sigma_c \neq \sigma_p$，代际人力资本个体回报率不同，此时 IGE 的表达式为:

$$\frac{\mathrm{dlog}E_c}{\mathrm{dlog}E_p} = \frac{\beta}{1 - \alpha\sigma_c}\frac{\sigma_c}{\sigma_p} \tag{2.18}$$

要判定 IGE 的变化，则需要关注代际 σ 的相互关系。

一般而言，教育扩展会使得居民受教育水平普遍提升，表现为子代的受教育水平普遍高于父代。

若 $\sigma_c < \sigma_p$，则相对于 $\sigma_c = \sigma_p$，人力资本个体回报率差异将随时间而收敛，全社会收入不平等程度更小，同时也使得 IGE 更小，代际收入流动性增加。若 $\sigma_c > \sigma_p$ 则恰好相反，此时人力资本个体回报率差异将随时间而增大，此时全社会收入不平等程度将更大，引致 IGE 更大、代际收入流动性更小。那么，这种人力资本个体回报率的差异来源于何处呢? 一方面，来自职业的代际传递，既有实证研究表明，父代的职业对子女的教育收益率存在显著影响，机会的不平等阻碍了代际流动 (邸玉娜，2014)；另一方面，劳动力市场分割因素也不容忽视，主要劳动力市场的人力资本收益明显高于次要劳动力市场，而且人力资本对次要劳动力市场的劳动者收入差异的影响极为显著(陈纯槿、胡咏梅，2017)。

随着时间的推移，σ_c 和 σ_p 的关系是不确定的。这表明，在探讨代际收入流动性时，除了从教育视角来探讨其对代际收入流动的影响，还应从更为宽泛的职业、劳动力市场分割 (如流动人口) 的视角进行更为深层次的探讨，从而才能够更为系统地揭示人力资本在代际收入流动中的作用机制。

2.2.3 长期均衡

在长期内，人力资本的代际传递方程则服从以下自回归形式：

$$H_c = k + \tilde{\beta} H_p + v_c \tag{2.19}$$

于是，子代人力资本的大小就取决于 $\tilde{\beta}$ ，这也直接关系到代际收入流动性的大小。为此，必须对 $\tilde{\beta}$ 的取值进行讨论，同时，式（2.19）采用的线性函数，函数性质的差异也会影响到代际收入流动的长期均衡。

当人力资本积累采用式（2.19）的线性函数且 $\tilde{\beta} < 1$ 时，相对优势阶层的人力资本积累速度更快，同时人力资本的分布也将逐渐收敛于一个稳态（见图2.2）。在这种情况下，代际的收入差距将提升至某个水平后持续下去，代际收入流动也不会有变动的可能。

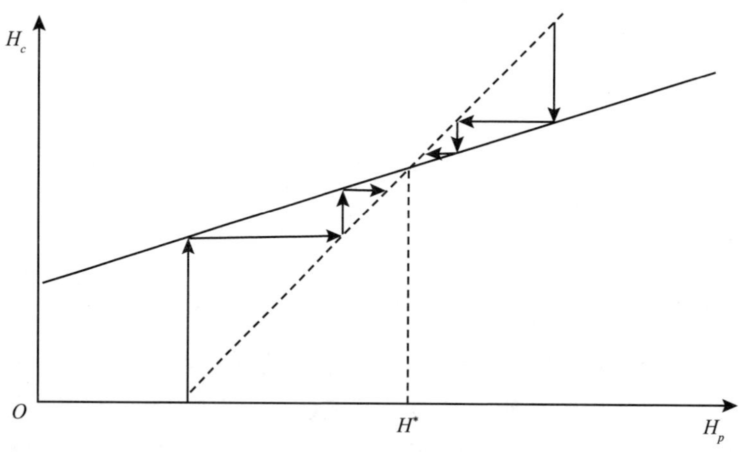

图2.2　长期变动趋势：线性函数

当人力资本积累为凹函数且 $\alpha\sigma + \beta < 1$，此时子代的人力资本函数的“互补性” $\alpha\sigma$ 以及父代人力资本边际产出 β 都比较小，则人力资本会收敛到一个稳态水平 H^* （如图2.3所示）。

当人力资本积累为凸函数且 $\alpha\sigma + \beta > 1$，此时子代的人力资本函数的“互补性”足够大，以至于可以覆盖要素投入边际报酬递减；或者富裕阶层的父代人力资本边际产出 β 也足够大，二者共同使得 $\alpha\sigma + \beta > 1$。于是，对于不同

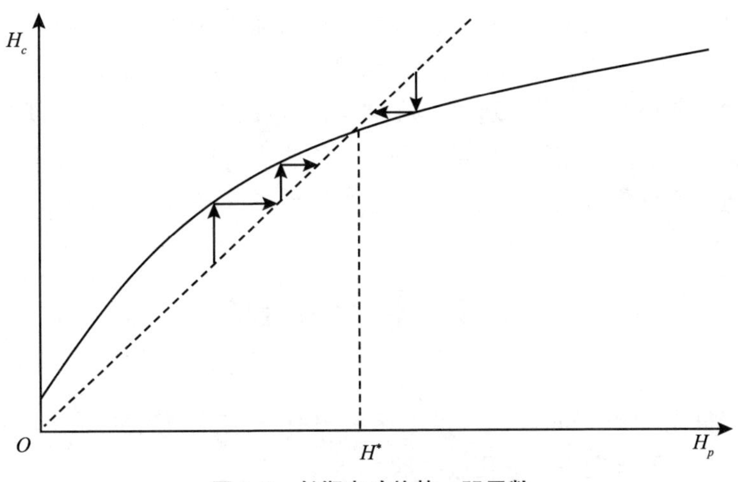

图 2.3　长期变动趋势：凹函数

收入阶层的群体，其收敛的稳态水平也不一致。这会使得所有群体分割为 N 个组（收入阶层），组内（within）的人力资本收敛，但组间（between）的人力资本则存在不可跨越的边界。如图 2.4 所示，人力资本仍然会收敛到 H^*，也会收敛到 H^{**}，但 H^* 和 H^{**} 分别属于两个组别；而 $\tilde{H}$ 是非稳态点，在 $\tilde{H}$ 附近要么收敛于 H^*，要么收敛于 H^{**}。

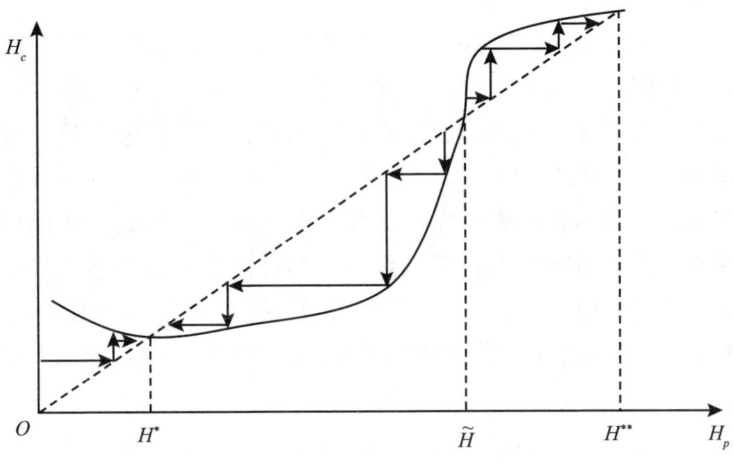

图 2.4　长期变动趋势：凸函数

上述分析对于实证研究的启示在于，如果在实证设计中利用回归方程估计 IGE 时，均值回归系数可能无法揭示更深层次的经济内涵，因为从理论上讲，同收入阶层的代际收入弹性存在“组内收敛、组间隔离”的可能。而基于不同分位点的回归结果，能够体现出不同收入阶层的差异，宜采用分位回归技术进行实证分析。

2.3 本章小结

基于贝克尔等（Becker et al.，2018）理论框架所进行的理论分析和参数拓展性探讨，不难发现以下几点启示：

第一，人力资本是影响代际收入流动的核心渠道，而人力资本的形成主要来自教育，因此家庭教育投入的多寡与代际收入流动密切相关。

第二，教育收益率对代际收入流动有重要影响。如果技能型与非技能型劳动力的教育收益率差异较大，且不同层次教育的投资门槛差异也较大，则会导致不同收入阶层在子女人力资本投资倾向上的异化（表现为高收入群体更偏向加大投入），于是代际的流动可能降低。为此，探讨代际收入流动性时应更为全面地包含劳动力市场特征，特别是对教育收益率的系统性分析应是一项重要研究内容。

第三，长期均衡分析表明代际收入流动存在明显的收入阶层分化效应，不同收入阶层间的代际收入弹性存在异质性。因为不同收入阶层在做出同样一个教育决策时面临不同的成本和收益函数，也就会做出具有截然不同的“流动策略”；例如，对于低收入社会阶层的子代，他们保持社会地位和向上流动所采取的教育决策完全相反，而高社会阶层的子代保持社会地位和实现向上流动的教育选择是一致的，都是接受更多的学术型教育（侯玉娜、易全勇，2013）。所以，不同收入阶层的教育决策方式存在较大差异，实证研究中应更多关注不同收入阶层的异质性影响，并以此深入挖掘背后的作用机制。

第四，子代人力资本水平的高低并不仅仅取决于来自父代的教育物质投入，还与父代本身的受教育水平密切相关，二者是“互补”的关系。也就是说，收入水平高且具有良好教育背景的家庭更容易将其优势（资源禀赋）传递给下一代；反之，任何一项短板的存在将会在一定程度上限制优势的代际传递。在探讨代际收入流动性时，除了从教育视角来探讨其对代际收入流动的影响，还应从更为宽泛的职业、劳动力市场分割（如流动人口）的视角进行更为深层次的探讨，从而才能够更为系统地揭示人力资本在代际收入流动中的作用机制。

第3章 文献综述

3.1 教育公平

3.1.1 教育公平的概念

教育公平是社会公平问题在教育领域的折射和反映，它确保了社会大众获得了均等的教育机会与教育资源，确保了每个社会成员参与社会活动站在了统一的起跑线上（倪霞，2015）。基于不同角度，学术界对教育公平的理解非完全一致。有学者认为，教育公平是社会公平在教育领域中的体现，是对社会资源进行配置的原则（郭彩琴，2003）；同时，也有文献提出，教育公平应是“平等、差异、补偿”三个原则的统一（褚宏启，2006）。近年来也有观点认为教育公平是作为社会公平价值理念在教育领域的延伸，其实现程度是社会民主、进步的表现，是衡量一个国家教育发展水平的重要标志（龙桂珍，2013）。并且，教育资源配置公平是实现教育公平中的重中之重

(王少峰，2018)。因此，教育公平应是包含了教育起点公平、过程公平、结果公平三个阶段。

3.1.2 教育公平的测度

有关教育公平的测度主要存在两类方法。一种基于产出角度，以受教育年限为基础，测算一个地区（国家）的教育基尼系数；另一种基于教育资源投入角度，利用生师比、生均经费等数据来测算教育资源配置泰尔指数。

3.1.2.1 教育基尼系数

自 1978 年以来，有关学者提出了测度教育公平的三项重要原则，即机会均等原则、财政中立原则与充足性原则。机会均等原则指教育应该特别为弱势群体提供一个公平的起始机会；财政中立原则是为了同类地区的学生提供同样的经费支出；充足性原则是指为了实现某些目标需要充分的资源。这三个原则实质上是阐明了教育公平涉及的“四个利益主体”[①]，在“四个阶段”[②] 资源分配的公平与否。具体而言，教育公平涉及的资源分配，既包括办学设施、办学经费、师资队伍等基本办学条件，又包括各种政治的、文化的、经济的“资源”（教育制度的上游制度）对在起点上的受教育机会的获得性影响，以及对受教育的内部结果（如成绩）与外部结果（如就业、社会流动等）的影响（获得教育的水平与质量及其影响）的公平与否，还包括在教育过程中的家长、教师对学生的期望以及对教育制度的感知等方面的公平与否。

因此，测度教育公平就是在“三个维度”上对与“四个主体”相联系的可以用来具体地反映公平的问题（具体的测度指标的应用）的回答，而这种指标的设计与应用要遵循“五项原则”并且始终贯穿于教育的“四个阶段”(沈有禄、谯欣怡，2009)。

近年来，使用教育基尼系数测度中国教育发展的公平程度的研究成果日

---

① 这四个主体包括：学生、纳税人或其家庭、各个层级的政府管理机构、学校教育提供方的学校及其教师与其他工作人员。

② 这四个阶段包括：受教育的起点、过程、内部结果与外部影响。

渐丰富，大部分研究倾向于使用人口的受教育年限为基础来测算教育基尼系数。托马斯等（Thomas et al.，2003）认为，准确测度教育基尼系数需基于教育成就的存量指标，而受教育年限可以很好地反映教育成就。教育基尼系数的测算方式为：

$$G_e = 1 - \sum_{i=1}^{n} (X_i - X_{i-1})(Y_i + Y_{i-1}) \tag{3.1}$$

其中，G_e 表示教育基尼系数，n 是划分的教育层次，X_i 表示累计至教育层次 i 的受教育人口占总人口的比率，Y_i 表示累计至教育层次 i 级的人群受教育年限占该地区总教育年限的百分比。

通过测算 2000～2010 年我国教育基尼系数，结果表明我国各省份人均受教育年限均有不同程度提高，教育基尼系数普遍下降，教育公平状况得到改善。教育年限与教育基尼系数具有明显的负相关关系，即一地区的人均受教育年限越长，该地区教育基尼系数越低（张菀洺，2013）。而基于性别和地区的分解结果表明，中国的教育发展成就和教育公平程度得到了显著的提高；北部地区的教育发展水平明显高于南部地区，教育不公平程度呈现出西高东低的趋势；性别间教育发展差距呈收敛趋势，但地区间教育发展差距有所扩大（孙百才，2014）。基于同样的方法，采用中国综合社会调查（CGSS）2003～2015 年的数据研究发现，性别间的教育不公平问题仍然突出，且表现为在农村、少数民族、西部地区及下层群体内部凸显的群体异质性；女性内部教育不公平显著大于男性的特征在所有群体内部均表现突出，且具有逐步强化的态势（张学敏、吴振华，2019）。

3.1.2.2 泰尔指数

这主要是结合层次分析法，并利用泰尔指数进行计算。王少峰（2018）利用校级层级的教育资源数据，构建了详细的测度过程。

首先，通过与教育行政人员、高等教育专家、基础教育学校的校长及教师、家长和社会人士进行不同层面的访谈与调研，构建评价基础教育资源配置公平的指标体系。该指标体系共包括 3 个一级指标①，8 个二级指标②，各

① 一级指标包含：人力资源、财力资源以及物力资源。

② 二级指标包含：生师比、一级以上职称专任教师比例、本科以上学历专任教师比例、生均教育经费支出、生均公用经费支出、生均校舍建筑面积、生均图书册数以及生均教学设备值。

项指标的权重采用德尔菲法确定。

其次，计算基础教育资源配置公平指数，计算步骤和方法如下：

第一步，采用式（3.2）计算各二级指标的泰尔系数：

$$T = \frac{1}{n}\sum_{i=1}^{k}\sum_{j=1}^{n_i}\frac{y_{ij}}{y}\ln\left(\frac{\overline{y_i}}{\overline{y}}\right) + \frac{1}{n}\sum_{i=1}^{k}\sum_{j=1}^{n_i}\frac{y_{ij}}{\overline{y}}\ln\left(\frac{y_{ij}}{\overline{y_i}}\right) \tag{3.2}$$

其中，把样本观测值按照学区分为 k 组，n_i 为各组观测值个数，y_i为第 i 组的观测值，y 为样本全体观测值之和。

第二步，利用二级指标权重分别计算各一级指标泰尔系数：

$$T = t_1 r_1 + t_2 r_2 + \cdots + t_n r_n \tag{3.3}$$

其中，t_1 为第一项二级指标的泰尔指数，其余类推；r_1 为第一项二级指标的权重，其余类推。

第三步，利用一级指标权重计算整体综合泰尔指数，即公平指数：

$$T = t_1 r_1 + t_2 r_2 + \cdots + t_n r_n \tag{3.4}$$

其中，t_1 为第一项一级指标的泰尔指数，其余类推；r_1 为第一项一级指标的权重，其余类推。

基于北京市西城区的测度结果表明：西城区小学教育资源配置的整体公平程度在不断提高，但单项教育资源配置发展程度存在差异，例如，生均校舍面积、生均教育经费、生均图书册数等（王少峰，2018）。

3.1.3 教育公平的影响因素

3.1.3.1 宏观层面

（1）政策因素。

户籍制度改革就深刻地影响着我国人口流动格局和公共资源配置（赵军洁、范毅，2019）。大量的农村剩余劳动力不断涌入城市，随着新生代农民工的迁移模式逐步由个体迁移向家庭式迁移转变，农民工随迁子女的规模也随之不断扩大（李超等，2018）。然而，城乡二元户籍制度决定着教育资源的分配，于是在中考、高考等重要选拔性考试方面，居民和非居民存在着较大差别（褚宏启，2015）。尽管九年制义务教育有效地降低了随迁子女的辍学率，但由户籍制度及其衍生的优质公办学校入学门槛方面，仍是矛盾的焦点

(Li et al. , 2015)。显然，上述限制了农民工子女在流入地公办学校接受教育(Xu et al. , 2013)。

尽管《中华人民共和国义务教育法》明确规定了“就近入学”，但该政策非但不能撼动导致“择校问题”的“精英主义”的价值取向，反而会因“就近入学”而固化“精英主义”价值取向下学校间教育资源尤其是生源分配的不公（王强、杨连子，2014）。于是，有学者通过对存在于公办学校的“天花板效应”以及农民工子弟学校的“反学校文化”进行分析，认为现行的教育体系不但很难为农民工子女提供向上流动的机会，并且进一步强化了嵌入在制度体系中的不平等（Xiong，2015）。

政策对于社会资源的分配起着重要的作用，是实现教育公平的重要保障；而追求教育公平是当代我国教育政策的基本价值取向。总的来说，教育公平的实现需要不断地完善教育政策运行的公平机制。

（2）经费投入。

经费投入是教育均衡发展的重要保障，促进教育公平是财政教育支出的重要目标。以 2001 ~2010 年中国 31 个省份的面板数据为基础，基于人均受教育年限、人均教育经费、教育经费占地区 GDP 比例三项指标的多指标面板数据聚类结果分析，研究发现教育投入对不同发展水平、不同类型经济区域的影响作用不同（孙玉环、季晓旭，2014）。虽然近年来城乡教育差距在逐渐减小，但城市内部和农村内部义务教育经费投入差异有变大的趋势（闫德明，2015）。

基于 2001 ~2011 年的省级面板数据，有学者通过建立联立方程组和分布滞后模型进行实证检验，研究结果表明：缩小城乡初中教育经费的差距可以有效地降低城乡教育不平等，而缩小城乡小学或高中教育经费的差距对降低城乡教育不平等并无显著作用（吕炜等，2015）。有学者使用 2013 年中国家庭收入调查数据和相关财政支出数据进行实证检验，结果显示：基础教育财政支出可通过“扩张效应”和“补偿效应”影响教育的代际流动，前者提高底层家庭子女基础教育的入学率和完成率，促进教育机会公平；后者通过缓解家庭信贷约束，弥补经济困难家庭子女教育投入的不足，而发挥促进教育公平的作用（段义德，2018）。

在高等教育层面，对 2004 ~2013 年中国普通高等教育生均教育经费水平进行实证分析和国际比较发现，中国高等教育生均教育经费远低于发达国家水平，国内东部与西部地区的差异巨大，存在校际配置与地区分配不均衡等问题（杜鹏、顾昕，2016）。此外，虽然我国财政性教育经费占 GDP 比例连续 6 年超过 4% 且一半以上用于义务教育，但仍存在农村义务教育经费投入总体不足，义务教育经费保障机制尚未落实到位，且不同程度地存在“中部塌陷”“滞拨”“挤占”现象频发等现象（张辉蓉等，2019）。

由此可见，教育经费的投入是影响教育发展的重要因素，由于我国的教育经费投入主要依赖于地方财政经费投入，地区间经济发展不平衡导致地区间教育发展的不平衡。

（3）校际差距。

学校教育质量依赖于教师和学校教育环境之间的相互作用。有学者基于“2009 学生能力国际评估计划”（PISA 2009）数据进行实证研究，结果显示：学校教育资源质量对学生成绩无显著影响，但学校生师比、教师质量不仅影响学生成绩，还具有改善家庭移民状况和经济社会文化地位对学生成绩影响的作用（侯玉娜、沈爱祥，2014）。

尽管我国义务教育阶段教师数量呈稳步增长态势，但是仍存在西部、农村等贫困薄弱地区专任教师不足、学科结构性缺口、优质教师难招难留等问题，部分农村义务教育学校“空心化”现象较为普遍；相比之下，城镇化背景下教育人口持续向城市涌入，城市教育资源供给紧张（张辉蓉等，2019）。就城乡间的差距而言，我国城乡义务教育呈现明显的断裂与失衡，而城乡义务教育的分割、分离与分治及其带来的“重城轻乡”的政策取向则是我国城乡义务教育长期非均衡发展的制度与政策根源（彭泽平、姚琳，2014）。

由此我们可以看到，学校资源配置与教育公平之间存在密切的关系，学校是教育的培养基地，学校的环境与资源在学生的教育发展中起着重要的作用，学校资源配置的不均衡会引起教育的过程和结果不公平。

（4）信息技术。

世界正处于信息化时代，运用以物联网、云计算为重要标志的新一代信息技术构建信息资源门户、名师视频平台、虚实结合的内容体系，以数字化的方法促进更高层次的教育公平的实现是我国新型的具有中国特色的教育公平之路（陈耀华、陈琳，2013）。通过建设“一体、双核、四驱”模式的农村教学点数字学校等措施，使得农村教学点教育质量明显提高，方便贫困地区学生就近入学进而实现教育公平（付卫东等，2016）。

但与此同时，关于信息技术是否可能导致新的不公平也出现了不少争论。我国通过信息化促进教育公平的已有政策和实践从整体上看还是更多地着眼于建设网络、配置计算机及相关软硬件、建设资源这三个方面，但上述“物理上”的建设不足以缩小差距与促进教育公平（王美、随晓筱，2014）。还有研究表明，学校教育中的数字鸿沟往往与社会不公平互相交叉在一起，社会的不公平导致了学校教育中信息技术的不公平使用，而信息技术的不公平使用又进一步加剧了社会的不公平，进而使得学校教育中的不公平进一步加剧（庞红卫，2015）。

总的来说，学校信息化能力建设与教师信息化技术培养对于教育来说有相当大的积极推动能力，但教育信息化最重要的难题就是缩小数字鸿沟，促进教育公平，如何管理、如何运行、如何建设，保障结果公平的政策环境和体制尚未形成。

3.1.3.2 微观层面

（1）代际流动。

国外有关教育代际流动性的分析，主要集中在考察父母受教育水平与子女受教育水平的关联性。多数研究结果显示，父母的受教育水平是子女受教育水平的重要影响因素。子女受教育水平和父母受教育水平之间存在正相关关系，即父母受教育水平越高，子女受教育水平也越高（Haveman，1995）。

李力行等（2014）为了描述教育代际传导作用随时间的演变趋势，采用1995年、2002年和2007年中国家庭收入项目（CHIP）的三次调查数据放在一起进行回归分析，并同时使用2005年人口抽样调查数据作为对比，结果显示教育年限的代际传递弹性先下降后上升，代际传递趋势在不断加强。并且，父代的职业对子女的教育收益率存在显著影响，机会的不平等阻碍了代际流动（邸玉娜，2014）。

孙永强和颜燕（2015）基于2012年中国家庭追踪调查（CFPS）数据的分析也指出，父母的教育背景对子女义务教育水平有显著传递效应，其中父亲教育背景对子女高等教育阶段的教育机会影响显著，而母亲教育背景对子女义务教育和高中阶段的教育机会影响更大。

转换矩阵同样被用作教育代际传递的研究。基于2013年中国健康与养老追踪调查（CHARLS）的数据，研究发现我国教育代际传递性很强，下层阶级很难通过教育实现向上的社会流动，而上层阶级很易留在上层社会，很难流入下层阶级，继而引发了"二代现象"（赵红霞、冯晓妮，2016）。在高等教育层面，中国存在着较为显著的高等教育代际传递现象，父母的受教育程度影响着子女的受教育程度（魏晓艳，2017）。

总的来说，教育常被认为是打破社会阶层固化的手段，但是教育本身就存在代际传递性，且对于我国实际情况而言，我国教育的代际传递较高，且不断在增强，促使教育不平等，进而加速引起社会不平等。

（2）性别差异。

性别公平作为教育公平的重要维度之一，是衡量教育公平与否的重要指标，也是全球社会发展及教育发展的基本价值取向。已有研究显示，随着我国经济发展、社会进步以及教育公平政策的不断推进，教育的性别差距逐渐缩小。例如，鲍尔等（Bauer et al.，1992）、韩怡梅和谢宇（Hannum and Xie，1994）、李春玲（2010）、叶华和吴晓刚（2011）等认为中国女性受教育的地位得以改善，甚至在受教育年限和升学率方面超过男性。但女性在更高层次教育的入学机会、辍学风险、教育质量等教育获得和教育成就的指标上仍显著落后于男性（郑磊、张鼎权，2013）。

郭冬生（2008）认为在农村妇女的扫盲教育、义务教育阶段女童的失学或辍学、高中阶段女生的入学率、高等教育阶段女生的专业选择等方面仍然存在比较明显的性别差异，并且农村地区和家庭经济地位较低的群体教育性别不平等更为突出（李春玲，2009，2010，2014；吴愈晓，2012）。同样地，卫红丽（2016）也认为农村性别差异问题仍比城市严重。

吴愈晓（2012）、郑磊（2013）、孙百才（2014）、卫红丽（2016）、蔡栋梁（2016）等认为我国居民教育的性别不平等呈持续下降的趋势。但他们的研究同时也指出，在教育性别不平等呈下降的同时，不同群体间教育性别公平呈现明显的异质性。

除了性别间的差异，性别内部也存在较为严重的不均等。其中，女性内部教育不公平显著大于男性的特征在所有群体内部均表现突出，且具有逐步强化的态势（张学敏、吴振华，2019）。

总的来说，虽然男女两性在法律上享有平等的受教育权利，但在不同的地区、城乡与不同的家庭中，教育领域的性别差异依旧不同程度地存在，从教育结果上而言，女性平均受教育年限也低于男性。

（3）家庭因素。

许多学者从布迪厄的阶级理论出发，探讨家庭对子代教育投入和教养理念上的差异。通过 2009 年一项全国城市地区中小学生及家长调查数据进行分析，显示在子代教育方面中，中等收入阶层的父母在资本投入上有着显著的优势（洪岩璧、赵延东，2014）。

在不同的家庭观念中对不同性别子女教育的支持力度存在差距，对男性后代的支持力度要高于女性后代。从家庭因素分类来看，随着家庭经济资本、社会资本的提高，父母更倾向于支持男性后代的学业；随着家庭文化资本与父母文化程度的提高，父母则对女性后代学业表现出更高的支持（范静波，2016）。

研究资料的丰富为实证研究的开展提供了更多支撑。通过分析 2010 年中国家庭追踪调查数据（CFPS）可以发现：家庭社会经济地位越高，家庭对子女的教育期望越高。少子女家庭、城市家庭对子女的教育期望要高于多子女家庭、农村家庭，并且独生子女家庭的教育期望不受子女性别影响，但多子女家庭更偏向于男性（刘保中等，2014）。利用人口迁移与儿童发展跟踪调查数据（PSDMC）探讨家庭因素对儿童发展的影响，发现：家庭社会经济地位对儿童发展具有重要的影响作用；教育期望和亲子交流这两个因素起着重要的中介作用（周皓，2013）。还有学者基于中国教育追踪调查数据（CEPS），使用分层线性回归模型和夏普利值分解方法，对当前城乡义务教育质量差距及其影响因素进行实证分析。结果显示，从中心城区到边缘农村，学生认知能力成绩呈现出明显的“差序格局”。在影响教育质量的因素中，无论是学校层面还是家庭层面，相比于经济性因素（如生均公用经费、家庭经济收入等），文化性因素（如家庭文化资本、家长教育期望等）的影响效应更大（宗晓华等，2018）。

当前，家庭因素在教育中的地位与作用日益增强。家庭提供了与学校不一样的教育环境，与受教育者的互动和关系不一样，并且家庭影响贯穿着受教育者的一生，家庭拥有较强经济资本、人力资本、社会资本、较高的教育期望以及正确的教育观念将更有利于子代的教育发展。

3.2 代际收入流动

3.2.1 代际收入流动的内涵

机会不平等是其他一切不平等的根本原因，其可通过计算代际流动性的大小加以测量（方鸣、应瑞瑶，2010）。因此，对代际流动性进行研究和测度具有高度的现实意义。根据研究对象和目的不同，代际流动一般分为代际间的城乡流动、职业流动、行业流动和收入流动，其均从动态的角度对社会流动性进行了分析。20 世纪 90 年代之前学者对代际流动的研究主要围绕代际职业流动问题，但由于个人的职业并不能完全反映个人所拥有的全部资源，在这之后，学术界将代际流动的研究重点放在了对代际收入流动研究上（郭丛斌、闵维方，2007）。

一般而言，代际流动是指父代的受教育程度、收入状况及社会地位对子代的社会地位和收入状况的影响，其可以用来衡量社会的平等状况（Sawhill，2000）。而代际收入流动衡量的是父代收入对下一代收入的影响程度，即子代收入对父代收入的弹性。代际收入弹性越大，父代收入对子代收入的影响越明显；相反，则影响越小（郭丛斌、闵维方，2007）。

3.2.2 测度方式

3.2.2.1 代际收入弹性

（1）测度方法。

代际收入弹性（IGE）是测量代际收入流动性的重要指标。早期研究中，贝克和托姆斯（Becker and Tomes，1979）通过建立经济模型对收入的代际传递进行了分析，并讨论了条件不同的情况下的父代收入对子代收入的传递程度，为之后在这一领域的研究建立了较为完整的理论基础和研究结构。此外，索隆（Solon，1989）建立了父代收入对子代收入影响的代际收入弹性线性模型，其在之后的研究中将模型进一步的完善。

多数研究均使用回归系数法来对代际收入弹性进行测量，其基准模型如下：

$$y_i^c = \alpha + \rho_1 y_i^f + \varepsilon_i \tag{3.5}$$

其中，y_i^c 和 y_i^f 分别表示子代和父代永久收入的对数值，ρ_1 表示父代对子代收入的影响系数，即代际收入弹性系数。ρ_1 越高，父代收入对子代收入的影响越强，社会代际流动性越差。极端情况下，当 $\rho_1 = 1$ 时，子代收入完全受父代收入影响，$\rho_1 = 0$ 则表明代际间不存在收入流动。

（2）估计偏误的处理。

然而，取得子代与父代永久性收入需要对两代人的收入进行长期的追踪调查，但由于这种长时间跨度的数据不易取得，因而实际研究中往往以当期收入取代永久收入来测算代际收入弹性，在此基础上估计的代际收入流动性可能存在向下偏误。索隆（Solon，1992）在基准模型（3.5）的基础上进一步地对其完善，将子代和父代的年龄及其平方项加入回归模型中以克服向下偏误。其基于年龄的调整模型如下：

$$\begin{aligned} y_{1it} = (\alpha_1 - \rho\alpha_0) + \rho y_{0is} + \beta_1 A_{1it} + \gamma_1 A_{1it}^2 - \rho\beta_0 A_{0is} \\ - \rho\gamma_0 A_{0is}^2 + \varepsilon_i + \upsilon_{1it} - \rho\upsilon_{ois} \end{aligned} \tag{3.6}$$

其中，A_{1it} 和 A_{0is} 分别表示子代和父代在 t 年和 s 年的年龄。利用调整模型（3.6），索隆（Solon，1992）研究发现美国代际收入弹性在0.4以上，表明美国社会代际流动性较低，这一结果显著高于此前学者按照基准模型计算的弹性。

方鸣和应瑞瑶（2010）认为索隆提出降低偏误的方法仅考虑了代际收入弹性估计的向下偏误，由于工具变量的选择并非完全外生，而选择收入均值法来对子代和父代的收入进行回归更恰当。该方法的特点在于用收入平均数取代了原来两代人收入的绝对数，以避免了估计值的向上偏误。在实证研究中，他们分别以3年、4年、5年、6年、7年的收入均值为解释变量计算农村居民收入弹性，其研究结果发现使用7次收入均值得到的代际收入弹性估计值显著提高。此外，在选择两代人收入进行估计的时候，也有学者建议使用个人在30岁早期至40岁中期的收入来代替永久收入对代际收入弹性的估计，因为个人在这一时期的收入与其永久性收入最为接近（Haider and Solon，2006），故采用这一收入数据的代际收入弹性估计值的偏误更小。

在降低代际收入弹性估计的偏误方面，周兴和张鹏（2014）从新的视角建立了估计方程式。一方面，其控制了子代和父代年龄的范围以使收入影响系数接近于1；另一方面，控制年龄及平方项，这样有助于更加真实地对代际收入弹性进行估计。

（3）对中国代际收入弹性的研究。

随着国内微观数据的逐渐扩充，学术界对于我国代际收入流动性的研究也逐渐丰富起来。王海港（2005）利用1988年和1995年的中国家庭收入调查（CHIP）数据，建立了城镇居民子女收入对家长（父亲或母亲）收入的回归方程，得到1988年和1995年代际收入弹性分别为0.384和0.424。同时，他们按收入水平分组对父代、子代的收入状况进行探讨，发现虽然1995年低收入组父母对子女收入的影响比1988年有所下降，但高收入组父母对子女的影响力大大增强了，说明1995年高收入阶层的代际流动性是非常差的。

进一步，有学者利用在2000年、2004年、2006年和2009年的中国健康与营养调查（CHNS）数据估计了代际收入弹性，估计值分别为0.66、0.49、0.35、0.46，表明我国代际收入流动性大体呈上升趋势，该值高于部分发达国家的数值；其中，低收入群体的流动性偏低是我国代际流动性偏低的原因（何石军、黄桂田，2013）。同样利用CHNS对我国代际收入弹性进行测量的还有王美今和李仲达（2012），其认为中国居民收入的流动弹性为0.830，这要显著高于何石军和黄桂田（2013）的研究结果。

徐晓红（2015）利用中国家庭收入调查（CHIP）和中国家庭追踪调查（CFPS）的数据测度了2002~2012年我国城乡居民代际收入流动性，其中城镇居民代际收入弹性在2002年、2007年、2012年分别为0.4720、0.4130、0.3590，相应地农村居民在2010年和2012年分别为0.3558和0.2703。显然，2002~2012年我国代际收入差距呈下降趋势，但城镇居民的代际传递程度高于农村。并且，农村低收入群体容易陷入代际传递陷阱，即贫困的代际传递。

此外，对代际收入弹性的测度方法进一步拓展。韩军辉和龙志和（2011）在综合考虑暂时性收入偏误、生命周期偏误、同住选择和工作选择偏误后运用分位回归对中国农村家庭的代际收入弹性进行估计，得到代际收入弹性为0.294；在50分位点和60分位点上，代际收入弹性最大，分别为0.775和0.773。这表明最低和最高收入分位数的农村家庭则呈现出较强的代际收入流动性，而中位数附近的流动性则较低。

表3.1汇总了近年来关于我国代际收入弹性的测度结果，可以看到，结果并不一致。但从趋势上看，多数文献认为20世纪80年代以来：国内代际收入弹性总体呈现下降趋势，但近年来出现上涨势头；分城乡看，城镇高于农村；分区域看，东部的代际收入弹性高于西部。

表3.1　我国代际收入弹性（IGE）测度的比较

研究者	数据来源	数据年份	维度	IGE 测度结果
王海港（2005）	CHIP	1988年、1995年	城镇	0.384、0.424
方鸣、应瑞瑶（2010）	CHNS	1989～2006年	农村	0.5536（东部）、0.4901（中部）、0.4082（西部）
韩军辉、龙志和（2011）	CHNS	1989～2006年	农村	0.294（总体）、0.775（50分位点）、0.773（60分位点）
陈琳、袁志刚（2012）	CHIPS、CGSS	1988年、1995年、2002年、2005年	城镇	0.51、0.42、0.33、0.30
			农村	0.42、0.28、0.22、0.24
汪燕敏、金静（2013）	CHIP	1989～2006年	总体	0.32（OLS估计值）、0.46（偏误修正）
何石军、黄桂田（2013）	CHNS	2000年、2004年、2006年、2009年	总体	0.66、0.49、0.35、0.46
胡洪曙、亓寿伟（2014）	CHNS	1989～2009年	总体	0.385～0.536（父子之间）
龙翠红、王潇（2014）	CHNS	2009年	总体	0.6
			城镇	0.8
			农村	0.5
邸玉娜（2014）	CHARLS	2011～2012年	总体	0.1218（整体）、0.2211（42～51岁）、0.1595（22～31岁）
徐晓红（2015）	CHIP、CFPS	2002年、2007年、2012年	城镇	0.4720、0.4130、0.3590
		2010年、2012年	农村	0.3558、0.2703
陈琳（2015）	CHIP	1990～1995年、1998～2002年	总体	0.8、0.4

续表

研究者	数据来源	数据年份	维度	IGE 测度结果
陈杰、苏群、周宁（2016）	CHNS	1989～2011 年	农村	0.39（平均）、0.4 以上（修正均值收入）
龚等（Gong et al.，2012）	UHEES（2004）、UHIES	1987～2004 年	城镇	0.63（父子）、0.97（父女）、0.36（母子）、0.64（母女）

3.2.2.2 代际收入转换矩阵

（1）测度方式。

相较于用代际收入弹性对代际收入流动进行整体测量，转换矩阵法可以对不同收入阶层的代际收入流动进行测量，有利于更加深入地了解我国城乡居民代际收入流动的内在结构（刘志国、范亚静，2012）。

代际收入转换矩阵可表示为 $P(x, y) = [P_{i,j}(x, y)]$，其中 x 和 y 分别表示父代和子代的收入分布，$x \to y$ 表示父代到子代收入的转换，转换矩阵中行代表父代的收入阶层，列代表子代的收入阶层，$P_{i,j}$ 表示在父代处在第 i 收入阶层的情况下，其子代收入位于第 j 阶层的概率。其计算方法是首先将父代和子代的收入分别按其收入水平由高到低划分为 n 个层次，再以家庭为单位标出各成员收入所属层次。然后以父代收入为基准，计算每一收入阶层中，子代所处阶层的家庭所占比重。最后将各阶层计算结果按矩阵形式排列即可得到转换矩阵（周兴、王芳，2014）。

收入五等份法是实际运用中最常用的方法。其将子代和父代按照收入高低顺序划分为五等分，如式（3.7）所示，对于转换矩阵 P，对角线（$i = j$）上的元素，表示子代收入层次处在与父代层次相同的概率；非对角线（$i \neq j$）的元素，表示其父代处在第 i 层次的子代进入不同于父代收入层次的概率（刘志国、范亚静，2012）。

$$P = \begin{pmatrix} a_{11} & a_{12} & a_{13} & a_{14} & a_{15} \\ a_{21} & a_{22} & a_{23} & a_{24} & a_{25} \\ a_{31} & a_{32} & a_{33} & a_{34} & a_{35} \\ a_{41} & a_{42} & a_{43} & a_{44} & a_{45} \\ a_{51} & a_{52} & a_{53} & a_{54} & a_{55} \end{pmatrix} \tag{3.7}$$

(2) 相关研究结果。

王海港 (2005) 利用转换矩阵法对 1988 年、1995 年国内城镇代际收入传递进行测量。相较于 1988 年, 1995 年处在收入五分位和次低收入分位的人群, 其子代向上提升的可能性更大, 但升往最高收入分位的概率相比 1988 年有所降低。父子两代保持在最高收入层次的概率由 1988 年的 42% 上升至 49%, 这表明收入高分位群体的固化明显加强。

何石军和黄桂田 (2013) 则对 2000 ~2009 年的代际收入传递性进行了分析, 发现处于收入最低层次的群体其子代仍然停留在低层次的可能性较大, 同时处在最高层次群体的子代向下流动的可能性增大。一方面, 这说明我国由上到下的代际流动性有明显增强; 另一方面, 却又表明由下向上的流动性却出现下降, 容易陷入 "低收入陷阱"。

此外, 也有学者基于中国家庭收入调查 (CHIP) 和中国家庭追踪调查 (CFPS) 对数据采用收入流动矩阵方法对 2002 年和 2012 年的代际收入流动性进行测量。其研究结果表明, 2002 年处在最底层的人群的子女有 32.63% 的概率继续留在收入底层, 其跨入最高层的概率只有 12.14%。收入最高层群体的子女有 27.44% 的概率继续留在最顶层, 其跌落底层的概率仅有 11.77%。显然, 最低收入层次与最高收入层次的代际收入流动性均有所提高, 代际传递程度趋于下降 (徐晓红, 2015)。

3.2.3 传递机制

3.2.3.1 人力资本

人力资本是影响收入代际传递的重要因素, 在早期代际收入流动性研究中就以其作为理论框架进行探讨 (Becker and Tomes, 1979)。而教育作为人力资本的主要表现形式, 是代际收入流动性研究的重要内容。教育在代际收入流动研究主要探讨父代收入对子代所拥有的教育资源的影响, 进而对子代收入产生影响; 另外, 则主要研究父代的受教育水平对子代收入水平的影响。

陈琳和袁志刚 (2012) 认为人力资本是除生物遗传外, 引致代际收入传递的最重要因素; 教育作为一种人力资本投资, 对代际收入传递的解释力高达 10% 以上; 并且, 教育对代际收入流动性的解释力在不断增强, 导致这一变化的原因主要是由于教育回报率的不断提升，而与父代对子代受教育年限的影响关系不大。

龙翠红和王潇（2014）的研究也认为子代的受教育年限与代际收入弹性密切相关，相较于没有控制子代的受教育年限，子代受教育水平的加入使得代际收入弹性下降了9.2%，体现了教育的重要作用。

上述研究表明，教育对代际收入流动性的作用不容忽视，但也有研究持相反观点，认为教育对子代复制其父代经济地位的作用相对较弱。父代收入对子代收入的直接影响占总影响的比例高达86.9%，意味着父代收入对子代收入的影响并非通过影响子代教育而产生作用（郭丛斌、闵维方，2007）。

另外，父代的受教育水平也会对代际收入传递造成影响，表现为教育程度在代际间的传递。有学者通过对我国城乡居民代际收入进行分解后发现，教育是居民代际收入传递的重要中介。具体而言，教育对代际收入传递的贡献率为17%，父代受教育水平的高低会影响子代的受教育机会的大小，教育程度在两代人之间能够继承和延续，这种家庭的教育文化的再生产使得教育收入传递起到显著影响（方鸣、应瑞瑶，2010）。

有学者将父代的受教育水平对子代的收入的影响视作一种间接性的作用。其传导机制为，父代受教育水平越高的家庭，往往收入水平也越高，这会决定父代对子代的人力资本投资力度，进而决定子代受教育水平乃至收入水平（王美今、李仲达，2012）。这种间接影响，本质上还是通过对子代的教育投资发生作用。

杰利姆和麦克米伦（Jerrim and Macmillan，2015）肯定了教育在代际收入传递中的重要作用。一方面，他们认为子代获得教育的机会与父代的受教育水平密切相关，这种父代对子代教育投资的大小直接影响到子代未来的收入；另一方面，他们认为代际收入不平等的重要原因是父代受教育水平对子代收入具有显著的延续性和解释力。其尤其强调了处于不同收入层次的父代，其受教育水平对子代受教育水平和收入水平的影响存在差异。

综上所述，教育与代际收入流动性之间存在密切的关系，子代的受教育水平和其父代的受教育程度均会影响到代际收入流动性的强弱。教育公平的不断提升以及教育向低收入群体的普及，有助于提升这一群体向上层流动的可能性，进而起到防止阶层固化的作用。

3.2.3.2 职业传递

代际职业流动是指父代通过影响子代就业环境，进而使得子代的职业向父代职业“回归”。代际收入流动性的强弱与两代人间的职业传递密切相关，代际收入传递会随着代际职业传递的逐渐增强而相应加强。

伦茨和拉班德（Lentz and Laband，1989）通过研究医生群体的代际职业流动性，发现专业性的社会资源以及父代对子代人力资本的投入差异是导致这一现象的主要原因。佩雷斯 - 冈萨雷斯（Pérez-González，2006）利用 335 家管理层发生变更的上市公司的数据展开研究，发现有 112 位公司继任的 CEO 与已离任的 CEO 或公司创始人，抑或是大股东有血缘或亲属关系，这一占比高达 36.4%。科拉克和皮拉诺（Corak and Piraino，2011）通过研究父代和子代间的雇主代际传递，即是两代人是否被同一雇主雇用，研究发现，大约 6% ~9% 的 33 岁加拿大男性曾经在其父亲工作过的地方工作，而这一现象在最高收入群体中的比率接近 70%。埃里克森和戈德西尔帕（Erikson and Goldthope，1993）也认为职业本身作为个体获得收入的重要载体，必然对收入产生较大影响。

国内学者的研究发现，代际职业传递对代际收入传递的贡献率在 30.5%（方鸣、应瑞瑶，2010）。这种主要由于家庭背景会在劳动市场中对子代择业的影响，表现为“子承父业”。

此外，周兴和张鹏（2014）也认为代际职业传递广泛存在于各种职业内部，因而我国代际收入流动性较低。无论在城镇还在农村的家庭，子代职业有向父代职业“回归”的趋势；农村家庭中，父代从事非农职业会提高其子代从事非农职业的可能性，从而有利于子代就业和收入的向上流动。不仅如此，当父代受教育程度较高或政治地位较高，会通过影响子代的人力资源的方式使得子代的职业与自己趋近，从而形成代际收入传递（李力行、周广肃，2014）。

显然，职业间的代际传递仍较为普遍，家庭通过职业的代际传递以实现收入的代际传递。当前，我国代际职业流动性明显较低，这在一定程度上不利于全社会代际收入流动性的提升。因此，创造公平、公正的就业环境显得尤为重要。

3.2.3.3 财富传递

财富传递是影响代际收入流动中最为直接的方式。财富在代际的传递是指父代将其所拥有的个人或者家庭、家族财富通过赠予、遗嘱的方式传递给子代，使其拥有对其财富的所有权和使用权。传统背景下的中国家庭极为重视财富的积累对子代的影响，不同财产结构所对应的个人支付能力和未来预期不同、其配套福利存在明显差异。从以房产资产和金融资产为代表的两项财富资本来看，前者对2005年中国城乡代际收入弹性的解释力分别为37.85%和15.47%，后者在2002年对城乡代际收入弹性的解释力为31.18%和26.51%，这表明子代收入受代际财富传递的影响非常明显（陈琳、袁志刚，2012）。马骁骁（2013）基于中国健康与营养调查（CHNS）的样本数据，发现家庭财富资本为代际收入传递中最重要的影响因素，其次是人力资本和社会资本因素。特别是居民财产分配差距的持续扩大，使得其对收入分配差距的解释力得以提高。财富的传递阻碍了代际收入的流动，加深了阶层的固化（黄潇，2014）。

显然，财富资本的代际传递，使得子代的初始财富存在差异。拥有更多初始财富的子代相比同龄人在创业、就业方面更具有优势，这种早期的资本累积对于子代创业起点产生巨大影响，因而也进一步造成代际收入传递（薛宝贵、何炼成，2016）。

3.2.3.4 其他渠道

（1）性别因素。

即使是子女在同等家庭背景下成长，也会因为性别的差异出现一些不同。查德维克和索隆（Chadwick and Solon，2002）利用美国收入动态面板调查（PSID）数据从1968～2002年的数据发现，尽管收入的代际传递在儿子和女儿中均较为明显，但女儿的代际收入弹性要小于儿子的代际收入弹性，也就是父代对女儿的影响小于儿子。根据王海港（2005）的研究发现，父代对子代的影响却因子代性别的不同存在差异，总体上父亲会对儿子产生更大的影响，母亲对女儿的影响大于对儿子的影响。分阶层而言，对于低收入阶层，父代对儿子的影响更高，但在高收入阶层则相反，父代对女儿的影响大于儿子。这意味着女儿处在高收入阶层可能受到了父母较多的影响，儿子则更多地依靠自己的能力获取更高的经济地位（胡洪曙、亓寿伟，2014）。

（2）劳动力迁移因素。

也有研究表明，劳动者迁移有助于改善其生活水平并获得更加公平的发展机会，从而对代际收入流动性造成影响。孙三百等（2012）基于局部工具变量法的研究表明，迁移群体的代际收入弹性不到未迁移群体的一半，迁移有助于降低代际收入弹性，并且迁移还与教育具有正向的联系，会进一步提升教育对于代际收入流动的促进作用。得到类似结论的还有李勇辉和李小琴（2016），其发现未迁移群体的代际收入弹性是迁移群体的3.8～4.2倍，说明迁移有助于降低代际收入流动。

3.3 贫困治理

3.3.1 贫困的内涵

贫困的概念具有相对性和广泛性，对于不同的社会或者地区在不同的时期，贫困的内涵都是不一样的。最开始，贫困的界定主要是从日常生活消费的角度来定义的。在该视角下的贫困是指，就某一社会而言，当一人或者多人没有达到该社会的最低限度的合理经济福利水平。通常而言，这里的合理经济福利水平是指对于某个人的生存而言，不可缺少的基本需求（如食物、水、衣服等），当基本需求得不到满足时，就意味着贫困。按照一个人的基本需求来界定贫困，通常有两种方法：一是直接法，即直接考察该社会人员的食物、衣服、住所等是否满足该社会的最低标准；二是收入法，即先按照当时的物价水平计算出满足该社会的基本需求所需的最低收入水平，然后将个人的实际收入水平与该最低收入水平进行比较，实际收入水平低于该最低收入水平则为贫困。

随后，贫困的范畴逐渐扩展到了生产领域，即贫困不仅仅是指基本需求得不到满足，还应该包括再生产资料与条件的缺乏。因此，一些学者将贫困定义为由低收入造成的缺乏生活所需的基本物质和服务以及没有发展机会和手段的一种生活状况（童星、林闽钢，1994）。还有一些学者将贫困与人自身的能力联系起来，认为贫困是指对人的基本可行能力的剥夺，而不仅仅只是收入的低下（Sen，1999）。

3.3.2 贫困的测度

3.3.2.1 贫困指数

（1）H指数。

早期对贫困的程度进行测度的指标主要是人头统计法，即根据贫困线测算出贫困人口的总数量以及贫困人口占总人口的比例（贫困发生率，也即H指数）。贫困发生率的计算方式如式（3.8）所示。其中，H表示贫困发生率，p表示贫困人口数量，N表示总的人口数量。

$$H = \frac{p}{N} \times 100\% \tag{3.8}$$

（2）Sen指数。

贫困发生率的计算比较简单，但是这种计算方法并不能够反映出贫困的程度以及贫困人口之间的收入不均等（Sen，1976）。因此，阿玛蒂亚·森构造了一个满足单调性公理与转移性公理的贫困指数——Sen指数，其计算方式如式（3.9）所示。其中，P、I、G分别为贫困发生率、贫困缺口以及基尼系数。Sen指数相对于H指数而言，综合考虑了贫困广度、强度以及深度，并且采用了公理化的定义，满足单调性公理跟转移公理，但是其也违背了一些公理（沈扬扬，2012a）。虽然Sen指数满足了单调性公理跟转移公理，但其解释并不足够直观，因此，实际中很少使用该指数。

$$P = H \times [I + (1 - I) \times G] \tag{3.9}$$

（3）SST指数。

考虑到Sen指数的缺陷，夏洛克斯（Shorrocks，1995）在Sen指数的基础上提出了SST指数，其计算方式如式（3.10）所示。其中，n表示总人口的数量，q表示贫困人口的数量，z表示贫困线，y_i表示第i个贫困人口的收入。

$$SST = \frac{1}{n^2 z}\sum_{i=1}^{q}(z - y_i)(2n - 2i + 1) \tag{3.10}$$

(4) FGT 指数。

福斯特等（Foster et al.，1984）提出了另外一种反映贫困程度的指标 FGT 指数，其计算表达式如式（3.11）所示。其中，N 表示总人口数量，q 表示贫困人口数量，y_i表示第 i 个贫困者的收入，z 表示贫困线，α 表示对于贫困人口的关注程度，其值越大表示对贫困人口越关注，并且 $\alpha \geqslant 0$。

$$P_\alpha = \frac{1}{N}\sum_{i=1}^{q}\left(1 - \frac{y_i}{z}\right)^\alpha \tag{3.11}$$

当 $\alpha = 0$ 时，$P_0 = \frac{q}{N}$为贫困发生率（H 指数），是贫困广度指标，表示贫困人口的规模大小。H 指数的测量中，只需要关注收入是处于贫困线以下还是贫困线以上，无论贫困人口的收入跟贫困线的距离有多大都不会改变其数值。因此，其不能够反映出贫困人口的贫困程度，同时也无法反映出贫困人口内部的收入差距。

当 $\alpha = 1$ 时，$P_1 = \frac{1}{N}\sum_{i=1}^{q}\left(1 - \frac{y_i}{z}\right)$ 为贫困距指数（PG 指数），是贫困深度指标，表示贫困人口收入与贫困线的距离。在 H 指数一定的情况下，PG 指数越大，表明该地区贫困程度越严重。

当 $\alpha = 2$ 时，$P_2 = \frac{1}{N}\sum_{i=1}^{q}\left(1 - \frac{y_i}{z}\right)^2$ 为平方贫困距指数（SPG 指数），是贫困强度指标，表示贫困人口内部的收入差距。

计算 FGT 指数的数据要求相对容易满足，同时对现实贫困问题的解释也很直观，因此 FGT 指数是实际分析中衡量贫困程度的常用指标。

3.3.2.2 贫困脆弱性

传统的贫困测量方式关注的都是贫困的当前状况，事实上，当前的贫困人口可能只是一种短期的贫困，当然也可能将来会一直贫困下去；而当前的非贫困人口也可能由于某种风险的冲击而陷入贫困之中。为了制定出具有预见性的反贫困干预政策，即预防和减少将来的贫困，不仅要考察当前的贫困状况，还要分析家庭当前面临的风险中有哪些将来可能会导致其陷入贫困之中，即测定家庭的贫困脆弱性（Chaudhuri et al.，2002）。贫困脆弱性通常强调在一定条件下家庭应对风险的结果，其结果往往是关注用货币测量的福利损失，即家庭面对某种风险产生的收入或消费方面的福利损失（黄承伟等，2010）。

当前有关贫困脆弱性的测量方法主要有三种，即：期望的贫困脆弱性（VEP）测量法、期望效用脆弱性（VEU）测量法和风险暴露脆弱性（VER）测量法。

（1）期望的贫困脆弱性（VEP）测量法。

期望的贫困脆弱性是指某个人或者家庭未来陷入贫困的可能性（Chaudhuri et al.，2002；Christiaensen and Subbarao，2004）。其具体测定方法如下：

定义个人或者家庭在第 t 期的期望贫困脆弱性为该个人或者家庭在第 $t+1$ 期陷入贫困的概率。基本公式为：

$$V_{it}=P(c_{i,t+1}\leqslant z) \tag{3.12}$$

其中，V_{it} 为个人或者家庭在第 t 期的贫困脆弱性，$c_{i,t+1}$ 为个体（个人或者家庭）i 在第 $t+1$ 期的消费，z 为贫困标准。

定义个体在 N 期内总的脆弱性为在 N 个观察期内至少有一次陷入贫困的风险，即：1 减去 N 期均为陷入贫困的概率。用 $R(\cdot)$ 表示风险，则 N 期的贫困性为：

$$R_i(n,\ z)=1-\{[1-p(c_{i,t+1}\leqslant z)],\ \cdots,\ [1-p(c_{i,t+n}\leqslant z)]\} \tag{3.13}$$

定义二值变量 $I(\cdot)=\begin{cases}1, & 是\\ 0, & 否\end{cases}$，则 N 期脆弱性的二维定义为：

$$V_i(p,\ n,\ z)=I[R_{it}(n,\ z)>p] \tag{3.14}$$

其中，p 为某一特定概率。进一步，加入贫困深度的贫困脆弱性为：

$$V_{it}=\sum_s^S P_s\times P(c_{i,t+1},z)=\sum_s^S P_s\times I(c_{i,t+1}\leqslant z)\times\left(\frac{z-c_{i,t+1}}{z}\right)^{\alpha} \tag{3.15}$$

其中，$\sum_s^S P_s$ 表示所有概率之和，S 表示 $t+1$ 期的贫困深度，$I(c_{i,t+1}\leqslant z)$ 表示是否贫困，$\left(\frac{z-c_{i,t+1}}{z}\right)^{\alpha}$ 表示贫困深度，α 表示福利权重，$\alpha=0$，1 或 2。

于是，可加总得到 N 个个体总的贫困脆弱性为：

$$VEP_t=\frac{1}{N}\sum_1^N\sum_s^S P_s\times I(c_{i,t+1}\leqslant z)\times\left(\frac{z-c_{i,t+1}}{z}\right)^{\alpha} \tag{3.16}$$

（2）期望效用脆弱性（VEU）测量法。

期望效用脆弱性是指在给定的均衡消费（贫困线）的效用水平以及该水平之上的家庭不具有脆弱性，该均衡消费效用水平与期望消费的效用之差就是期望效用脆弱性（Gaiha and Imai，2008）。其计算方式如下：

$$V_i = U_i(z_{ce}) - EU_i(c_i) \tag{3.17}$$

其中，效用函数 U_i 是向右上倾斜的凹函数。

上式也可写作：

$$V_i = [U_i(z_{ce}) - U_i(Ec_i)] + [U_i(Ec_i) - EU_i(c_i)] \tag{3.18}$$

其中，$[U_i(z_{ce}) - U_i(Ec_i)]$为均衡消费效用与期望消费效用之差，反映了第 i 个家庭的贫困，$[U_i(Ec_i) - EU_i(c_i)]$为期望消费效用与消费效用的期望之差，反映了第 i 个家庭所面临的风险。家庭面临的风险可以分解为总风险跟特殊风险两部分：

$$\begin{aligned} V_i = {} & [U_i(z_{ce}) - U_i(Ec_i)] + \{U_i(Ec_i) - EU_i[E(c_i \mid X_t)]\} \\ & + \{EU_i[E(c_i \mid X_t) - EU_i(c_i)]\} \end{aligned} \tag{3.19}$$

其中，第 i 个家庭在 t 时期所面临的总风险为$\{U_i(Ec_i) - EU_i[E(c_i \mid X_t)]\}$，第 i 个家庭在 t 时期所面临的特殊风险为$\{EU_i[E(c_i \mid X_t) - EU_i(c_i)]\}$。

由此得到，所有家庭总的脆弱性为：

$$VEU = \frac{1}{N}\sum_{1}^{N} V_i \tag{3.20}$$

上式表明：贫困脆弱性由家庭贫困状况、家庭面临的总风险以及特殊风险三部分构成。

利用该方法测定贫困脆弱性的关键之处在于效用函数具体形式的选择，因此，利根和谢赫特（Ligon and Schechter，2003）设定了一种效用函数为：$U(c) = c^{1-\gamma}/(1-\gamma)$，其中，$\gamma$ 为家庭或者个人对风险的偏好程度。

（3）风险暴露脆弱性（VER）测量法。

德康和克里希南（Dercon and Krishnan，2000）提出了 VER 测量方法，VER 估计的是因风险冲击而造成的事后福利损失，其基本逻辑是个体在面临风险时如何抉择以使自身效用最大化。与 VEP 相比，这种方法本质也是一种事后的测定方法（Novignon et al.，2012）。具体计算公式如下：

$$\Delta \ln c_{itv} = \sum_i \lambda_i S_{tv} + \sum_i \beta_i S_{itv} + \sum_{tv} \delta(D_v) + \eta X_{itv} + \Delta \varepsilon_{itv} \tag{3.21}$$

其中，$\Delta \ln c_{itv}$为第 i 个家庭在第 $t-1$ 期的人均消费增长率，S_{tv}表示总的风险冲击，S_{itv}表示特殊风险冲击，D_v 表示不同地区的二值选择变量，X_{itv}表示家庭特征向量，$\Delta\varepsilon_{itv}$表示随机扰动项的变化，λ_i 跟 β_i 分别为总风险冲击与特殊风险冲击的影响系数。

在实际的研究中，通常使用城市除以农村的平均收入增长率 $\Delta\overline{\ln y_{vt}}$，以及家庭收入增长率 $\Delta\ln y_{itv}$分别代替总风险冲击 S_{tv}跟特殊风险冲击 S_{itv}，即：

$$\Delta\ln c_{itv} = \alpha + \beta\Delta\ln y_{itv} + \gamma\Delta\overline{\ln y_{vt}} + \delta X_{itv} + \Delta\varepsilon_{itv} \tag{3.22}$$

由上式回归得到的结果往往能够验证总的风险冲击与特殊风险冲击的共同作用。同时，实证分析过程中通常比较关注 β 是否为0（完全风险分担）。尽管现有的研究通常表明 β 是显著的，但是其估计值普遍比较低，这就意味着尽管消费增长跟收入增长具有相关性，但他们之间的相关性远低于无风险相关假设条件下的相关水平（Gloede et al.，2015）。

3.3.3　贫困的影响因素

3.3.3.1　经济增长与收入不平等

从大量的研究来看，经济增长是贫困的一个极其重要的影响因素，经济的快速增长能够带来非农产业的快速发展，增加就业机会，进而增加非农收入；同时，经济的快速增长还会增加政府财政收入，进而使得政府对扶贫的资金投入增加，使得贫困减少。因此，经济的快速、持续增长是增加贫困人口收入，进而减少贫困的关键和根本力量源泉（Dollar and Kraay，2002）。只要保持经济的快速持续发展就能够消除贫困，因为经济的快速发展可以为贫困人口提供更多的就业机会，增加其收入，同时还可以增加政府对贫困人口的转移收入，进而改善贫困人口的收入跟非收入状况（Demery and Squire，1996；Bhalla，2002）。阿卢瓦利亚等（Ahluwalia et al.，1979）发现，几乎所有国家的经济增长都能有效地减少贫困；而20世纪80年代一些国家的负增长伴随着贫困的增加。德里默和斯奎尔（Demery and Squire，1996）通过实证分析指出，平均收入的变化始终在保证贫困变化中发挥重要的作用。夏庆杰等（2010）利用中国家庭收入项目（CHIP）调查数据，基于贫困指数分解发现收入增长是导致贫困下降的主要原因。因此，经济增长是大规模减贫的重要基础和推动力量，为缓解农村贫困作出了重大的贡献（Huang et al.，

2008）。然而，由于地区发展差异的客观存在，各区域的经济增长速度、贫困减少速度以及贫困发生率对人均 GDP 的弹性存在明显不同；同时，与第二、第三产业相比，农业部门的增长仍然具有较高的减贫效应（李小云等，2010）。

自 20 世纪 80 年代中期以来，尽管经济仍然保持快速增长，减贫却出现了放缓的趋势，并出现了一些新的贫困形态，其中增长质量下降与收入分配不公平导致的贫困人口收益降低是中国减贫放缓的重要原因（胡鞍钢等，2006）。并且，经济增长的减贫效应不会自动产生（姚毅、王朝明，2010），市场环境、文化观念等因素可能会阻碍涓滴效应向贫困人口传递。同时，经济增长过程中的收入差距增大会抑制或抵消其减贫效果，甚至会导致贫富差距的进一步扩大（Kakwani et al.，2003）。陈绍华和王燕（2001）通过对 1990 ~1999 年经济增长和贫困减少的关系趋势分析指出，经济增长显著促进了贫困率的下降，而同时不断增长的分配不均又使贫困率上升。经济增长有效地减少了贫困，但同时收入不均等状况也恶化了，这限制了经济增长带给贫困人口的潜在福利，也降低了增长减少贫困的效果（林伯强，2003）。胡兵等（2005）基于洛伦兹曲线（Lorenz curve）进行贫困测度发现，经济增长使农村居民收入增加，大幅度减少了贫困，但农村居民的收入差距逐渐拉大，收入不平等加剧部分地抵消了经济增长的减贫成效。罗楚亮（2012）根据达特 - 拉瓦雷（Datt-Ravallion）分解法和夏普利（Shapley）值分解法，估计了不同年份之间贫困变动的经济增长效应与收入分配效应，结果表明不同年份的贫困减缓的经济增长弹性在逐步下降，分配弹性在逐步上升。此外，人均收入水平越高，贫困越有可能和收入不平等联系在一起；收入不平等越严重的地区，贫困对收入不平等的反应越迟钝（陈立中，2009）。毛伟等（2013）利用 1993 ~2011 年的面板数据，通过空间面板回归模型和门槛面板回归模型得出：组间收入不平等比组内收入不平等对减贫产生的负面影响更严重，并且当经济增长跨越一定的门槛值后，经济增长对减贫的影响呈现边际收益递减特征。因此，通过降低组内不平等程度对缓解贫困具有重要作用（沈扬扬，2012b）。此外，沈扬扬（2012b）通过计算并分解 2001 ~2010 年中国农村贫困指数，发现经济发展更多地惠及较富裕的贫困人口，较穷的贫困人口很难直接从经济增长中获益。

从现有的研究来看，经济增长在一定程度上能够有效地减少贫困，但是随着经济发展水平的不断提高，经济增长的减贫效应会受到收入分配效应的制约。同时，经济增长的减贫效应还会受到市场环境、产业结构以及贫困人口自身的收入状况等因素的影响

3.3.3.2 财政支农投入

由于贫困主要发生在农村地区，因此对农村的投入对于缓解贫困具有重要意义，相关研究关注的重点在于农村基础设施的减贫效应。政府对农村地区的财政收入，使得贫困地区拥有更多的资本，进而减少贫困（刘娟，2018）。

落后地区的交通、教育、医疗卫生等公共服务及其设施的数量和质量都存在严重不足，使农村贫困人口的自我发展能力变得更加弱小，贫困程度进一步加深（Whittington et al.，2001）。实证分析发现，社会救济支出、基本建设支出和农业性公共支出对减贫存在显著效应（王娟、张克中，2012）。王云（2014）通过对毕节试验区研究发现，农业基本建设支出在促进农村公路、农业水利设施等基础设施建设和农业综合开发的基础上，带动了农村经济的发展，为农民提供了更多获得收入的渠道。段龙龙和王林梅（2018）借助中国省际动态面板和静态面板模型发现，虽然我国的农村贫困存在明显的“棘轮效应”，但随着财政分权、农业经营规模和农村医疗教育及技术水平的提高，农村贫困发生率会得到相应抑制。

进一步地，相关研究还从长期和短期两个角度考察财政支农投入的减贫效应。秦建军和武拉平（2011）借助误差修正模型（ECM）研究发现：短期内，财政支农投入增长对农村减贫效果较为明显；而长期内，财政支农投入的农村减贫效果趋于平稳。但是也有学者认为，从长期来看，中央扶贫支出不仅能直接减少农村贫困，还能通过促进经济增长间接减贫；但在短期内，中央扶贫支出的直接与间接减贫效果均不显著（赖小妹、徐明，2018）。

近年来，也有文献观察到财政支农投入的减贫效应存在空间异质性和门槛效应。不同类型农村公共产品供给的减贫效应具有区域异质性，基础教育、医疗卫生、环境保护和社会保障的减贫效应在中西部地区明显高于东部地区，基础设施对东部地区农村减贫作用优于中西部地区（熊兴等，2019）。邹文杰和冯琳洁（2015）通过构建空间面板模型以考察1993～2013年我国财政支农的减贫效应，结果显示财政支农减贫效应具有明显的空间异质性；同时，

门槛效应的分析表明，财政支农的减贫弹性随着农民人均收入的提高而出现先增加后减小的变化规律。究其原因，有研究认为财政支农的减贫会受到区域制度环境的制约：区域制度环境较差的省份，财政支农的减贫效应并不充分；但随着制度环境逐步改善，财政支农减贫的作用显著提高；而处于中等制度环境水平的省份，其减贫效应却反常地低于处于制度环境较差区间的省份，即财政减贫作用存在类似“中部塌陷”现象（陈鸣、周发明，2017）。

最后，有研究提出，虽然财政支农政策对本省份农村减贫的直接效应不显著，但对相邻省份减贫具有显著的抑制作用，农村贫困程度在省份间存在正的相互依赖性，即贫困地区往往集中连片存在（高远东等，2013）。考虑到贫困户本身的经济状况，财政支出仅仅对非贫困县的中高收入和最高收入组的农民增收有积极影响，但对其他收入层次及贫困县农民增收效应均显著为负（王小华等，2014）。

财政支农投入主要是通过加强农村基础设施建设、保障农村医疗、教育等公共服务来改善农村生产条件，带动农村经济发展，扩展农民增收渠道，进而减少贫困人口。从总体上来看，财政支农投入能够有效地抑制农村贫困的发生率。但是，从财政支农减贫的长短期效应来看，学术界尚未达成一致的结论。同时，财政支农投入还存在明显的空间异质性和门槛效应，而且财政支农投入的减贫效应还会受到相邻省份的支农政策以及贫困户本身收入层次的影响。

3.3.3.3 金融发展水平

金融发展对贫困的影响主要通过直接效应与间接效应来实现。

金融减贫的直接效应是指，金融部门通过提供信贷服务可以帮助贫困户改善投资能力，提高教育和健康水平，从而为其摆脱贫困创造条件；通过储蓄服务可以帮助贫困户积累金融资本，应对不确定性风险，减少生计脆弱性（Gaiha and Imai，2008；Burgess and Pande，2004）。盖哈和伊美（Gaiha and Imai，2008）通过对埃塞俄比亚的面板数据分析发现，贫困家庭对信贷服务和其他金融产品的获取能够显著缓解自身的贫困状况。此外，伯吉斯和潘德（Burgess and Pande，2004）、拉瓦利翁和陈少华（Ravallion and Chen，2007）、贝克（Beck，2005）、奥迪亚姆博（Odhiambo，2009）等文献，分别对印度、中国以及跨国的研究表明，金融研究的直接减贫效应明显。虽然农村金融发展对减少农民贫困的作用，既存在直接效应、也存在间接效应，但是间接效应的作用明显高于直接效应（丁志国等，2011）。

金融减贫的间接效应是指，农村金融还可以通过促进经济增长和收入再分配，促进农村剩余劳动力的转移，进而间接地减少贫困（Jalilian and Kirkpatrick，2002；Jeanneney and Kpodar，2011）。苏基溶和廖进中（2009）借助 GMM 估计方法研究发现，贫困家庭的收入增长大约有 31% 可以归因于金融发展的收入分配效应，而剩下的 69% 是由于金融发展的增长效应所致。同样地，崔艳娟和孙刚（2012）研究发现，金融发展减缓贫困的作用大约 30% 归因于金融发展的经济增长效应，而通过收入分配的作用大致为 11%。

并且，有学者发现金融发展对贫困具有明显的门槛效应。当人均收入处于低水平均衡时，金融发展对贫困减缓具有隐性累积效应；当人均收入跳越"贫困陷阱"时，金融发展对贫困减缓具有显性加速效应；当人均收入处于高水平均衡时，金融发展对贫困减缓具有隐性减速效应（师荣蓉等，2013；张兵、翁辰，2015）。基于空间视角，有研究还就金融发展对于减贫的空间溢出效应进行了专门化的探讨。从短期看，相邻地区农村金融发展水平提高有利于本地区农村贫困减缓，但从长期看，则会抑制本地区农村贫困减缓（张兵、翁辰，2015）。而高远东等（2013）则认为金融支农政策对本省农村减贫具有显著的促进作用，但是其空间外溢效应不显著。

此外，也有学者认为农村金融发展对农村贫困减少具有短期的促进作用，但效果不明显；从长期看，农村金融发展抑制了农村贫困减少（杨俊等，2008）。吕勇斌和赵培培（2014）通过对 2003～2010 年我国 30 个省份面板数据对比分析指出，农村金融规模有利于减缓贫困，但农村金融效率对缓解贫困有负向影响。同时，由于缺乏对贷款的有效需求，有劳动能力但处于最低收入水平的贫困农户仍难以有效利用互助资金的贷款服务（林万龙、杨丛丛，2012）。

金融发展水平的减贫效应主要有直接效应与间接效应两种。从现有的研究来看，多数学者认为，这两种效应都能够减缓贫困。一些学者更进一步地研究表明，金融的减贫效应还具有明显的门槛效应。也有一些学者基于空间区域的角度研究了金融减贫的空间溢出效应，遗憾的是学者们对此并未得到一致的结论。此外，金融的减贫效应还会受到金融效率、贫困人口对贷款的有效需求等因素的制约。

3.3.3.4 人力资本水平

以教育水平、职业技能以及健康状况等因素所反映的人力资本对贫困的影响，一直是许多学者所关注的问题。马文武和刘虔（2019）实证研究发现，农村劳动力人力资本积累对于农村贫困下降的贡献达到15%～23%。本杰明等（Benjamin et al.，2011）、王弟海（2012）指出，营养和健康也是影响贫困的一个重要因素，通过提高健康人力资本可避免陷入贫困。尹飞霄（2013）通过实证研究发现，健康水平与农村居民家庭人均纯收入正相关，与贫困的可能性负相关。

更多学者则是从教育、职业技能等角度来分析人力资本对贫困的影响。教育，尤其是基础教育是影响贫困的核心人力资本因素（王海港等，2009）。教育对消除农村贫困的影响在统计意义上十分显著，提高农户受教育水平确实能在很大程度上降低其陷入贫困的概率（刘修岩等，2007）。同时，能够获得初等人力资本是贫困群体是否脱贫的关键因素，教育不平等的缩小有利于促进贫困群体进行初等人力资本积累，进而摆脱贫困（黄潇，2011）。现阶段我国贫困农户受能力贫困的影响相对较大，低下的受教育水平是阻碍农村贫困家庭脱贫致富的重要限制因素（李晓嘉，2015）。教育在扶贫的根本性和支撑性作用日益突出，扶贫功效更加显著（曾天山，2016）。

相关研究还基于风险视角进行深入的探讨，相关结论并不一致性支持教育对缓解贫困的积极作用。有学者研究发现，教育、医疗支出也阻碍了农民收入的增长，提高了其陷入贫困的可能性（尹飞霄，2013）。王娟和张克中（2012）利用1994～2004年中国省级面板数据分析得出，科教文卫支出的减贫作用并不显著。同时，由于教育、医疗等投资中存在着不确定性风险，短期内人力资本投资对消除贫困的影响并不显著，甚至会不利于贫困的减缓（Gustafsson and Shi，2004）。正是由于教育回报的不确定性，进而使得贫穷的家庭进行人力资本投资的意愿会越低，使其更加难以摆脱贫困（郑浩，2012）。进一步，也有部分研究表明，农民工的教育回报低于城市劳动者，进而导致农民工的理性选择是减少教育的投入，这将不利于农民工人力资本的积累，容易回到多维贫困（王春超、叶琴，2014）。

从目前的研究来看，学者们主要是基于健康和教育的视角来研究人力资本对贫困的影响。关于健康对贫困的影响，学术界基本一致地认为，其与贫困发生的概率负相关。但是，关于教育对贫困的影响则存在两种不同的声音。一些学者认为，提高教育人力资本能够降低贫困发生的可能性；另一些学者认为，由于教育回报的不确定性以及越来越高的教育成本会阻碍减缓贫困。

3.4 本章小结

（1）有关教育公平的文献，涵盖了教育公平的概念、测度方面及影响因素。

（2）有关教育收益率的文献，从教育收益率的测度方式、不同国家（地区）教育收益率的比较、影响教育收益率的因素这三个方面进行了归纳和总结。

（3）进一步明晰了代际收入流动的内涵，以及代际收入流动的测度方式，包括偏误纠正、样本选择、估计技术等；此外，也就父代收入如何影响子代收入进行了归纳分析，重点探讨了影响机制的实现条件和方式。

（4）就贫困治理的相关研究进行了归纳，首先是贫困线的演变，其次是从不同维度对贫困的测算，最后是从经济增长、收入分配、支农投入、金融发展和人力资本等方面，梳理了其对贫困缩减的影响。

通过上述四个方面的文献整理，使我们对所研究问题相关领域的最新进展有了系统的认识，从而为后续实证设计提供了启示。

第4章 我国教育发展状况

4.1 总体状况

平均受教育年限作为反映一国或地区教育发展水平的存量指标，被广泛使用。平均受教育年限的计算公式为：

$$AEY = \frac{p \times 6 + j \times 9 + h \times 12 + u \times 16}{c} \quad (4.1)$$

其中，AEY 为 6 岁以上人口平均受教育年限；p 为样本含小学文化程度人口；j 为样本含初中文化程度人口；h 为样本含高中文化程度人口；u 为样本含大专及以上文化程度人口；c 为 6 岁以上抽样总人口。

图 4.1 中可以看出自 2000 ~ 2016 年人均受教育年限总体呈递增趋势。2004 年，6 岁以上人口平均受教育年限达到 8.01 年，2013 年首次破 9 年达到 9.05 年，并于 2016 年达到 9.13 年的水平，保持了持续的扩张。

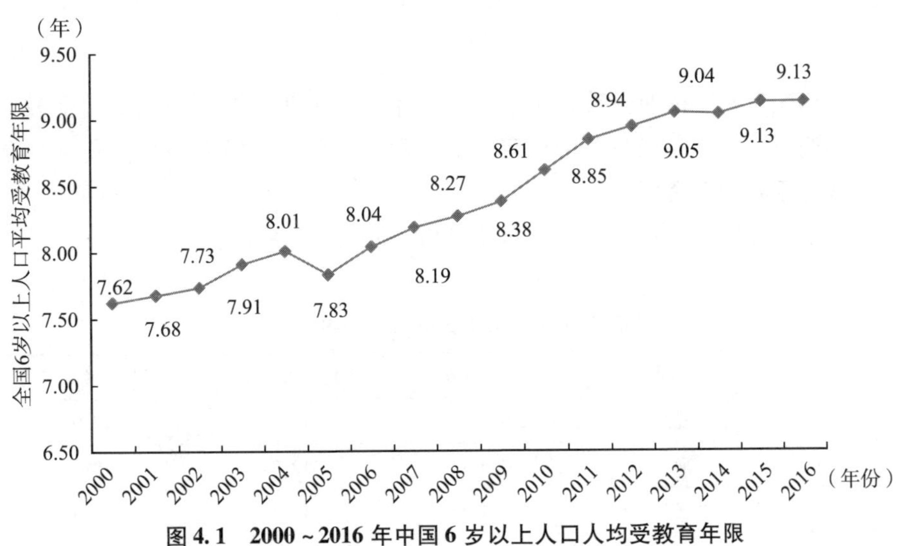

图 4.1　2000～2016 年中国 6 岁以上人口人均受教育年限

资料来源：基础数据来自国家统计局网站，在此基础上整理而成。

那么，我国教育扩展水平与相关发达国家相比，处于何种地位呢？通常，可采用教育发展指数、人口平均受教育年限、人口预期受教育年限三个指数来进行横向对比。教育发展指数的衡量标准为人口平均受教育年限与预期受教育年限相结合。联合国开发计划署采用以下公式计算教育指数：

$$EI = \frac{\sqrt{MYSI \times EYSI} - 0}{EI_{ob} - 0} \tag{4.2}$$

其中，EI 为教育指数，EI_{ob} 为该年份教育指数的参考值，$EYSI$ 为人口预期受教育年限指数，$MYSI$ 为人口平均受教育年限指数。尽管我国目前的平均受教育年限与 21 世纪初相比有了很大的提高，但根据联合国开发计划署在《人类发展报告》中发布的人类发展指数可以看到，2019 年我国教育发展指数为 0. 654（第 104 名）。

另一个对比指标为人口平均受教育年限指数（MYSI），计算公式为：

$$MYSI = \frac{MYS}{MYS_{ob}} \tag{4.3}$$

其中，MYS 为人口平均受教育年限，即本年度 25 岁及以上的人口在其一生中接受教育年数的平均值；MYS_{ob} 为该年份人口平均受教育年限的参考值。

最后，人口预期受教育年限指数（$EYSI$），计算公式为：

$$EYSI=\frac{EYS}{EYS_{ob}} \tag{4.4}$$

其中，EYS 为人口预期受教育年限，即本年度出生儿童在其一生中接受教育念书的期望值，是各级教育中特定年龄入学率的总和。EYS_{ob} 为该年份人口预期受教育年限的参考值。

基于上述三个指标进行国别对比分析，如表 4.1 所示。

表 4.1　　部分国家教育指数排名（2019 年）

排名	国家	教育指数	平均受教育年限	预期受教育年限
1	德国	0.940	14.2	17.0
5	新西兰	0.917	12.8	18.8
7	英国	0.914	13.2	17.5
12	美国	0.903	13.4	16.3
19	以色列	0.874	13.0	16.2
23	韩国	0.862	12.1	16.5
26	日本	0.848	12.9	15.2
29	法国	0.840	11.5	15.6
33	新加坡	0.832	11.6	16.4
104	中国	0.654	8.1	14.0

资料来源：UNDP. Human Development Report 2020［R］. New York，2020。

4.2　初等教育发展概况

4.2.1　小学学龄儿童入学率

图 4.2 给出了我国 2001～2019 年小学学龄儿童的入学率，从 2001 年的 99.1%上升到 2015 年的 99.9%，2015～2017 年均保持在 99.9%不变，2018 年提高到 100%。入学率反映了适龄人口中相对应的教育普及程度，说明我国的初等教育已达到基本普及。由于我国从 20 世纪 80 年代开始就实行 9 年

制义务教育，因此小学学龄儿童入学率保持在较高水平比较正常，这也是教育扩张的基础。

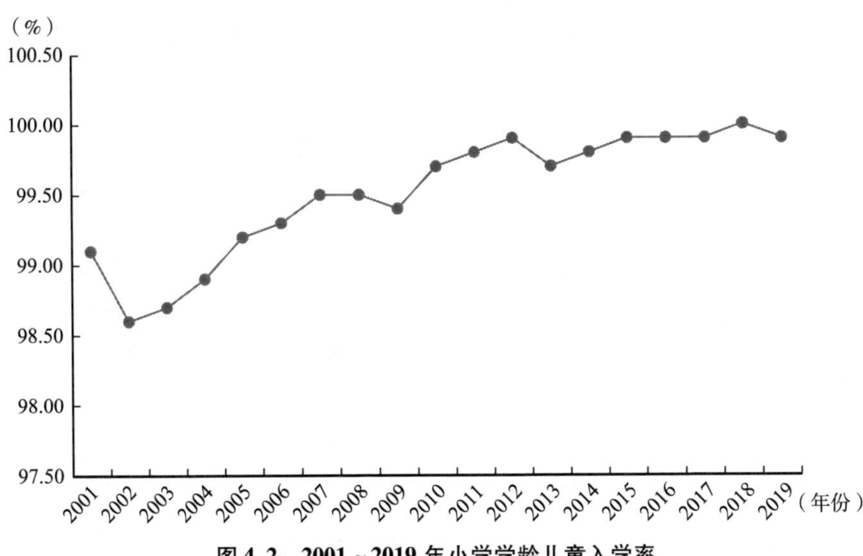

图 4.2　2001～2019 年小学学龄儿童入学率

资料来源：基础数据来自国家统计局网站，在此基础上整理而成。

4.2.2　小学办学规模

表 4.2 给出了我国初等教育事业基本情况，不难看出以下两点：

第一，小学专任教师人数和生师比都呈先降后升的趋势，从 2000 年的 586.0 万人下降到 2013 年的 558.5 万人，再回升到 2019 年的 626.9 万人。对应地，生师比自 2000 年 22.21 下降到 2013 年的 16.76，2017 年再回升到 17.98，2018～2019 年又有所下降，2019 年下降到 16.85。究其原因，是因为小学招生人数和在校人数在前十几年内呈下降趋势，自 2014 年才开始回升，在教师总量保持稳定情况下，生师比出现了小幅的上涨。

第二，小学学校数量总体呈现下降趋势。小学学校数量自 2000 年的 553622 所下降到 2019 年的 160148 所，减少了 393474 所。其一，是由于近十几年来新增人口数的减少，进而引致各地适龄入学人口的降低，以至于一些相对偏远的小学只有极少数学生就读。其二，正是由于适龄教育人口数量的下降以及教育资源优化调整的需要，我国自2001年开始进行大规模的基础教育学校特别是义务教育学校布局调整，尽量避免人力、物力、财力等方面的资源出现浪费。虽然国务院曾发文要求严格规范学校撤并程序和行为，但从各地实际情况看，随着近年来进城务工人员随迁子女人数的增多，会把生源数较少的学校撤销，尤其是农村义务教育学校。

表4.2　　2000~2019年初等教育事业基本情况

年份	小学专任教师（万人）	生师比	小学学校数（所）
2000	586.0	22.21	553622
2001	579.8	21.64	491273
2002	577.9	21.04	456903
2003	570.3	20.50	425846
2004	562.9	19.98	394183
2005	559.2	19.43	366213
2006	558.8	19.17	341639
2007	561.3	18.82	320061
2008	562.2	18.38	300854
2009	563.3	17.88	280184
2010	561.7	17.70	257410
2011	560.5	17.71	241249
2012	558.5	17.36	228585
2013	558.5	16.76	213529
2014	563.4	16.78	201377
2015	568.5	17.05	190525
2016	578.9	17.12	177633
2017	594.5	17.98	167009
2018	609.2	16.97	161811
2019	626.9	16.85	160148

资料来源：教育部、国家统计局官网。

4.2.3 小学办学条件

表 4.3 给出了 2001～2019 年普通小学的部分办学条件情况，不难发现以下几点：

第一，学校占地面积在总体上呈现递减趋势。近十几年来对义务教育学校布局的调整，撤销且合并了一定数量的学校，使得小学的数量及其占地面积都出现了一定程度的下降。但是，这种下降并不是持续性的，2016～2019 年学校占地面积不断增加，2019 年比 2016 年增加了 9236.9 万平方米。

第二，学校固定资产总值和在校生人均资产是教学条件的反映，涵盖了办学相关的校舍、教学仪器设备等，二者从总量和人均量上分别反映出我国小学在综合办学实力上的变化。从表 4.3 来看，这两个指标都呈递增趋势。这是由于我国对义务制教育的保障以及近年来对初等教育投入的持续增长，使得小学教学条件得到大幅改善。

第三，建立校园网校数反映出我国初等教育的现代化程度，是教育信息化的重要特征。该指标自 2001 年以来不断增长，2019 年的数值约为 2001 年的 15.2 倍，年均增长 16.3%。显然，我国初等教育现代化水平已得到大幅提升。但同时应该看到，2019 年我国小学校园网覆盖率仅达 68.7%，仍有相当部分的小学滞后于信息化进程。

表 4.3　2001～2019 年普通小学部分办学条件情况

年份	学校占地面积（万平方米）	固定资产总值（万元）	建立校园网校数（所）	在校生人均资产（元/人）
2001	284114.7	—	7266	—
2002	278038.5	41800310.1	12824	3438.46
2003	274145.9	31983379.2	17483	2736.02
2004	268908.8	31546534.9	22241	2805.08
2005	264395.0	33757532.1	29022	3107.27
2006	258921.9	35431288.9	33389	3307.77
2007	254985.6	37253419.4	35964	3526.45

续表

年份	学校占地面积（万平方米）	固定资产总值（万元）	建立校园网校数（所）	在校生人均资产（元/人）
2008	248335.5	37821519.8	37729	3660.79
2009	240267.6	42885239.2	38961	4258.09
2010	236421.3	49314058.8	41005	4960.82
2011	225570.8	49804460.8	41205	5017.39
2012	225043.8	51593515.7	48723	5321.17
2013	227427.5	60201121.3	54489	6431.37
2014	226229.3	69001782.8	78732	7300.95
2015	226502.5	78422429.9	87342	8091.31
2016	227870.2	88398686.1	99614	8917.44
2017	232083.6	101627639.1	107537	36907.19
2018	234809.4	112476608.9	109317	39729.92
2019	237107.1	123405224.4	110084	40707.24

资料来源：教育部、国家统计局网站。

4.3 中等教育发展概况

4.3.1 普通中学毛入学率

表4.4给出了2000～2019年我国普通中学毛入学率统计情况，从2010年开始，普通中学毛入学率均高于100%，其中2016年我国初中毛入学率高达104.0%，说明我国义务教育已达到普及。高中阶段毛入学率也呈递增趋势，2019年毛入学率已达89.5%，说明我国高中教育不断得到普及。

表 4.4　　2000～2019 年普通中学毛入学率　　单位：%

年份	初中阶段（12～14 周岁）毛入学率	全口径高中阶段（15～17 周岁）毛入学率
2000	88.6	42.8
2001	88.7	42.8
2002	90.0	42.8
2003	92.7	43.8
2004	94.1	48.1
2005	95.0	52.7
2006	97.0	59.8
2007	98.0	66.0
2008	98.5	74.0
2009	99.0	79.2
2010	100.1	82.5
2011	100.1	84.0
2012	102.1	85.0
2013	104.1	86.0
2014	103.5	86.5
2015	104.0	87.0
2016	104.0	87.5
2017	103.5	88.3
2018	100.9	88.8
2019	102.6	89.5

资料来源：教育部、国家统计局网站。

4.3.2　普通中学升学率

升学率是指毕业生数与招生数之比，其反映出中等教育的完成程度，升学率越高则意味着有更大比例的群体能够完成对应层次的教育水平。图 4.3 给出了 2000～2019 年我国普通中学升学率统计情况，可以看出我国初中、高中升学率总体上都呈上升趋势。2019 年初中升学率达 94.5%，2016 年高中达 94.5%。这说明无论是初中还是高中，我国大多数适龄受教育人口都能够完成初中或高中的学历教育，中等教育的完成度已达到较高水平。

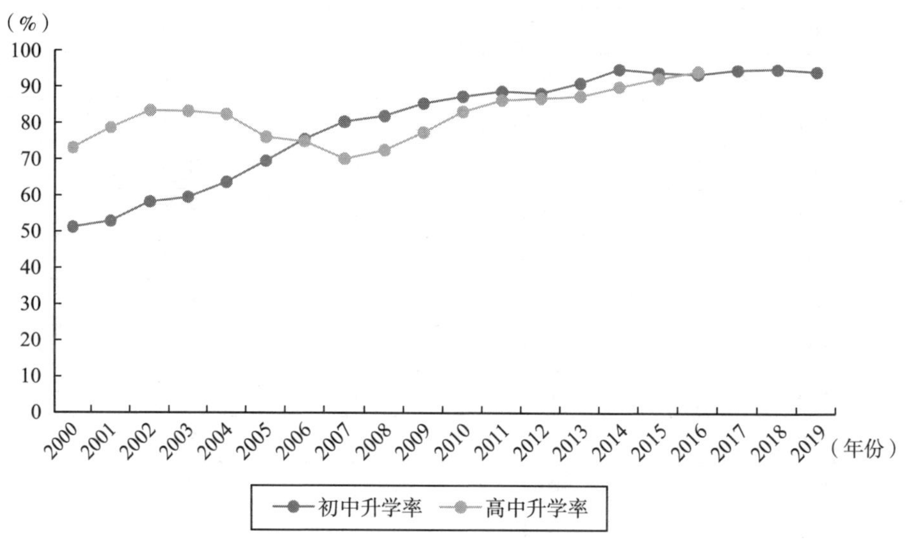

图 4.3　2000～2019 年普通中学升学率

注：由于数据可得性，2017～2019 年高中升学率数据缺失。
资料来源：教育部、国家统计局网站。

4.3.3　初中办学条件

表 4.5 给出了 2001～2019 年我国普通初中的部分办学条件情况，不难看出以下几点：

第一，学校占地面积在总体上呈现递增趋势，自 2003 年的 142221.8 万平方米上升到 2019 年的 166717.9 万平方米，增加了 24496.1 万平方米。根据《国家中长期教育改革和发展规划纲要（2010—2020）》，近年来我国不断加大对农村普通初中的标准化建设投入，各类初中的办学条件得到很大改善。

第二，学校固定资产总值和在校生人均资产是教学条件的反映，涵盖了办学相关的校舍、教学仪器设备等，二者从总量和人均量上分别反映出我国普通初中在综合办学实力上的变化。从表 4.5 来看，这两个指标都呈递增趋势。2019 年初中固定资产总值为 2002 年的 4.5 倍，2019 年初中人均资产为 2002 年的 6.3 倍。

第三，建立校园网校数自 2001 年来不断增长，2019 年的数值为 2001 年的 10.9 倍，并且 2019 年校园网校数覆盖率达 76.47%，说明我国初中现代化教育建设达到较高的普及水平。

表 4.5　　2001～2019 年初中部分办学条件情况

年份	初中学校占地面积（万平方米）	初中固定资产总值（万元）	初中人均资产（元）	建立校园网校数（所）
2001	—	—	—	3714
2002	—	22707942.04	3395.63	6849
2003	142221.8	20429204.56	3053.33	10132
2004	144567.6	21108504.05	3233.78	12872
2005	145839.7	22719934.30	3655.72	16620
2006	145336.5	25295685.49	4245.74	19514
2007	145023.6	26905687.82	4690.51	21451
2008	145545.2	28699992.08	5138.76	22704
2009	144175.6	31914794.84	5865.72	24274
2010	145109.6	35915890.51	6803.15	25451
2011	149506.9	40086706.45	7911.64	25266
2012	149994.5	44552155.85	9353.60	28121
2013	151691.6	51235003.07	11539.16	29502
2014	152238.4	58833723.17	13418.26	35696
2015	153569.2	66051327.05	15318.03	36590
2016	155587.7	73969532.43	17085.40	38887
2017	158752.7	83716576.76	18846.17	39822
2018	162674.1	93138256.61	20018.58	40179
2019	166717.9	102749975.87	21285.89	40447

资料来源：教育部、国家统计局网站。

4.3.4 高中办学条件

表4.6给出了我国2001~2019年普通高中教育的部分办学条件基本情况，不难看出高中学校占地面积、固定资产总值、人均资产及建立校园网校数都呈现递增趋势。其中2019年高中学校占地面积为108046.2万平方米，相比2003年增加了31406.5万平方米；2019年高中固定资产总值为9931.24亿元，同比2002年增加了8147.84亿元，是2002年的5.6倍；2019年高中人均资产为41134.90元，是2002年的3.9倍；2019年建立校园网校数为12180所，占全国普通高中数的87.22%。在义务教育已经普及的情况下，我国高中办学质量也大幅提升，上述指标从办学规模和资本实力上，均反映出这个特征。

表4.6　　2001~2019年高中部分办学条件情况

年份	高中学校占地面积（万平方米）	高中固定资产总值（亿元）	高中人均资产（元）	建立校园网校数（所）
2001	—	—	—	3717
2002	—	1783.40	10591.50	5331
2003	76639.7	2152.44	10955.03	7062
2004	81709.9	2456.49	11063.30	8365
2005	85913.6	2873.91	11929.38	9621
2006	90090.4	3272.09	13012.90	10316
2007	90395.8	3551.16	14078.52	10632
2008	90993.1	3781.04	15268.92	10782
2009	90476.1	4094.65	16820.63	10812
2010	90341.8	4369.98	18003.44	10788
2011	91566.3	4798.51	19547.46	10615
2012	92548.1	5057.91	20500.60	10847
2013	94069.6	5590.31	22949.68	10746
2014	95348.0	6277.81	26152.10	11404

续表

年份	高中学校占地面积（万平方米）	高中固定资产总值（亿元）	高中人均资产（元）	建立校园网校数（所）
2015	96854.0	6789.30	28593.76	11582
2016	99097.8	7501.94	31699.25	11864
2017	101855.9	8370.73	35252.60	11977
2018	105141.4	9105.81	38334.28	12095
2019	108046.2	9931.24	41134.90	12180

资料来源：根据教育部、国家统计局网站数据，并在此基础上整理而成。

总的来说，近年来我国义务教育实施取得了很大成效，已经开始向更高一级的教育迈进。但是同时应该看到全社会教育扩展下的地区间不平衡，经济发达地区，人均教育经费投入越高；经济落后地区，人均教育经费就越低。

4.4 高等教育发展概况

4.4.1 普通高等教育规模

规模扩张是我国近年来高等教育发展的总体特征。表 4.7 给出了我国 2000～2019 年普通高等学校招生及在校人数情况，不难看出不论是招生人数还是在校生人数都呈现递增的趋势，这主要源于 21 世纪初我国高等教育的扩招。2019 年普通本科招生人数为 431.3 万人，约为 2000 年的 2.5 倍；2019 年研究生招生人数为 91.7 万人，约为 2003 年的 3.4 倍。

表 4.7　2000～2019 年普通高校招生及在校人数统计　单位：万人

年份	普通本科招生数	普通专科招生数	研究生招生数	普通本科在校生数	普通专科在校生数	研究生在校生数
2000	171.9	48.7	—	455.2	100.9	—
2001	201.7	66.6	—	572.3	146.8	—

续表

年份	普通本科招生数	普通专科招生数	研究生招生数	普通本科在校生数	普通专科在校生数	研究生在校生数
2002	231.5	89.0	—	710.0	193.4	—
2003	182.6	199.6	26.9	629.2	479.4	65.1
2004	209.9	237.4	32.6	737.9	595.6	82.0
2005	236.4	268.1	36.5	848.8	713.0	97.9
2006	253.1	293.0	39.8	943.3	795.5	110.5
2007	282.1	283.8	41.9	1024.3	860.6	119.5
2008	297.1	310.6	44.6	1104.2	916.8	128.3
2009	326.1	313.4	51.1	1179.9	964.8	140.5
2010	351.3	310.5	53.8	1265.6	966.2	153.8
2011	356.6	324.9	56.0	1349.7	958.8	164.6
2012	374.0	314.8	59.0	1427.1	964.2	172.0
2013	381.4	318.4	61.1	1494.5	973.6	179.4
2014	383.4	338.0	62.1	1541.1	1006.6	184.8
2015	389.4	348.4	64.5	1576.7	1048.6	191.1
2016	405.4	343.2	66.7	1612.9	1082.9	198.1
2017	410.8	350.7	80.6	1648.6	1105.0	264.0
2018	422.2	368.8	85.8	1697.3	1133.7	273.1
2019	431.3	483.6	91.7	1750.8	1280.7	286.4

资料来源：国家统计局网站。

高等教育的扩张不仅表现为本科学生人数的增长，还表现为高等教育的结构性调整。表4.8给出了我国2004～2019年高等教育学校数量的统计情况，不难看出以下几点：

第一，本科院校、高职（专科）院校和普通高校学校数量都呈递增趋势，普通高校数量到2019年达到2688所，是2004年的1.6倍；本科院校自2004年的684所上升至2019年的1265所，是2004年的1.8倍；高职（专科）院校自2004年的1047所上升至2019年的1423所，增加了376所。学校数量的增多主要是源于接受高等教育的人数正在逐年递增，同时也是源于政府对高等教育的投入增多。

第二，研究生培养机构呈先升后降再升的状态，但总体上仍然呈递增趋势。2004 年研究生培养机构数有 769 所，2019 年为 828 所，增加了 59 所，其源于研究生招生人数不断地增长。

表 4.8　　2004～2019 年高等学校（机构）数量　　单位：所

年份	普通高校学校数	研究生培养机构	本科院校	高职（专科）院校
2004	1731	769	684	1047
2005	1792	766	701	1091
2006	1867	767	720	1147
2007	1908	795	740	1168
2008	2263	796	1079	1184
2009	2305	796	1090	1215
2010	2358	797	1112	1246
2011	2409	755	1129	1280
2012	2442	811	1145	1297
2013	2491	830	1170	1321
2014	2529	788	1202	1327
2015	2560	792	1219	1341
2016	2596	793	1237	1359
2017	2631	815	1243	1388
2018	2663	815	1245	1418
2019	2688	828	1265	1423

资料来源：国家统计局网站。

进一步，可以通过图 4.4 至图 4.6 来分析高等教育的增长速度。不难看到，近年来不同类别的高等教育机构增幅总体趋于稳定状态。

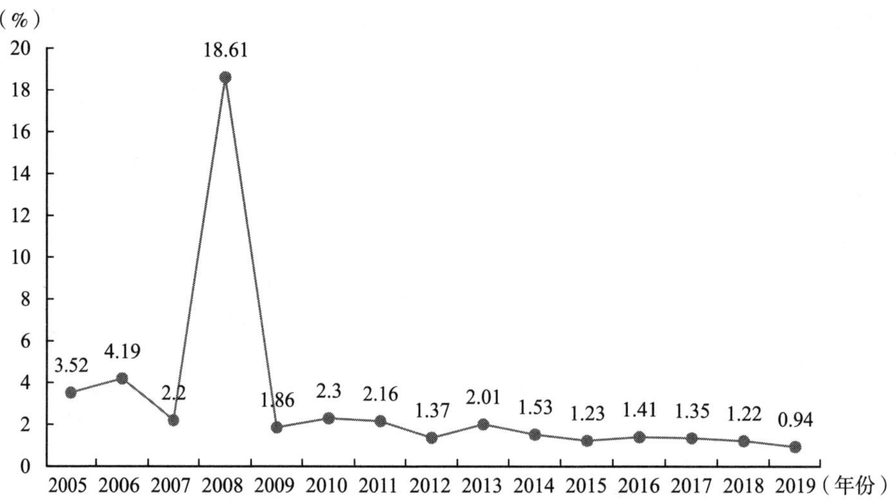

图 4.4　2005～2019 年我国普通高等教育学校增幅折线图

注：基础数据来自国家统计局网站，并在此基础上整理而成。

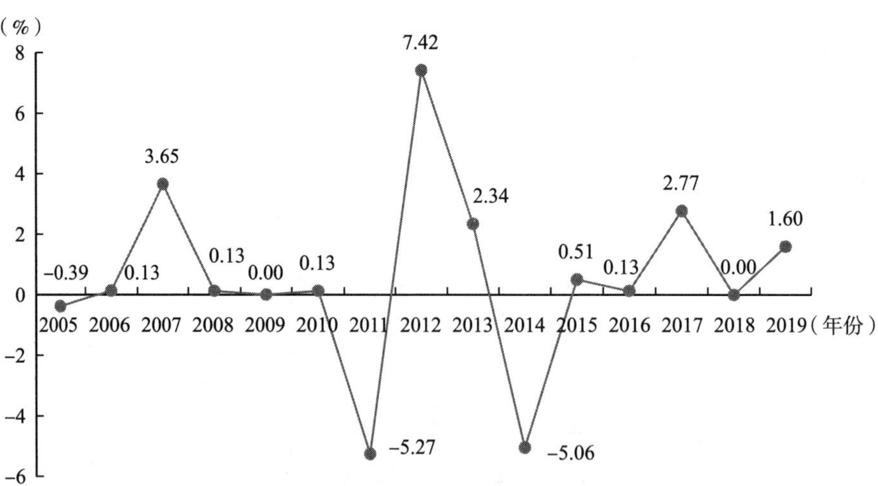

图 4.5　2005～2019 年我国研究生培养机构增幅

注：基础数据来自国家统计局网站，并在此基础上整理而成。

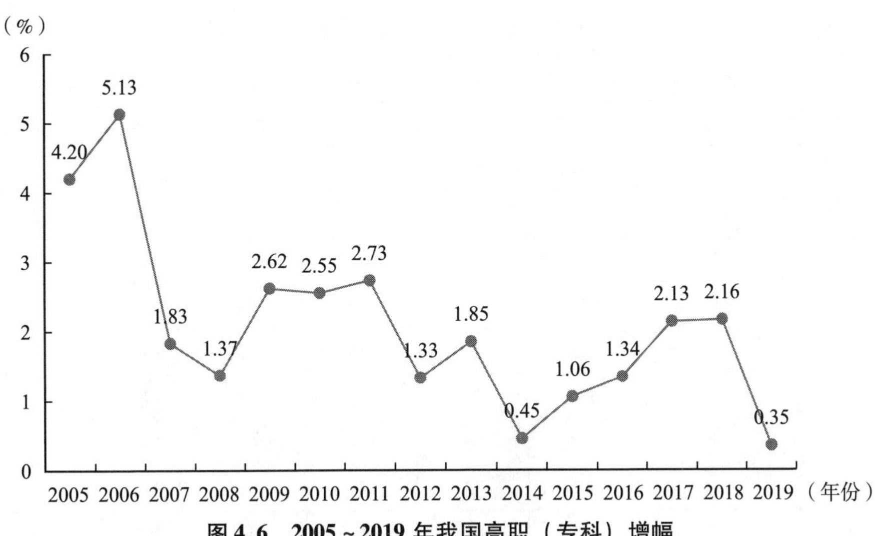

图 4.6 2005~2019 年我国高职（专科）增幅

注：基础数据来自国家统计局网站，并在此基础上整理而成。

首先，我国普通高等教育学校增幅在 2008 年有很大的波动，其增幅达 18.61%（见图 4.4），自 2009 年以后我国普通高等教育学校增幅逐渐减缓。经过 21 世纪初高校的大规模整合，目前高等教育机构数量已趋于稳定。

其次，从图 4.5 可以看出我国研究生培养机构在近十几年内的增幅波动较强，在 2011 年研究生培养机构数量不增反减，其下降幅度为 5.27%，在 2012 年达最高增幅为 7.42%，自 2014 年以来，研究生培养机构又开始上升，到 2017 年其增幅为 2.77%，2017~2019 年增幅有所下降。

最后，从图 4.6 可以看出我国高职（专科）院校的增幅波动较大。自 2005 年的 4.2% 上升到 2006 年的 5.13%，再下降到 2014 年的 0.45%，2015~2018 年增幅不断增加，2019 年又有较大幅度的下降，2019 年增幅仅为 0.35%，较 2018 年下降了 1.81%。

另外，如果按照学科划分，我国高等教育结构也发生了较大变化。根据表 4.9 可知，各类高等学校数量总体都呈递增状态，只是递增速度略有所不同。可以看出，综合性大学、理工院校及财经院校的增长速度最快，综合性大学年均增长 29.5 所、理工院校年均增长 37.3 所、财经院校年均增长 10.7 所。

表 4.9　　2000~2019 年按学科划分高等教育学校数量　　单位：所

年份	综合性大学	理工院校	农业院校	医药院校	师范院校	财经院校	政法院校
2000	83	239	44	100	221	68	26
2001	91	231	42	96	210	65	28
2002	112	224	40	99	203	62	30
2003	121	223	37	97	188	64	33
2004	351	617	72	116	195	157	65
2005	380	648	74	115	182	169	64
2006	417	666	75	128	178	172	67
2007	443	672	74	134	169	178	69
2008	533	801	83	159	188	237	69
2009	547	821	81	163	189	242	69
2010	568	834	81	167	192	249	70
2011	568	862	81	176	196	255	70
2012	578	867	81	183	201	253	71
2013	589	883	83	185	211	256	71
2014	603	895	82	188	218	258	71
2015	612	906	81	192	219	261	73
2016	619	923	81	195	225	262	73
2017	631	932	81	199	229	265	73
2018	636	942	81	206	234	268	73
2019	643	948	83	209	241	271	71

资料来源：教育部、国家统计局网站。

4.4.2　普通高校教育事业办学条件

办学条件主要分为人才队伍和基础设施两大板块。

表 4.10 给出了我国 2000~2019 年普通高校专任教师的基本情况，不难看出普通高等学校专任教师数和生师比总体呈递增趋势。生师比上升的原因在于高等教育在招生规模扩大的同时，师资队伍供给相对不足。2019 年，我

国高等教育的生师比为 18.0，达到了国家规定的平均标准，说明当前我国高等教育师资状况能基本满足发展需要。

表 4.10　　2000～2019 年普通高等学校专任教师情况统计

年份	普通高校专任教师数（万人）	普通高校生师比
2000	46.3	12.0
2001	53.2	13.5
2002	61.8	14.6
2003	72.5	15.3
2004	85.8	15.5
2005	96.6	16.9
2006	107.6	17.9
2007	116.8	17.3
2008	123.8	17.2
2009	129.5	17.3
2010	134.3	17.3
2011	139.3	17.4
2012	144.0	17.5
2013	149.7	17.5
2014	153.5	17.7
2015	157.3	17.7
2016	160.2	17.1
2017	163.3	17.5
2018	167.3	17.6
2019	174.0	18.0

资料来源：基础数据来自教育部、国家统计局网站，并在此基础上整理而成。

表 4.11 给出了我国 2000～2019 年普通高校学校产权建筑面积的情况，这反映出我国高等教育办学的硬件实力。不难看出以下两点：其一，普通高校产权建筑面积呈逐年递增的趋势，2000～2019 年年均增加 3605.2 万平方

米。其二，从人均角度来看则反而降低了，从 2003 年的 32.5 平方米，下降到 2019 年的 27.1 平方米。这是由于高等教育招生人数的扩张速度快于校舍的建设速度。

表 4.11　　2000～2019 年普通高校产权建筑面积情况统计

年份	学校产权建筑面积（万平方米）	人均产权建筑面积（平方米）
2000	20749.0	—
2001	25956.2	—
2002	30251.3	—
2003	38201.8	32.5
2004	45510.5	32.2
2005	51287.3	30.9
2006	57356.3	31.0
2007	57654.3	28.8
2008	59214.6	27.6
2009	63246.8	27.7
2010	66030.0	27.7
2011	69709.1	28.2
2012	72020.7	28.1
2013	75380.6	28.5
2014	77389.6	28.3
2015	79926.1	28.4
2016	82801.1	28.2
2017	85185.3	28.4
2018	86690.6	28.1
2019	89248.7	27.1

资料来源：基础数据来自教育部、国家统计局网站，并在此基础上整理而成。

总的来说，改革开放以来，我国教育取得了极大的成就，高等教育已经进入大众化阶段，实现了由人口大国到人力资源大国的历史性转变。

4.5 城乡教育差异

4.5.1 城乡办学条件差异

（1）表4.12为2000~2019年按城乡划分小学办学条件，不难看出：

第一，我国城镇小学校舍建筑面积总体呈递增的趋势，从2000年的20994.7万平方米增加到2019年的52816.1万平方米，年均增长5%；相反地，我国乡村小学校舍建筑面积整体上不断减少，但近年来有所增加，2000~2019年间年均降低1.48%。从单位学校校舍面积看，2019年城镇为7385.11平方米，农村为3170.99平方米，前者约为后者的2.3倍，体现出明显的城乡差距。

第二，我国城镇小学和乡村小学的固定资产总值都呈上升趋势，但城镇在2000~2019年期间的年均增速为7.93%，大于农村4.23%的年均增速。所以尽管办学资本都在增加，但城镇显然增得更快。这种差异也反映在单位学校资产价值上，2019年平均每所城镇小学固定资产总值约为1216.8万元，相比农村则为410.5万元，前者是后者的近3倍。

第三，从现代化办学能力看，我国城乡小学所建立的校园网校数逐年递增，但从覆盖率上讲，城镇仍高于农村。2019年，我国城镇小学网校覆盖率达76.34%，高于农村62.61%的水平。

总的来说，城乡间小学办学条件差别是显而易见的，尽管农村办学条件也在改善，但相对而言仍显滞后。

表4.12　2000~2019年按城乡划分小学办学条件情况

年份	校舍建筑面积（万平方米）		固定资产总值（亿元）		建立校园网校数（所）	
	城镇	乡村	城镇	乡村	城镇	乡村
2000	20994.7	38183.0	—	—	—	—
2001	18215.4	38644.6	—	—	4394	2872

续表

年份	校舍建筑面积（万平方米）		固定资产总值（亿元）		建立校园网校数（所）	
	城镇	乡村	城镇	乡村	城镇	乡村
2002	19142.5	38208.1	2379.7	1800.3	7258	5566
2003	19671.2	38044.9	1474.3	1724.0	10341	7142
2004	19217.9	38671.4	1430.4	1724.2	12374	9867
2005	19577.5	38477.6	1600.4	1775.3	15176	13846
2006	20287.1	38352.5	1678.6	1864.6	16791	16598
2007	21955.2	36649.1	1958.6	1766.7	18439	17525
2008	22275.0	35540.5	2011.0	1771.2	19302	18427
2009	22918.0	35121.8	2420.0	1868.6	20099	18862
2010	24431.9	34178.7	2587.4	2344.1	21434	19571
2011	30258.5	26654.6	3173.4	1807.1	26475	14730
2012	32931.8	26130.1	3434.6	1724.7	30370	18353
2013	35617.0	26447.8	4059.9	1960.2	32735	21754
2014	38138.6	26558.6	4686.0	2214.2	42700	36032
2015	40593.5	26758.6	5352.7	2489.6	45738	41604
2016	43572.2	27392.3	6051.0	2788.9	49971	49643
2017	46983.7	28104.8	6966.5	3196.2	52967	54570
2018	50137.3	28482.3	7822.5	3425.2	54057	55260
2019	52816.1	28770.2	8702.1	3638.4	54593	55491

资料来源：教育部、国家统计局网站。

（2）表4.13给出了我国2011~2019年城镇和乡村初中阶段学校的办学条件情况，不难看出：

第一，我国城镇初中校舍建筑面积呈递增趋势，2011~2019年增加了22461.7万平方米，年增长率为6.62%；而乡村初中校舍建筑面积却呈先下降后上升趋势，自2011~2016年减少了456.2万平方米，2017~2019年不断回升，年增长率为-0.05%。从单位学校校舍面积来看，城镇为14751.62平方米，农村为8287.70平方米，前者是后者的1.78倍，差别较为明显。

第二，我国城镇初中和农村初中的固定资产总值都呈上升趋势，城镇在2011～2019 年间年增长率为 13.38%；对应地，农村年增长率为 8.41%，城镇较农村高 4.97%。从单位学校资产价值来看，城镇初中约为2299.20 万元，农村约为 1072.25 万元，前者约为后者的 2.14 倍。

第三，我国城镇初中和农村初中建立校园网校数逐年递增，但是城镇初中网校覆盖率达 80.13%，较农村初中网校覆盖率 69.39% 高出 10.74%。

总的来说，对比初中办学条件，城乡的差距同样较为明显。

表 4.13　　2011～2019 年按城乡划分初中阶段学校办学条件情况

年份	校舍建筑面积（万平方米）		固定资产总值（亿元）		建立校园网校数（所）	
	城镇	乡村	城镇	乡村	城镇	乡村
2011	33503.0	12043.3	3195.0	813.6	18207	7059
2012	35955.7	11626.3	3602.0	853.2	20619	7502
2013	38550.7	11528.7	4195.4	928.1	21807	7695
2014	41162.5	11401.0	4871.5	1011.9	25720	9976
2015	43563.8	11478.3	5481.3	1123.9	26617	9973
2016	46240.1	11587.1	6158.6	1238.3	28287	10600
2017	49396.8	11610.0	7033.6	1338.1	29375	10447
2018	52606.0	11762.1	7867.7	1446.1	29901	10278
2019	55964.7	11998.1	8722.7	1552.3	30401	10046

资料来源：教育部、国家统计局网站。

（3）小学和初中阶段的教育属于我国的义务教育阶段，接下来将分析中等教育中我国高中阶段在城乡的不同情况。表 4.14 给出了我国 2001～2019 年城镇和乡村高中办学条件，不难看出以下几点：

第一，城镇高中校舍建筑面积呈递增趋势，自 2003～2019 年增加了 29540.4 万平方米，年增长率为 5.09%。对应地，乡村高中校舍建筑面积总体呈先下降后上升趋势，自 2003～2016 年下降了 800.8 万平方米，2017～2019 年不断增加，年增长率为 −0.24%。从单位学校校舍面积来看，平均每所城镇高中学校校舍建筑面积为 40767.42 平方米，乡村为 38888.13 平方米，二者差别不大。

第二，城镇和乡村高中学校固定资产总值都呈上升趋势，城镇高中年均增长率为8.87%，乡村为6.56%，前者较后者增长更快。

第三，城镇高中建立校园网校数呈递增趋势，2019年城镇网校覆盖率达87.55%，较农村高中网校覆盖率81.35%高出6.2%，城乡差距总体上不断缩小。

因此在高中阶段，城乡间办学条件的差异仍然存在，但并不如义务教育阶段那么大。

表4.14　　2001～2019年按城乡划分高中学校办学条件情况

年份	校舍建筑面积（万平方米）		固定资产总值（亿元）		建立校园网校数（所）	
	城镇	乡村	城镇	乡村	城镇	乡村
2001	—	—	—	—	3430	288
2002	—	—	2223.6	169.9	4895	436
2003	24370.4	2991.0	1970.4	182.1	6455	607
2004	26909.0	3487.5	2215.4	241.1	7538	827
2005	29964.0	3169.7	2656.5	217.4	8713	908
2006	33042.2	3460.0	3022.8	249.3	9302	1014
2007	34459.3	3217.0	3321.0	230.1	9666	966
2008	35329.6	3113.2	3550.7	230.4	9824	958
2009	36066.2	2991.4	3856.8	237.8	9852	960
2010	36940.1	2881.7	4113.4	256.5	9911	877
2011	38714.1	2113.2	4557.4	241.1	10081	534
2012	40373.5	1873.2	4838.3	219.6	10386	461
2013	41641.6	1918.5	5359.8	230.5	10265	481
2014	43365.8	1980.2	6013.0	264.8	10881	523
2015	45078.8	2057.2	6502.5	286.8	11044	538
2016	46952.1	2190.2	7171.2	330.7	11321	543
2017	49114.1	2397.7	7968.4	402.3	11427	550
2018	51555.8	2650.3	8649.2	456.6	11518	577
2019	53910.8	2877.7	9430.7	500.6	11578	602

资料来源：教育部、国家统计局网站。

4.5.2 城乡师资力量差异

表 4.15 给出了我国 2003 ~ 2019 年城乡各类学校的专任教师数之比，可以看出：

第一，我国乡村小学专任教师数的城乡之比，从 2003 年的 0.56 上升到 2019 年的 2.43，说明城镇的小学专业教师总量由低于农村、逐步转变为高于农村。

第二，我国乡村初中专任教师数的城乡之比，从 2003 年的 1.20 上升到 2019 年的 5.71，呈现出不断拉大的趋势，说明初中专任教师越来越向城镇集聚。类似特征还表现在高中阶段的专任教师数量，高中专任教师城乡之比在 2016 年更是达到了 30.38，2017 ~ 2019 年比值有所下降。因此，受教育层次越高，师资越往城镇集中。

表 4.15　　2003 ~ 2019 年城乡各类学校专任教师之比

年份	小学专任教师数	普通初中专任教师数	普通高中专任教师数
2003	0.56	1.20	8.37
2004	0.55	1.13	7.77
2005	0.57	1.26	9.45
2006	0.59	1.31	9.88
2007	0.65	1.48	10.88
2008	0.68	1.58	11.41
2009	0.71	1.66	12.43
2010	0.76	1.77	13.41
2011	1.29	3.11	22.05
2012	1.43	3.48	27.67
2013	1.54	3.76	28.53
2014	1.66	4.09	29.30
2015	1.79	4.39	29.78
2016	1.93	4.74	30.38

续表

年份	小学专任教师数	普通初中专任教师数	普通高中专任教师数
2017	2. 18	5. 17	29. 91
2018	2. 26	5. 46	28. 70
2019	2. 43	5. 71	28. 21

注：比较基准为农村地区。
资料来源：基础数据来自教育部、国家统计局网站，并在此基础上整理计算。

总的来说，无论是城镇学校还是乡村学校，近年来都获得了较为明显的发展，其教育教学的基本条件已得到显著提升。但同时应该看到，城乡间教育发展水平的差距还比较明显，特别是随着城市化进程的快速推进，人口和其他资源要素不断向城镇集聚，与此同时农村地区仍存在着明显的资源供给不足。

4. 6　地区教育差异

由于中国各地区经济发展水平不一，导致了各地对教育投入能力上存在着差异，并引致了地区间教育发展的不平衡。

4. 6. 1　地区间教育经费的差异

图 4. 7 给出了 2006 ~ 2019 年我国各省份不同层次教育水平的经费投入增长率离散系数。不难发现：第一，从 2006 ~ 2013 年，各省份对于各类层次教育经费的投入增长率的差距存在明显差距，这种差距大多在 2013 ~ 2014 年达到峰值，此后则不断走低；第二，从时间趋势上看，不同省份的数值并未较 2006 年出现明显下降趋势，说明不同省份间教育投入的差距仍然十分明显。

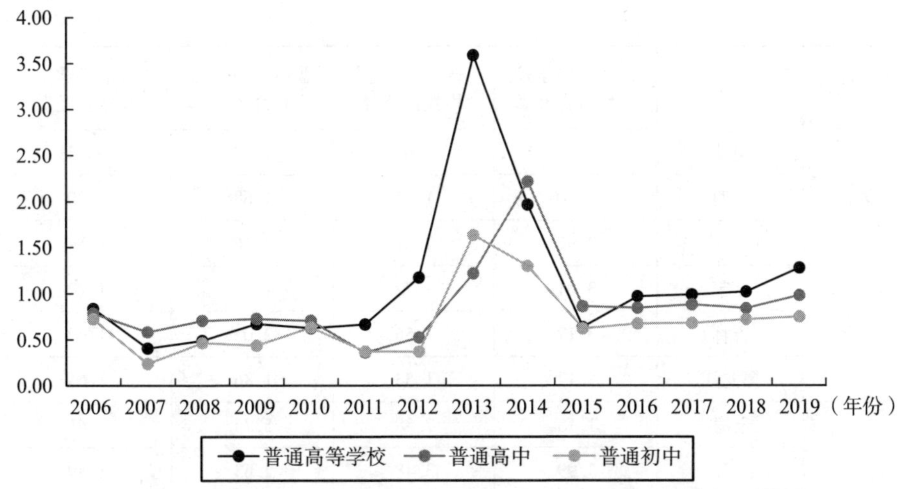

图 4.7　2006～2019 年不同层次教育经费投入增长率的离散系数

资料来源：根据各地教育投入数据计算。

2018 年各地区各类学校生均教育经费支出则更为清晰地反映出地区间教育投入能力的差距（见表 4.16）：

第一，从普通高等学校生均教育经费支出的省际差异最为明显，平均支出最高的区域与最低区域的支出差距为 1.23 万元；而即使在区域内部，相差也较为明显，生均教育经费区域内部最高与最低相差 5.16 万元。

第二，就中等教育和初等教育而言，发达省（市）的生均投入水平明显高于欠发达地区。例如，在普通高中生均教育经费支出中，平均支出最高的为华北地区，达 3.76 万元；相反，最低的是东北地区，为 1.60 万元，相差 2.16 万元。

总的来说，从学校生均教育经费支出来看，各地区差异十分明显，尽管经济不发达地区在改善，但相对而言还是明显滞后。

表 4.16　　2018 年按区域划分各类学校生均教育经费支出情况　　单位：万元

区域	省份	普通高等学校生均教育经费	普通高中生均教育经费	普通初中生均教育经费	普通小学生均教育经费
华北	北京	7.51	9.03	7.70	3.87
	天津	5.37	4.34	3.78	2.24

续表

区域	省份	普通高等学校生均教育经费	普通高中生均教育经费	普通初中生均教育经费	普通小学生均教育经费
华北	河北	2.37	1.60	1.33	0.93
	山西	2.60	1.85	1.68	1.20
	内蒙古	2.92	2.01	2.16	1.84
东北	辽宁	3.01	1.72	1.78	1.22
	吉林	3.17	1.56	2.03	1.62
	黑龙江	3.17	1.53	1.86	1.65
华东	上海	7.15	7.38	5.25	3.41
	江苏	3.99	3.48	2.63	1.49
	浙江	4.70	3.81	2.77	1.90
	安徽	2.71	1.78	1.81	1.17
	福建	4.16	2.26	1.98	1.22
	江西	2.46	1.60	1.38	1.03
	山东	2.70	1.96	1.82	1.08
华中	河南	2.35	1.35	1.25	0.80
	湖北	3.75	2.21	1.90	1.16
	湖南	2.65	1.68	1.47	0.98
华南	广东	4.53	2.54	2.24	1.49
	广西	2.60	1.38	1.23	0.94
	海南	3.67	2.36	2.28	1.65
西南	重庆	3.28	2.12	2.09	1.56
	四川	3.10	1.61	1.68	1.23
	贵州	3.35	1.69	1.42	1.16
	云南	2.48	1.78	1.68	1.42
	西藏	5.26	3.84	3.60	3.11
西北	陕西	3.88	1.74	1.79	1.25
	甘肃	3.30	1.51	1.54	1.33
	青海	5.23	2.65	2.41	1.85

续表

区域	省份	普通高等学校生均教育经费	普通高中生均教育经费	普通初中生均教育经费	普通小学生均教育经费
西北	宁夏	3.55	1.88	1.71	1.29
	新疆	2.96	1.95	2.24	1.43

注：由于数据可得性，数据为 2018 年的数据。数据不包括港澳台地区（下同）。
资料来源：基础数据来自教育部、国家统计局网站，并在此基础上整理而成。

4.6.2 地区师资力量差异

表 4.17 给出了我国 2019 年按地理区划分生师比情况，不难看出师资力量较雄厚的多为沿海经济较发达地区，师资力量较薄弱的多为内陆经济不发达地区。

观察各省数据可以得出：在普通高等学校生师比中，最高与最低相差 4.1；同样地，在普通高中生师比中，最高与最低相差 9.9；在普通初中生师比中，最高与最低相差 7.8；在普通小学生师比中，最高与最低相差 7.5。

总的来说，师资力量在各地区间不平衡，有着明显的差距，尤其表现在高等教育与义务教育中。

表 4.17　　2019 年按地理区划分生师比

区域	省份	普通高等学校生师比	普通高中生师比	普通初中生师比	普通小学生师比
华北	北京	16.9	7.4	8.3	13.6
	天津	18.5	9.6	10.7	15.1
	河北	18.0	13.2	14.1	17.2
	山西	17.9	10.3	10.5	13.7
	内蒙古	17.6	11.0	11.1	13.3
东北	辽宁	18.5	11.5	10.2	14.2
	吉林	19.0	13.2	9.9	11.3
	黑龙江	16.0	12.9	10.4	11.9

续表

区域	省份	普通高等学校生师比	普通高中生师比	普通初中生师比	普通小学生师比
华东	上海	15.9	8.6	10.6	13.9
	江苏	15.8	10.6	12.1	17.3
	浙江	15.8	10.9	12.5	17.0
	安徽	19.2	13.5	13.5	18.1
	福建	16.7	12.3	13.0	18.8
	江西	18.4	17.5	16.1	17.3
	山东	18.5	11.7	12.3	16.7
华中	河南	18.3	15.6	14.3	17.9
	湖北	18.1	12.7	12.4	18.1
	湖南	18.0	14.5	13.7	18.4
华南	广东	17.4	12.4	13.3	18.7
	广西	19.6	17.3	15.5	18.5
	海南	17.9	12.7	13.7	16.3
西南	重庆	18.6	15.5	13.7	16.0
	四川	19.6	13.8	12.9	16.5
	贵州	19.3	14.6	14.0	18.3
	云南	21.3	14.6	13.7	16.7
	西藏	15.5	11.4	11.7	14.7
西北	陕西	18.4	11.9	11.2	16.3
	甘肃	17.9	11.5	10.9	13.1
	青海	16.5	12.6	13.5	17.6
	宁夏	18.0	13.6	14.5	17.0
	新疆	19.6	11.9	11.0	15.6

资料来源：基础数据来自教育部、国家统计局网站，并在此基础上整理而成。

总的来说，无论是我国的义务教育，还是中等教育或高等教育，在各地区间都存在着教育发展不平衡的问题。我国教育经费投入主要来源于各地政府财政性拨款，而经济发达地区与经济不发达地区经济发展差距较大，因此造成教育经费投入、办学条件和师资力量的差异。

4.7 本章小结

总的来说，由于我国早年在计划经济体制下，城市与农村之间在户籍、收入分配水平、劳动力市场等诸多方面，形成了明显的差异，以及各地区的经济发展水平也不平衡。尽管改革开放以来，这种差异被逐步消减，但在经济发展水平、教育资源分配等方面的差异依然很明显。

本章从人均受教育年限、教育制度、办学条件、教育经费投入、师资力量、教育发展状况等方面对比分析了不同地区间、城乡之间的差异以及流动人口的受教育状况。由于我国的城乡二元户籍制度以及城乡二元经济格局，引致教育发展的不均衡。由于地区间经济状况的不同，导致办学条件存在较大的差异，由此造成了不同地区学生享受到的教育资源不同；而师资力量也同样参差不齐，使得学生接受到的教育有所不同。

在教育资源分配不均衡的问题上，需要国家政策的扶持与帮助，从教育经费投入的角度来看，我国教育经费投入主要依靠地方政府财政拨款。加大对边远山区教育的投入力度，拉近地区教育的距离，使各地区以及城乡之间教育经费的投入处于一个相对协调的状态，是我国目前教育改革努力的方向。

| 第 5 章 |

我国收入分配状况

5.1 我国收入分配差距的总体状况

改革开放以来，我国收入分配总体呈现持续扩大趋势，这引起了全社会的高度重视。近年来，随着国家相关政策的调整，这一扩大趋势有所减缓，但总体仍处于较为不均等的水平。参考学术界测量收入分配差距的方法，以及我国政府公布的相关经济指标，本节主要使用国际通用的基尼系数来测度我国收入分配差距的总体状况。

在 2013 年之前，我国国家统计局并没有公布过连续的收入基尼系数，相关测度主要源自学术探讨。胡志军等（2011）计算了我国 1985～2008 年的总体收入基尼系数。如图 5.1 所示，基尼系数总体呈不断攀升的演变趋势。这说明改革开放以来，我国收入分配差距出现较为明显的变化，总体呈扩大态势。进入 21 世纪以来，有关我国收入分配基尼系数测度的研究逐渐丰富，同时国家统计局也给出了基尼系数，但学术界和国家统计局的指标数值却因为样本数据、测算方式的不同而存在差异。

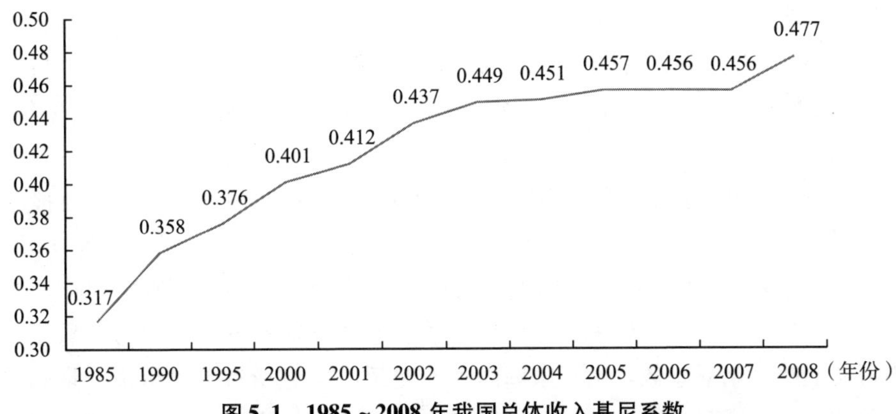

图 5.1　1985～2008 年我国总体收入基尼系数

资料来源：胡志军，刘宗明，龚志民．中国总体收入基尼系数的估计：1985—2008［J］．经济学（季刊），2011，10（4）：1423－1436.

国家统计局在 2013 年公布了我国收入基尼系数的跨年连续数据，此次公布了 2003～2012 年的基尼系数，此后每年都会公布该指标。如图 5.2 所示，我国基尼系数总体呈倒 U 型趋势。在上升阶段，基尼系数从 2003 年的 0.479 逐步上升到 2008 年的 0.491，并达到峰值。该期间，2004 年和 2007 年稍有回落，但基尼系数总体呈上升态势。2009 年后基尼系数由峰值逐步回落至 2015 年的 0.462，但 2016 年又呈现抬头趋势。可见，2003～2016 年来我国收入基尼系数一直高于 0.4 的收入差距警戒线，收入分配差距凸显。但从趋势上看，近几年我国基尼系数呈现回落态势，收入差距持续扩大的态势得到一定遏制，但并不能由此判断我国收入差距已经进入下降通道。

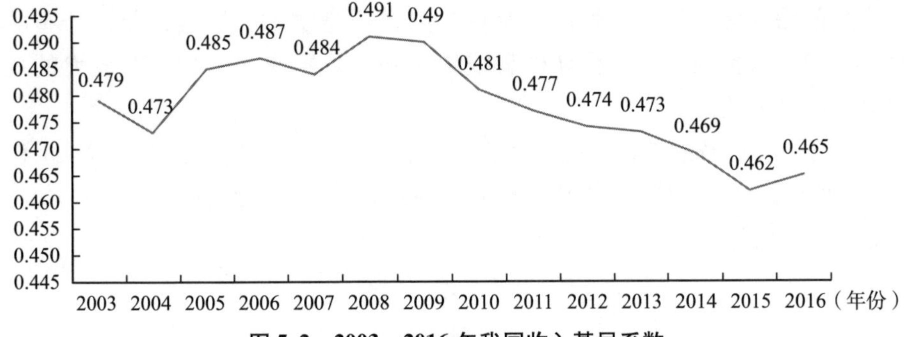

图 5.2　2003～2016 年我国收入基尼系数

资料来源：国家统计局网站公布的 2003～2016 年我国居民人均可支配收入基尼系数。

除国家统计局公布的基尼系数，不少研究也对此进行了深入的分析。李实（2018）利用调查数据得出从1988年开始我国基尼系数是在不断上升的，其中2002年数值为0.460，2007年为0.483，这一结果被学术界广泛采纳，其与国家统计局所公布的数据基本吻合。

北京大学中国社会科学调查研究中心发布的《中国民生发展报告（2014）》指出，我国2002年家庭净财产基尼系数为0.55，2012年为0.73，顶端1%的家庭占有全国1/3以上的财产，底端25%的家庭拥有的财产总量仅在1%左右。显然，家庭净财产基尼系数远高于国家统计局发布的居民人均可支配收入基尼系数。由于家庭净财产是反映家庭所有能以货币计量的财产总和，包含了存量概念；而全国居民人均可支配收入是反映年均收入的流量数据，因此考虑了资产状况后，我国收入分配差距会更高。这表明，家庭财富不均对于我国收入分配差距的影响不容小视。

与上述数据较为接近的还有来自西南财经大学中国家庭与金融调查研究中心的测算，其研究发现2010年我国家庭收入基尼系数为0.61，这一数据仍大幅高于国家统计局公布收入基尼系数。当然，有学者也对此提出质疑，认为西南财经大学计算的基尼系数结果偏大，其在样本抽样和住户收入的收集上存在明显缺陷（李实、岳希明，2013）。

通过对比国家统计局和学术研究的基尼系数，多数学术研究得到的基尼系数测算值要高于国家统计局数据。之所以一些学术研究得出相对较高的基尼系数，是源于研究方法的差异，更深层次的原因在于两者的数据来源的差异。李实和罗楚亮（2011）提到，造成学术界偏差的原因既有调查数据中高收入人群样本代表性不足的问题和收入低报的问题，也有估计方法不规范的问题。但无论是国家统计局数据还是学术界数据，双方公布的收入基尼系数都高于国际公认的警戒线水平，我国收入分配差距较大的现状值得高度关注。

结合上文提及的学者和机构对我国部分年份基尼系数的分析，表5.1汇总了2000年以后学术界具有代表性的部分研究结果及其数据来源。

表 5.1　　学术界中我国基尼系数的不同计算结果

文献	基尼系数值	资料来源
崔华泰（2017）①	2002～2011 年我国基尼系数保持在 0.43～0.46 的水平，2009 年达到峰值，基尼系数为 0.4532	中国统计年鉴
《中国民生发展报告 2014》②	我国家庭净财产基尼系数 2002 年、2012 年分别为 0.55、0.73	中国家庭追踪调查（CFPS）
《中国家庭收入差距报告 2013》③	2010 年我国家庭收入基尼系数为 0.61	中国家庭金融调查（CHFS）
李权葆和薛欣（2013）④	2000 年、2004 年、2006 年、2009 年我国基尼系数分别为 0.4710、0.5046、0.5146、0.4943	中国健康与营养调查（CHNS）
胡志军（2011）⑤	2002～2008 年我国基尼系数分别为 0.4367、0.4493、0.4506、0.4565、0.4563、0.4559、0.4767	中国统计年鉴
王祖祥等（2009）⑥	2000～2004 年我国基尼系数分别为 0.3891、0.4036、0.4310、0.4426、0.4405	中国统计年鉴
程永宏（2007）⑦	2000～2004 年我国基尼系数分别为 0.4275、0.4331、0.4297、0.4430、0.4419	中国统计年鉴
夏华（2003）⑧	1998 年、1999 年、2000 年我国基尼系数分别为 0.3968、0.4043、0.4066	中国统计年鉴

资料来源：①崔华泰．城乡二元视角下的我国基尼系数变化分析［J］．经济社会体制比较，2017（3）：33－44；②北京大学中国社会科学调查研究中心《中国民生发展报告（2014）》；③西南财经大学中国家庭金融调查研究中心《中国家庭收入差距报告（2013）》；④李权葆，薛欣．城乡基尼系数测算与收入分配差距分析——基于 CHNS 的实证研究［J］．管理评论，2013，25（3）：82－90；⑤胡志军，刘宗明，龚志民．中国总体收入基尼系数的估计：1985—2008［J］．经济学（季刊），2011，10（4）：1423－1436；⑥王祖祥，张奎，孟勇．中国基尼系数的估算研究［J］．经济评论，2009（3）：14－21；⑦程永宏．改革以来全国总体基尼系数的演变及其城乡分解［J］．中国社会科学，2007（4）：45－60，205；⑧夏华．从基尼系数的测算看我国居民收入状况［J］．现代财经（天津财经学院学报），2003（5）：55－59。

5.2 地区收入差距

改革开放以来，我国居民收入分配格局发生了巨大变化。由于我国地域辽阔，各地资源禀赋和产业基础差别较大，在生产要素流动性较为缺乏的情况下，地区间的收入差距是难以避免的。根据李实和赵人伟（1999）的早期研究，1988 年和 1995 年我国三大地区之间的收入差距大约占全国收入差距的7.5%和9.3%，全国收入差距增量中地区收入差距占比高达13.5%，地区收入差距对我国收入差距的贡献逐年增长。另外，也有学者用价格水平对名义货币收入进行调整，认为地区间居民实际生活水平差距小于名义收入差距（江小涓、李辉，2005）。但无论如何，我国地区间收入差距的存在是客观事实，这也为社会各界所认同。

对于地区间收入差距的比较，通常是基于人均收入视角展开分析。在对农村居民地区收入差距比较时，宜采用农村居民纯收入指标；对城镇居民地区收入差距比较时，宜采用城镇居民人均可支配收入指标（黄泰岩、王检贵，2000）。本节正是基于这一指标结论来使用数据①。

我们常用标准差和离散系数来测量地区间的收入差距。标准差常用于测量地区间的绝对差异，但其并不能较好地反映各省份人均收入的相对关系。而离散系数适合用来测量地区间收入的相对差距（黄泰岩、王检贵，2000），其弥补了利用标准差测量收入差距的缺陷。离散系数计算公式为：

$$Vum = \frac{1}{\bar{Y}} \sqrt{\frac{\sum_{i} (Y_i - \bar{Y})^2}{N}} \tag{5.1}$$

因此，我们将采用离散系数来反映各省份间、各区域间以及各经济圈间的人均可支配收入总体差距。各区域按照东部、中部、西部以及东北部进行划分②。经济圈是指一定区域范围内的经济组织实体，按照我国区域经济发展特点，可分为泛长三角经济圈、泛珠三角经济圈、环渤海经济圈、东北经济圈、中部经济圈、西南经济圈、西北经济圈③。

为考察收入差距变化的引致原因，可以计算以下两个指标。一是收入

① 本节农村居民数据所有年份并非均采用农村居民纯收入指标。由于国家统计局计算调整，本节中2012年以前数据为农村居民人均纯收入，2013年及以后年份数据为农村人均可支配收入。

② 自2005年起，国家统计局四大区域划分如下：东部地区包括北京、天津、河北、上海、江苏、浙江、福建、山东、广东和海南10个省份；中部地区包括山西、安徽、江西、河南、湖北、湖南6个省份；西部地区包括重庆、四川、贵州、云南、西藏、陕西、甘肃、青海、宁夏、新疆、内蒙古、广西12个省份；东北地区包括辽宁、吉林、黑龙江3个省份。本节所使用数据均来自2005年后的《中国统计年鉴》，以前年份数据均已按此划分标准调整。

③ 各经济圈的范围如下：泛长三角经济圈（江苏、浙江、上海）、泛珠三角经济圈（广东、广西、福建）、环渤海经济圈（山东、河北、天津、辽宁、北京）、东北经济圈（辽宁、黑龙江、吉林）、中部经济圈（湖南、湖北、江西、安徽、河南、山西）、西南经济圈（四川、重庆、贵州、云南）、西北经济圈（陕西、宁夏、甘肃、青海）。

位次增长，即对于某个单元，其在期初与期末的收入位次排序变化，以反映总体上该单元的收入水平排序是上升还是下降了。二是收入位次变化频率，即对于每个观测单元，利用其每两年收入位次变化的绝对值之和，再除以 $N-1$①。因此，我们将分别按照“各省份、各区域、各经济圈”这三个维度，分别计算其离散系数、收入位次增长以及收入位次变化频率，以反映地区收入差距。

5.2.1 城镇居民收入的地区差距

图 5.3 是 1999 ~2019 年我国各省份城镇居民平均收入离散系数逐年演变的过程。不难发现：第一，无论是起始年（1999 年）还是终点年（2019 年）我国各省份都存在较为明显的收入差距，尤其是 2006 年离散系数达到 0.290 的峰值。第二，从离散系数整体趋势来看，地区收入差距近年来呈缩减态势。

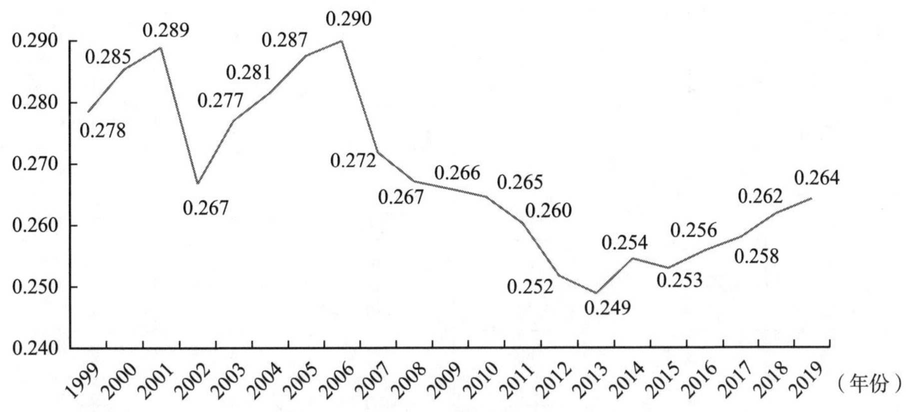

图 5.3 各省份城镇居民收入离散系数

注：城镇居民平均收入离散系数根据 31 个省份每年城镇人均可支配收入数据计算。
资料来源：根据历年《中国统计年鉴》并经过笔者计算得出。

进一步，我们对地区收入差距的结构变动进行考察，通过计算位次变动

① N 为时间段的年份数。本节所使用的位次变动频率为累加值，是两年一次的位次变动频率累加计算出的，其反映某省位次变化对地区收入差距变化的贡献强度。

频率以反映各省份在地区收入差距中的变动强度。表 5.2 数据显示：第一，从位次数据来看，中部省份位次普遍上升，西部地区省份位次普遍下降，东北地区除辽宁外均下降①。第二，从位次变动频率来看，山西、海南、西藏、宁夏、新疆的位次变动频率大于 2，说明在地区收入差距的演变中，上述省份引致了较大的变动；而北京、上海、湖南、福建位次比较稳定。

表 5.2　　1999 ~ 2019 年各省城镇居民平均收入位次变动及其频率

省份	位次变动	变动频率	省份	位次变动	变动频率
北京	0	0.00	湖北	5	0.94
天津	-1	0.31	湖南	0	0.88
河北	-7	0.94	广东	-2	0.25
山西	4	2.15	广西	-10	1.63
内蒙古	13	1.59	海南	-1	2.56
辽宁	11	0.81	重庆	-2	0.71
吉林	-1	1.69	四川	-6	1.13
黑龙江	-5	1.31	贵州	-8	1.25
上海	0	0.00	云南	-7	1.11
江苏	4	0.32	西藏	-15	2.33
浙江	1	0.06	陕西	6	1.96
安徽	5	1.61	甘肃	-1	1.06
福建	0	0.13	青海	-2	1.75
江西	4	1.88	宁夏	4	2.11
山东	4	0.25	新疆	-2	2.42
河南	2	1.74	—	—	—

注：①位次变动是通过比较终点年（2019 年）与起始年（1999 年）的各省城镇居民平均收入位次计算出来的，正数表示上升，负数代表下降。②表中位次变动频率为累加值，是两年一次的位次变动频率累加计算出的，其反映某省位次变化对地区收入差距变化的贡献强度。

资料来源：历年《中国统计年鉴》并经过笔者计算得出。

① 中部 6 个省份中有 5 个省份位次上升；西部 12 个省份中有 10 个省份位次下降；东北地区辽宁位次上升 13 位，其余 2 个省份位次下降。

5. 2. 2 农村居民收入的地区差距

图 5. 4 给出了 1998 ~2019 年我国各省农村居民平均收入离散系数的逐年演变过程。不难发现：第一，无论是初始年（1998 年）还是终点年（2019 年）我国各省农村居民收入都存在较大差距，尤其是 2006 年达到了地区收入差距的峰值。第二，2019 年相比 1998 年减小 0. 07，说明这种差距随时间而下降。

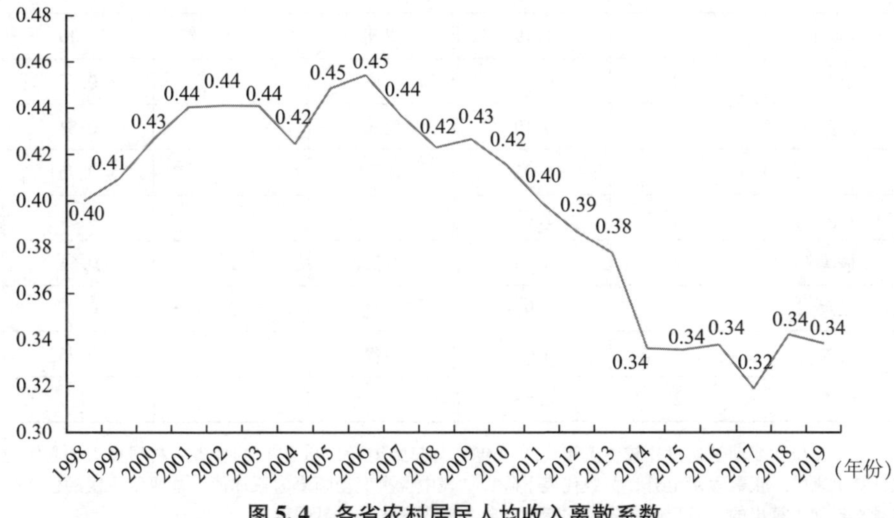

图 5. 4 各省农村居民人均收入离散系数

注：由于国家统计局计算调整，表中所使用的 1998 ~ 2012 年农村居民收入数据为农村居民人均纯收入，2013 ~ 2017 年农村居民收入数据为农村居民人均可支配收入。

资料来源：根据历年《中国统计年鉴》并经过笔者计算得出。

进一步，我们对收入差距变动的结构进行分析。表 5. 3 表明：从位次数据来看，中部地区省份和西南地区省份位次普遍上升，西北地区三省位次下降①；山西、黑龙江、内蒙古、湖南、海南的变动频率较高，且均大于 1，说明其在地区收入差距演变中起着重要贡献。

① 中部 6 个省份中 5 个省份位次上升；西南地区 5 个省份中 4 个省份位次上升；西北地区位次下降的 3 个省份分别为宁夏、甘肃、青海。

表 5.3　　1998 ~ 2019 年各省农村居民平均收入位次变动及其频率

省份	位次变动	变动频率	省份	位次变动	变动频率
北京	-1	0.06	湖北	6	1.23
天津	-8	0.63	湖南	2	1.06
河北	-4	0.38	广东	-2	0.25
山西	-2	1.01	广西	-4	0.81
内蒙古	-3	1.38	海南	3	1.69
辽宁	-1	0.03	重庆	6	0.98
吉林	0	1.00	四川	1	0.38
黑龙江	-6	1.19	贵州	0	0.19
上海	0	0.00	云南	2	0.72
江苏	2	0.19	西藏	5	0.81
浙江	1	0.02	陕西	0	0.75
安徽	4	1.00	甘肃	-3	0.31
福建	2	0.13	青海	-2	0.51
江西	4	0.91	宁夏	-2	0.73
山东	2	0.06	新疆	2	0.75
河南	2	0.63	—	—	—

注：①位次变动是通过比较终点年（2019 年）与起始年（1998 年）的各省农村居民人均收入位次计算出来的。正数表示上升，负数代表下降；②表中位次变动频率为累加值，是两年一次的位次变动频率累加计算出的，其反映各省位次变化对收入差距变化的贡献强度。

资料来源：根据历年《中国统计年鉴》并经过笔者计算得出。

5.3　城乡收入差距

城乡收入差距是我国收入差距的重要表现之一。我国城乡收入差距大于城镇和农村内部收入差距，在 1995 ~ 2002 年城乡收入差距对全国收入差距的贡献率由 36% 上升至 43%（李实、岳希明，2004）。图 5.5 反映了城乡居民收入比率的变化趋势。可以看到，城乡收入比率呈现先降低、后上升、再降低的变化趋势，总体上呈现倒 U 型。这表明我国城乡收入差距在 1985 ~

2009 年期间快速扩大，这种趋势直到近年来才有所缓解。

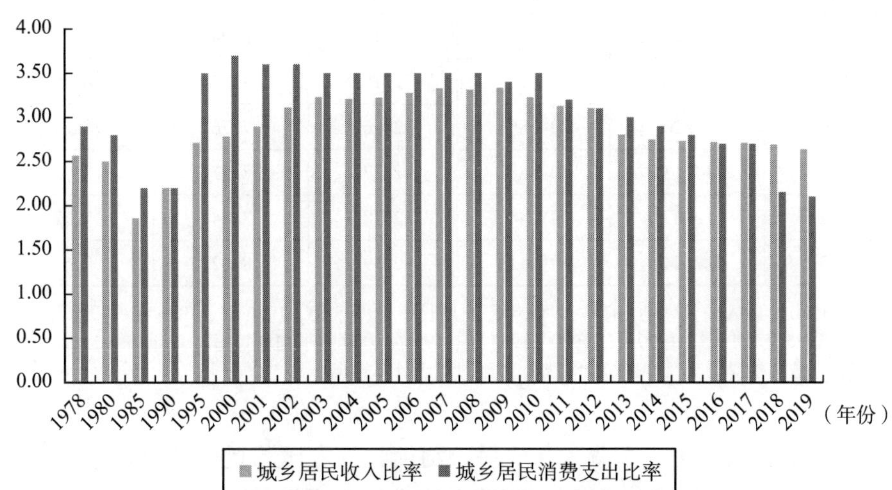

图 5.5　城乡居民收入和消费支出比率的变化趋势

注：由于国家统计局计算调整，表中 2000～2012 年农村居民收入数据为农村居民人均纯收入，2013～2019 年农村居民收入数据为农村居民人均可支配收入。

资料来源：根据历年《中国统计年鉴》并经过笔者计算得出。

由于近年来我国不断加大对“三农”的投入、增加了农民增收渠道以及推进了户籍制度等相关改革，农村人口的收入水平有较快增长。如表 5.4 所示，2009 年后农村居民人均收入增长率均高于城镇，使得城乡收入比扩大的趋势得到了遏制，开始反转。

表 5.4　城镇和农村居民人均收入名义增长率　单位：%

年份	城市	农村	年份	城市	农村
1980	17.93	19.66	2002	12.29	4.61
1985	9.13	15.76	2003	9.99	5.92
1990	15.36	11.54	2004	11.21	11.98
1995	23.18	18.11	2005	11.37	10.85
2000	7.95	7.39	2006	12.07	10.2
2001	9.23	5.01	2007	17.23	15.43

续表

年份	城市	农村	年份	城市	农村
2008	14.27	14.98	2014	8.98	11.23
2009	8.83	8.25	2015	8.15	8.89
2010	11.26	14.86	2016	7.76	8.24
2011	14.13	17.88	2017	8.27	8.65
2012	12.63	13.46	2018	7.84	7.92
2013	7.74	19.11	2019	8.82	9.6

注：1980 年收入增长率为 1978～1980 年平均增长率；1985 年、1990 年、1995 年、2000 年分别为 1980～1985 年、1985～1990 年、1990～1995 年、1995～2000 年平均增长率。

资料来源：根据历年《中国统计年鉴》并经过笔者计算得出。

由于城镇人均可支配收入与农村人均纯收入之比测量城乡收入差距不能反映城乡人口所占比重，因而不能较为精确的反映我国城乡收入差距。而泰尔指数按照其定义可直接测量城乡收入差距，而且能够较为敏感地反映高收入和低收入阶层的变动（王少平、欧阳志刚，2007）。本书也选用泰尔指数对我国收入差距进行测量。设 $T_{i,t}$ 表示第 i 个地区第 t 年的泰尔指数，其计算公式为：

$$T_{i,t} = \sum_{j=1}^{2}\left[\frac{I_{ji,t}}{I_{i,t}} \times \ln\left(\frac{\frac{I_{ji,t}}{I_{i,t}}}{\frac{P_{ji,t}}{P_{i,t}}}\right)\right] \tag{5.2}$$

其中，$j=1$，2 分别表示城镇和农村地区，$I_{i,t}$ 表示第 i 个地区第 t 年的总收入，$I_{ji,t}$ 表示第 i 个地区第 t 年城镇或农村收入；$P_{i,t}$ 表示第 i 个地区第 t 年的总人口，$P_{ji,t}$ 表示第 i 个地区第 t 年城镇或农村人口。相关计算结果如表 5.5 所示。

表 5.5　　2005～2017 年各省份收入泰尔系数

省份	2005 年	2006 年	2007 年	2008 年	2010 年	2011 年	2012 年	2014 年	2015 年	2016 年	2017 年
北京	0.034	0.033	0.031	0.030	0.025	0.026	0.025	0.032	0.032	0.032	0.038
天津	0.045	0.045	0.046	0.049	0.043	0.034	0.030	0.021	0.020	0.020	0.053

续表

省份	2005年	2006年	2007年	2008年	2010年	2011年	2012年	2014年	2015年	2016年	2017年
河北	0.114	0.121	0.121	0.127	0.118	0.105	0.101	0.086	0.084	0.082	0.080
山西	0.149	0.153	0.152	0.153	0.155	0.147	0.142	0.106	0.104	0.101	0.098
内蒙古	0.140	0.140	0.139	0.134	0.132	0.122	0.118	0.103	0.101	0.099	0.097
辽宁	0.082	0.085	0.087	0.086	0.082	0.073	0.071	0.075	0.073	0.072	0.071
吉林	0.103	0.104	0.105	0.098	0.089	0.082	0.080	0.065	0.068	0.066	0.065
黑龙江	0.096	0.097	0.089	0.080	0.069	0.057	0.057	0.062	0.063	0.062	0.061
上海	0.021	0.022	0.023	0.023	0.021	0.020	0.020	0.021	0.024	0.023	0.023
江苏	0.082	0.087	0.091	0.092	0.082	0.075	0.073	0.062	0.060	0.057	0.056
浙江	0.084	0.086	0.085	0.082	0.074	0.070	0.069	0.050	0.048	0.047	0.045
安徽	0.165	0.171	0.164	0.151	0.140	0.138	0.132	0.096	0.093	0.092	0.089
福建	0.115	0.119	0.117	0.119	0.113	0.105	0.101	0.074	0.072	0.070	0.068
江西	0.126	0.126	0.131	0.122	0.114	0.102	0.100	0.087	0.084	0.081	0.079
山东	0.118	0.121	0.126	0.127	0.121	0.111	0.108	0.086	0.082	0.079	0.077
河南	0.150	0.149	0.146	0.145	0.136	0.124	0.119	0.089	0.087	0.083	0.081
湖北	0.128	0.130	0.130	0.125	0.114	0.104	0.101	0.074	0.072	0.072	0.071
湖南	0.152	0.154	0.156	0.147	0.137	0.129	0.126	0.106	0.103	0.100	0.098
广东	0.117	0.111	0.110	0.107	0.097	0.089	0.087	0.074	0.072	0.070	0.069
广西	0.209	0.196	0.211	0.212	0.203	0.188	0.180	0.125	0.120	0.115	0.110
海南	0.116	0.129	0.128	0.125	0.128	0.120	0.116	0.088	0.084	0.080	0.077
重庆	0.184	0.204	0.173	0.162	0.145	0.129	0.124	0.091	0.086	0.081	0.077
四川	0.148	0.158	0.159	0.152	0.148	0.136	0.133	0.106	0.102	0.098	0.095
贵州	0.262	0.281	0.274	0.250	0.236	0.227	0.222	0.175	0.168	0.163	0.157
云南	0.276	0.270	0.261	0.252	0.234	0.221	0.214	0.163	0.156	0.151	0.147
西藏	0.271	0.197	0.226	0.222	0.196	0.168	0.154	0.144	0.155	0.153	0.145
陕西	0.227	0.229	0.223	0.221	0.194	0.178	0.169	0.131	0.126	0.122	0.118
甘肃	0.240	0.247	0.255	0.233	0.216	0.213	0.209	0.179	0.173	0.172	0.168
青海	0.203	0.208	0.208	0.204	0.181	0.164	0.154	0.136	0.137	0.134	0.130

续表

省份	2005年	2006年	2007年	2008年	2010年	2011年	2012年	2014年	2015年	2016年	2017年
宁夏	0.160	0.166	0.171	0.176	0.154	0.148	0.143	0.109	0.106	0.104	0.100
新疆	0.165	0.166	0.165	0.166	0.137	0.129	0.125	0.111	0.120	0.119	0.117
全国	0.158	0.160	0.161	0.158	0.146	0.137	0.133	0.106	0.102	0.099	0.097

注：①由于篇幅限制，2009 年和 2013 年份数据未在该表中展现；②由于国家统计局计算调整，表中所使用的 2005 ~ 2012 年农村居民收入数据为农村居民人均纯收入，2013 ~ 2016 年农村居民收入数据为农村居民人均可支配收入。

资料来源：根据 2014 年、2018 年《中国统计年鉴》并经过笔者计算得出。

结果表明：2005 ~ 2017 年，除部分地区以外，各省份的泰尔系数均逐步缩小，2017 年相比 2005 年有较为明显的下降，说明总体上我国各省份的城乡收入差距在降低。但值得注意的是，北京、天津、上海三地的泰尔系数却有所增长，这可能是因为这三个地区都是直辖市且主要由市辖区构成，其城镇化率本身较高，农村人口较少，因而城乡收入差距持续扩大。

综上可得：第一，改革开放以来我国城乡收入差距经历了先升后降的倒 U 型过程，转折点在 2009 年前后；第二，各省份内部的城乡收入差距与全国的趋势基本保持一致。

5.4 行业收入差距

行业收入差距是我国收入差距的重要表现形式之一，其变动情况与国民收入分配机制密切相关。长期以来，学术界关于行业收入差距的研究较为薄弱，主要研究重点都放在区域收入差距和城乡收入差距之上（黄泰岩、王检贵，2000；武鹏，2010）。2000 年后，学界对我国行业收入差距的研究逐渐增多，这些研究主要从行业收入差距的演进规律及形成原因这两方面入手。

本节对行业收入差距进行探讨并对其影响因素进行分析。现有研究表明，通过计算最高行业工资和最低行业工资倍数、不同行业平均工资变动情况来反映行业收入差距，显得过于单一，难以更为全面地反映行业收入差距。而离散系数和泰尔指数则能够较好地反映行业收入差距，使用起来也较为方便（黄泰岩、王检贵，2000）。泰尔指数是广义熵指数的特殊情形，其公式如下：

$$GE(a) = \frac{1}{a^2 - a}\left[\frac{1}{n}\sum_{i=1}^{n}\left(\frac{y_i}{u}\right)^a - 1\right] \tag{5.3}$$

其中，a 表示对不平等的厌恶程度，当 $a=1$ 时，称为泰尔 T 指数；泰尔 T 指数的取值范围为（0，1）之间，其值越接近 1 越不平等。其公式如下①：

$$GE(1) = T_1 = \frac{1}{n}\sum_{i=1}^{n}\left(\frac{y_i}{u}\right)\ln\left(\frac{y_i}{u}\right) \tag{5.4}$$

本节将主要利用离散系数和泰尔 T 指数对我国行业收入差距进行探讨。

表 5.6 为城镇就业单位大类行业收入差距演变情况。泰尔 T 指数和行业收入离差呈先波动上升再振荡下降的变化趋势，总体上行业间收入差距是降低的。虽然大类行业数据计算较为简便，但由于行业划分不够细，使得大类行业内部的收入差距被覆盖。接下来，进一步对细分行业平均工资差距进行测量。

表 5.6　　2003 ~ 2016 年我国城镇就业单位大类行业收入差距

年份	行业收入离差	离散系数	泰尔 T 指数
2003	2.907	0.331	0.169
2004	2.877	0.324	0.160
2005	3.081	0.337	0.168
2006	3.221	0.343	0.168
2007	3.288	0.341	0.155
2008	3.413	0.351	0.155
2009	3.366	0.344	0.137
2010	3.356	0.346	0.132
2011	3.238	0.335	0.137
2012	3.156	0.331	0.130

① 这里使用的泰尔指数及泰尔 T 指数公式参考了李娜等（2013）的文献资料。

续表

年份	行业收入离差	离散系数	泰尔 T 指数
2013	3. 183	0. 335	0. 140
2014	3. 187	0. 335	0. 131
2015	3. 080	0. 327	0. 116
2016	3. 181	0. 334	0. 112

注：①表中数据为分行业城镇单位就业人员平均工资，不含城镇私营和个体就业人员；②表中行业划分依据为《中国统计年鉴》城镇就业单位一级行业数据；③表中行业收入离差为所有一级行业代码中，收入前两位行业与收入后两位行业的工资平均值之比。

资料来源：根据历年《中国统计年鉴》并经过笔者计算得出。

由表 5. 7 可知，2003 ~ 2016 年我国行业收入差距先增后减，其变动趋势与大类行业呈现的趋势相一致。分阶段看，2003 ~ 2008 年三类指标均呈上升趋势，意味着我国行业收入差距不断扩大，并在 2008 年达到最大值；2008 ~ 2016 年，所有指标均呈下降趋势，行业收入差距逐步下降。因此，我国行业收入差距尽管曾出现明显增长，但近年来有明显下降。

表 5. 7　　　2003 ~ 2016 年我国城镇就业单位细分行业收入差距

年份	行业收入离差	离散系数	泰尔 T 指数
2003	4. 083	0. 432	0. 242
2004	4. 187	0. 447	0. 242
2005	4. 348	0. 464	0. 245
2006	4. 404	0. 509	0. 270
2007	4. 781	0. 571	0. 278
2008	4. 960	0. 583	0. 278
2009	4. 743	0. 534	0. 227
2010	4. 373	0. 507	0. 203
2011	4. 092	0. 456	0. 191
2012	3. 767	0. 455	0. 156
2013	3. 806	0. 477	0. 178
2014	3. 791	0. 481	0. 176

续表

年份	行业收入离差	离散系数	泰尔 T 指数
2015	3.846	0.515	0.184
2016	3.717	0.474	0.153

注：①表中数据为分行业城镇单位就业人员平均工资，不含城镇私营和个体就业人员；②表中行业划分依据各年《中国劳动统计年鉴》二级行业数据，由于二级行业 2011 年前后划分存在变动（2003～2011 年为 109 个，2012～2016 年为 98 个），本表已对该变动进行相应调整；③表中行业收入离差为所有二级行业代码中，收入前十位行业与收入后十位行业的工资平均值之比。

资料来源：中国人力资源和社会保障部历年《中国劳动统计年鉴》并经过笔者计算得出。

此外，我们还对国有单位、城镇集体单位、其他单位间的平均工资差距进行考察。由图 5.6 显示，1995～2017 年的城镇单位就业人员平均工资离散系数持续下降。由表 5.8 数据显示，1996～2019 年不同所有制单位间的收入差距在逐渐下降。

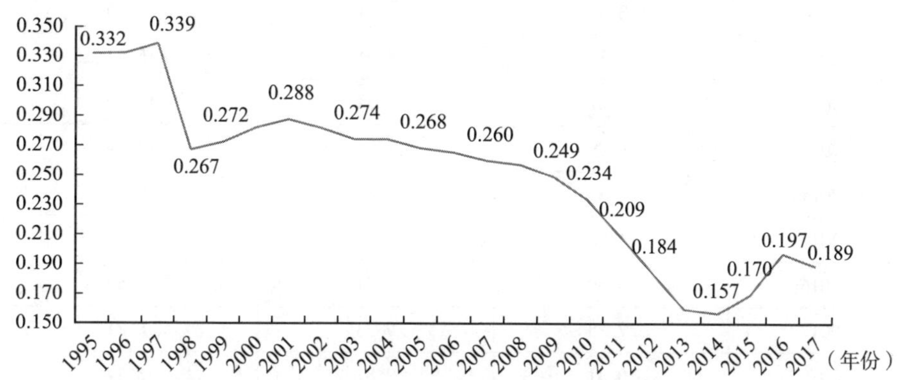

图 5.6　1995～2017 年城镇单位就业人员平均工资离散系数

注：图中数据为城镇的国有单位、集体单位、其他单位就业人员平均工资的离散系数。

资料来源：根据历年《中国统计年鉴》并经过笔者计算得出。

表 5.8　1996～2019 年城镇单位就业人员平均工资增长速度　单位：%

年份	国有单位	集体单位	其他单位
1996	11.78	9.61	10.26
1997	7.60	4.73	6.70
1998	13.48	17.67	1.64

续表

年份	国有单位	集体单位	其他单位
1999	11.40	8.39	10.81
2000	11.82	8.39	10.81
2001	16.99	9.77	10.67
2002	14.99	11.46	8.43
2003	13.05	12.98	10.06
2004	14.54	12.70	11.29
2005	15.40	14.94	11.16
2006	14.37	15.12	14.39
2007	20.24	20.04	15.55
2008	16.04	13.83	9.80
2009	12.69	13.83	9.80
2010	12.39	16.51	14.20
2011	13.36	19.91	15.42
2012	11.21	17.34	12.19
2013	8.89	15.16	10.99
2014	8.81	9.86	9.78
2015	13.96	9.04	7.83
2016	15.69	8.41	7.59
2017	7.38	9.33	8.81
2018	10.31	9.81	13.21
2019	10.53	3.21	15.67

资料来源：国家统计局各年《中国统计年鉴》，并经过笔者计算得出。

5.5 本章小结

本章利用各种具有代表性的数据和指标，分阶段、有层次、多维度地对我国居民收入分配总体状况进行了较为全面分析。研究发现，改革开放以来居民收入差距总体呈上升趋势，并处于较高水平，但近十几年来这种趋势初步得到遏制。

分阶段来看，居民总体收入差距的变动趋势与波动幅度均存在明显不同。具体而言，1978 ~2008 年收入差距呈不断扩大趋势，其间的差距波动较为明显；2008 年以后，收入差距平滑下降。这种阶段性同样也在不同区域间、群体间的收入差距分析中有所体现。

同时，本章主要围绕城乡收入差距、地区收入差距、行业收入差距来探讨居民收入分配状况。三大差距与总体收入差距变化趋势基本一致，但又有其各自的变化特征。此外，本章还对不同地区和群体的内部收入结构进行探讨，发现不同维度的收入差距具有明显的异质性特征。我国居民收入差距较高的客观事实必须引起社会和政府的高度重视，只有通过采取合理的收入分配政策调节收入差距，才能促进社会有序、稳定的持续发展。

| 第 6 章 |

我国贫困治理状况

6.1 我国的贫困线

贫困线是识别贫困人口及测算贫困规模的基础，通常把收入位于贫困线以下的人口称为贫困人口。要测定和反映我国的贫困及其治理状况，首先要对我国的贫困线及其测定方式有清晰的认识，才能明晰我国的贫困人口数量，并在此基础上进行研究和政策设计。本节主要就我国贫困线的变迁进行阐述。

6.1.1 贫困概念

贫困线，又称为贫困标准，是用来测定贫困人口数量以及贫困程度的标尺。要合理界定一国或地区的贫困线，首要是明确贫困的概念。通常而言，贫困意味着绝对贫困，是指无法达到最低生存标准的情况。一般而言，采用收入作为指标来度量贫困线。如果某个体的收入水平在贫困线以下，那么意味着该个体的收入无法维持其最基本的生存需要。

然而，随着经济社会的发展以及人们生活水平的提高，对贫困的认识也在不断深化，贫困的概念也有了新的外延。世界银行经济学家阿玛蒂亚·森指出，贫困不仅仅是贫困人口无法满足基本的生存需求的问题，此外还应当包括其他更广泛的内涵。其认为贫困的本质含义是贫困人口收入低下和机会缺失，即贫困人口缺少获得收入的机会和维持其正常生活的能力。阿玛蒂亚·森将贫困的定义由收入拓展到了个人发展的能力与机会，扩宽了对于贫困研究的视野。

正是由于贫困概念的不断深化，在一些相对发达的国家或地区，绝对贫困现象已基本消除，与人的发展能力相关的相对贫困概念越来越受到关注。相对贫困是指个人或者家庭无法获得一个社会所公认的正常的生活水准、参加活动的机会等。相对贫困线是指一个经济社会中低收入者相对于高收入者而言的一个判断贫困的标准，通常使用一国或者地区平均收入的一定比例或者中位收入的一定比例来确定相对贫困线。相对贫困线相对于绝对贫困线而言动态性更强，根据一国或者地区的经济发展水平变化，相对贫困线的变动也比较大。对我国而言，尚有不少群体仍处于绝对贫困状态，因此本书的探讨主要着重于对绝对贫困的分析。

6.1.2 贫困线的测量

6.1.2.1 绝对贫困线的测量方法

当然，尽管贫困线的设定因不同国家或地区的经济社会发展水平而存在差异，但在计算标准时，都遵循了一定的准则或方法。绝对贫困线的测量方法有很多，常见的主要有热量支出法、基本需求法、恩格尔系数法、超必需品剔除法、生活形态法、马丁法、市场菜篮法、数学模型法、编制贫困系数法等。对于上述方法，本书进行了归纳，如表 6.1 所示。

表 6.1　　绝对贫困线测量方法

测度方法	测度方式简介
热量支出法（张全红，2010）①	以每人每日需要得到的热量为标准，按照人均生活成本分类，计算得到不同组的热量摄入量，之后寻找摄入热量最接近标准热量的组，此组的人均生活成本就是贫困线

续表

测度方法	测度方式简介
基本需求法 （童星、林闽钢，1994）②	依照单个人的食物、衣着等“生活需求”的最小值，对比行业价格，统计出上述必需品的最低成本，也就是贫困线
恩格尔系数法 （池振合、杨宜勇，2012）③	其表示是家庭食品支出和综合收入的比例，其伴随收入的增多而降低，也就是此系数高就越贫困。所以需要将此系数的某个值（当前世界上明确为60%）判定成贫困线
超必需品剔除法 （林盼盼，2018）④	依照住户消费调查数据，从住户所有消费支出中不断去除“超必需品”，把剩下的部分当作最低生活费用要求也就是贫困线
市场菜篮法 （林盼盼，2018）④	根据一个人维持最起码的生活水准的必需品的种类和数量以及市场价格来计算出这些物品的总的现金数额，该金额的大小即为贫困线
马丁法 （张玲玲，2016）⑤	首先在测定食物贫困线的基础上，计算出人均可支配收入刚好能达到食物贫困线的居民户的非食品支出来，由此得到最低非食品支出。加上已知的食物贫困线，就是马丁法的低贫困线。然后根据达到食物贫困线的居民人均食品支出与人均可支配收入计算出高贫困线

资料来源：①张全红．对中国农村贫困线和贫困人口的再测算［J］．农村经济，2010（2）：51－54；②童星，林闽钢．我国农村贫困标准线研究［J］．中国社会科学，1994（3）：86－98；③池振合，杨宜勇．贫困线研究综述［J］．经济理论与经济管理，2012（7）：56－64；④林盼盼．基于多维度视角下中国农村贫困线的测度研究［D］．昆明：云南财经大学，2018；⑤张玲玲．基于马丁法的辽宁省农村居民最低生活保障给付水平分析［D］．沈阳：辽宁大学，2016。

6.1.2.2 相对贫困线的测量方法

相对贫困线的测量方法主要有以下五种：食物比率法、收入中位数百分比法、百分位法、莱登贫困线法、扩展线性支出系统法（见表6.2）。

表6.2　　相对贫困线测量方法

测度方法	测度方式简介
食物比率法 （林盼盼，2018）①	确定一个食物支出占收入的比率的值作为贫困线
收入中位数百分比法 （林盼盼，2018）①	社会平均收入指数的一个确定的百分比作为贫困线或社会中位数收入的百分比作为贫困线
百分位法 （林盼盼，2018）①	确定一个收入分布的百分位作为贫困线

续表

测度方法	测度方式简介
莱登贫困线法（林盼盼，2018）①	通过一系列的调查，得到社会福利与收入的关系 $U(y)$，在一个确定的 $U(y)$ 下对应的收入水平即为贫困线
扩展线性支出系统法（姚金海，2007）②	根据扩展线性支出系统模型来确定贫困线

资料来源：①林盼盼．基于多维度视角下中国农村贫困线的测度研究［D］．昆明：云南财经大学，2018；②姚金海．基于 ELES 方法的贫困线测量［J］．统计与决策，2007（2）：115－117。

6.1.3 我国贫困线的演变

自从 20 世纪 80 年代以来，我国根据经济发展的状况分别在 1986 年、1990 年、1994 年、1997 年、2008 年以及 2011 年分别公布了国家统计局贫困标准，其他年份则是根据消费者物价指数调整得到。

1986 年，国务院贫困地区经济开发领导小组成立，我国的扶贫工作开始有计划、有组织地大规模展开。为了对我国的贫困现状有一个较为清晰的认知，以便我国扶贫工作的顺利展开以及制定合理的扶贫政策。1986 年，国家统计局和国务院扶贫办根据 1984 年我国 6.7 万农村住户的调查资料，测算出了我国 1984 年的贫困线为 200 元，并在此基础上根据居民消费价格指数（CPI）计算出 1985 年跟 1986 年的贫困线分别为 206 元、213 元，这也是我国第一次公布的国家统计局贫困标准。此后分别根据居民消费价格指数调整得到 1987～1989 年的贫困线。

从 1990 年开始，我国对农村住户的农副产品价格进行了调整，由此 1990 年经过物价调整的贫困线调整为 300 元。虽然国家统计局在测度方式以及物价水平上都做了全面适当的调整，但是由于食品消费支出占全部生活基本支出的比例以及非食品支出的项目选择上具有很大的主观性，我国的贫困线计量的根本基础并没有什么太大的改变。直到 1995 年，我国开始采用世界银行推荐的马丁法来测量贫困线，这是我国贫困线测度方式上的一次重大调整。根据马丁法的测度，1994 年我国农村的低贫困线为 440 元，1997 年的贫困线为 640 元。然而，实践中发现马丁法测算出来的家庭恩格尔系数较高，与我国统计数据有较大出入，因此在具体实施中还按照 60% 的恩格尔系数进行了调整。

从 1986 年制定第一条贫困线 213 元到 2007 年的 785 元，在此期间，我国的贫困线仅提高了不到600元，每年平均提高的额度不足30元，这低于我国居民人均可支配收入的增加幅度[①]。为此，2008年以后，我国开始以低收入水平线作为扶贫工作的指导线，并根据我国的经济发展情况将2008年的扶贫线上调到1076元。

由图6.1可知，最近的一次贫困线调整发生在2011年，本次贫困标准直接由2010年的1274元提高到了2300元（按照2010年不变价，如按物价指数换算为2536元）。此后便基于此标准按照物价指数可逐年推算到2020年的3178元。

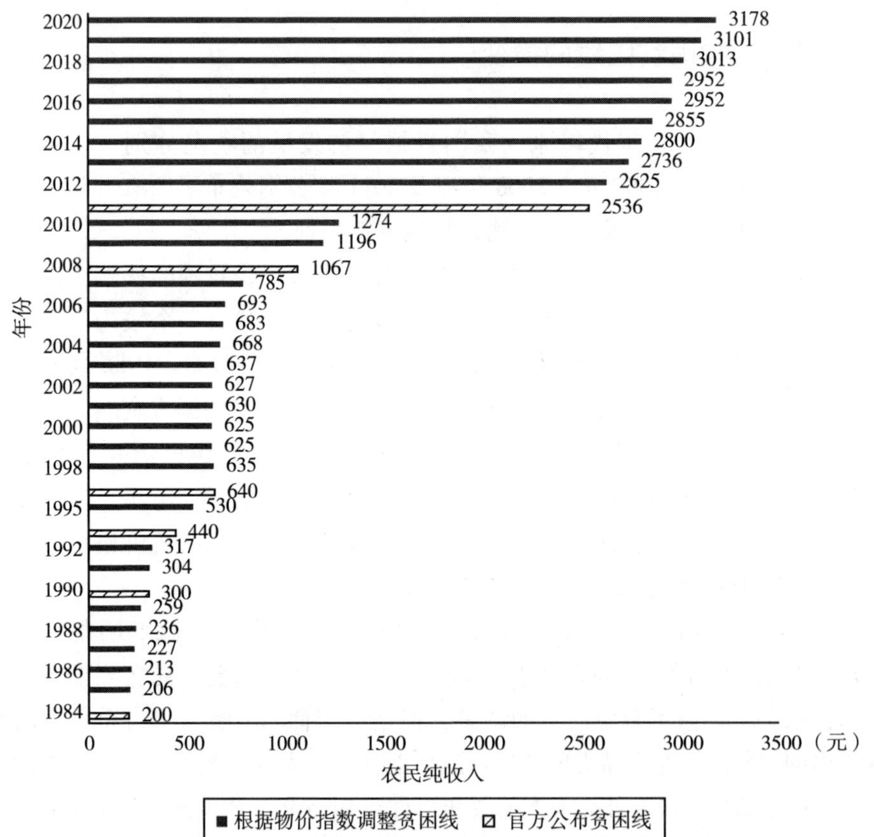

图6.1　中国历年贫困线

资料来源：国家统计局农村住户调查和居民收支与生活状况调查。

① 根据《中国统计年鉴》计算可知，1984~2007年贫困标准年均增长率为6.41%，农民纯收入年均增长率为10.77%。

6.1.4 有关我国贫困线的讨论

除国家统计局公布的贫困线以外，不同学者也对贫困线的设定展开了较为深入的探讨。童星和林闽钢（1994）根据我国1991年的农村人均纯收入708元，在此基础之上测算出了1991年的三条贫困线，即特困线（活命线）、温饱线（贫穷线）以及发展线（脱贫线），分别为250元、350元和600元，并且在文中建议我国在实际的扶贫工作中应采用350元的标准和600元作为我国的贫困标准。①

1995年，国家统计局开始采用世界银行推荐的马丁法来测定我国的贫困线。马俊贤（2001）根据马丁法测量贫困线的原理并以1998年湖北农村住户抽样调查资料为基础测算出了两条贫困线，其中低贫困线为685.27元，高贫困线为783.66元。并且，还运用马丁法分别测算出了1985年、1990年以及1994年的贫困线（如表6.3所示）。② 同样是运用马丁法，张全红（2010）测算出2006～2008年我国的贫困线分别为1797元、1894元以及2006元，这远高于国家统计局公布的693元、785元以及1067元（如图6.2所示）。③

表6.3　　主要年份湖北省农村贫困线　　单位：元

类别	1985年	1990年	1994年	1998年
低贫困线	201.57	295.44	495.44	685.27
高贫困线	226.75	332.10	527.52	783.66

资料来源：马俊贤．农村贫困线的划分及扶贫对策研究［J］．统计研究，2001（6）：30－34。

除了马丁法以外，还有很多学者采用扩展线性支出系统法来对我国的贫困线进行了测算。姚金海（2007）根据2005年我国城镇居民消费数据测算出2005年我国的贫困线为2338元，其认为我国的贫困标准明显偏低，这就直接导致对我国总的贫困人口数量的低估④。汪晓文等（2011）根据2007～2009年甘肃农村居民收入与支出的调查数据为基础，采用扩展线性支出系统

① 童星，林闽钢．我国农村贫困标准线研究［J］．中国社会科学，1994（3）：9－15.

② 马俊贤．农村贫困线的划分及扶贫对策研究［J］．统计研究，2001（6）：14－20.

③ 张全红．对中国农村贫困线和贫困人口的再测算［J］．农村经济，2010（2）：53－54.

④ 姚金海．基于ELES方法的贫困线测量［J］．统计与决策，2007（2）：115－117.

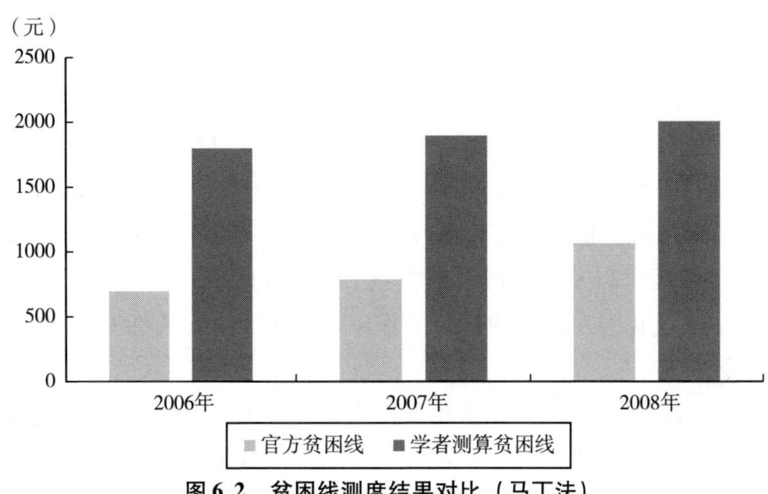

图 6.2　贫困线测度结果对比（马丁法）

资料来源：张全红．对中国农村贫困线和贫困人口的再测算［J］．农村经济，2010（2）：51－54。

法测算出 2007～2009 年的贫困线分别为 1161.85 元、1449.37 元及 1542.2 元，并将该贫困线与国家公布的贫困线进行比较，其认为国家统计局公布的贫困线偏低（如图 6.3 所示）。①

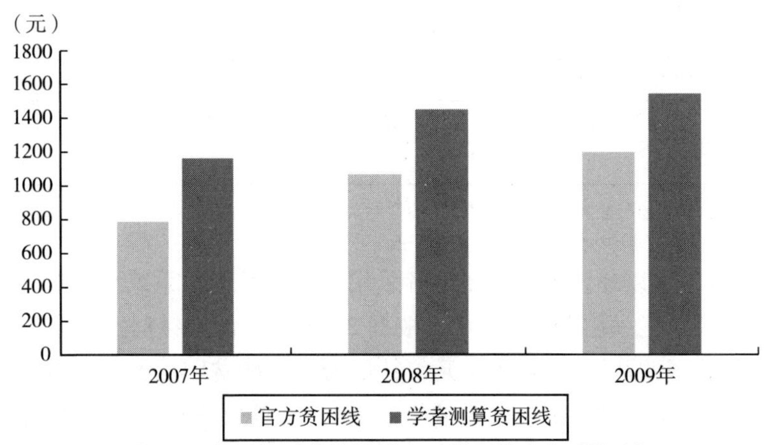

图 6.3　贫困线测度结果对比（扩展性支出系统法）

资料来源：汪晓文，马凌云，李玉洁．基于 ELES 方法的甘肃农村贫困线测定分析［J］．甘肃联合大学学报（社会科学版），2011，27（5）：1－6。

① 汪晓文，马凌云，李玉洁．基于 ELES 方法的甘肃农村贫困线测定分析［J］．甘肃联合大学学报（社会科学版），2011，27（5）：1－6.

从上述分析中可以看出，随着我国经济的快速发展，国家统计局的贫困线在逐年提高，但是相较于学界测算的贫困线而言偏低。

6.2 贫困人口规模

6.2.1 全国贫困人口规模

自 20 世纪 80 年代以来，我国的扶贫开发取得了很大的成效。图 6.4 显示，按照 1978 年的贫困标准计算，贫困人口数量由 1978 年的 25000 万人减少到 2007 年的 1479 万人；按照 2010 年的标准计算，贫困人口由 1978 年的 77039 万人减少到 2016 年的 4335 万人；在脱贫攻坚的有效推进下，到 2019 年我国仅剩 551 万绝对贫困人口，并在 2020 年底彻底消除了绝对贫困。

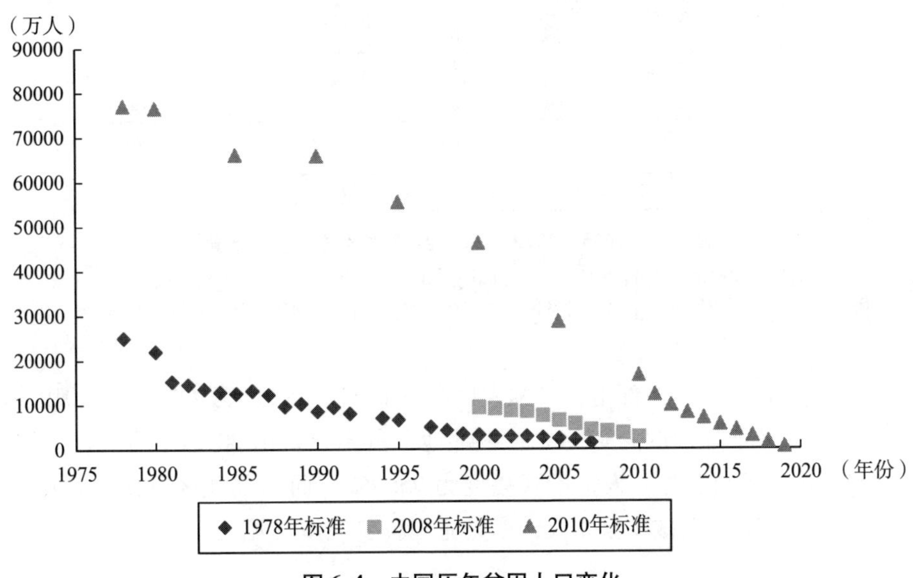

图 6.4 中国历年贫困人口变化

资料来源：国家统计局．中国农村贫困监测报告［M］．北京：中国统计出版社，2017。

6.2.2 分区域的贫困人口规模

按照我国现行的贫困标准，以往我国的贫困人口主要集中在中、西部地区，以2016年数据来看，中部地区贫困人口是东部地区贫困人口的3倍，西部贫困人口更是东部贫困人口的5倍之多，占我国2016年贫困人口的一半之多（见图6.5）。而中、西部地区是我国经济相对欠发达地区，仍存在一定范围内的贫困现象。

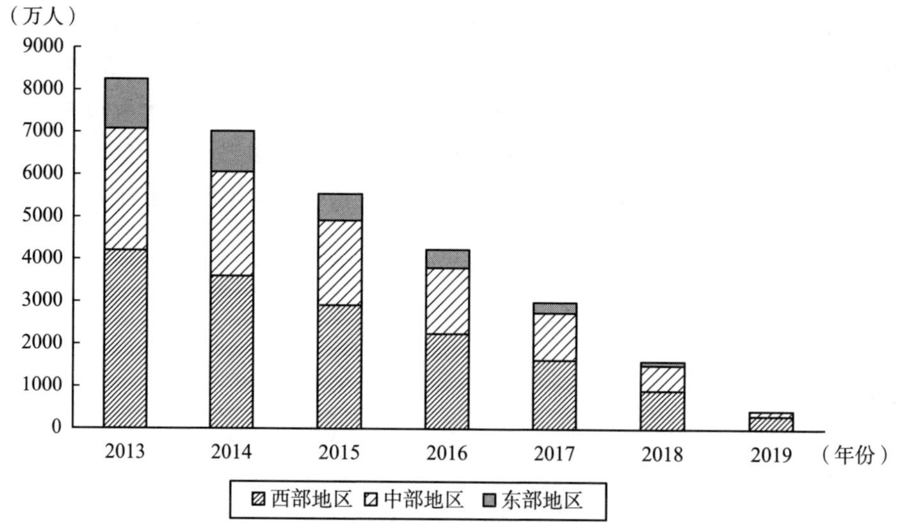

图6.5　2013～2019年东、西部地区贫困人口数量

注：采用的贫困标准为2011年确定的“2300元/年”，并按照各年CPI进行了调整。
资料来源：国家统计局．中国农村贫困监测报告［M］．北京：中国统计出版社，2019。

从变化趋势看，西部地区贫困人口由2013年的4209万人减少至2019年的318万人，下降幅度为92.4%；中部地区贫困人口由2013年的2869万人减少至2019年的118万人，下降幅度为95.9%；而东部地区贫困人口则由2013年的1171万人减少至0人，率先完成脱贫工作（见表6.4）。

表 6.4　　2010 ~ 2019 年东、中、西部地区贫困人口数量　　单位：万人

地区	2013 年	2014 年	2015 年	2016 年	2017 年	2018 年	2019 年
全国	8249	7017	5575	4335	3046	1660	551
东部	1171	956	623	442	246	94	0
中部	2869	2461	2008	1594	1112	597	118
西部	4209	3600	2914	2250	1634	917	318

注：采用的贫困标准为 2011 年确定的“2300 元/年”，并按照各年 CPI 进行了调整。
资料来源：国家统计局．中国农村贫困监测报告［M］．北京：中国统计出版社，2019。

6.2.3　各省的贫困人口规模

随着快速的经济增长，我国各地区的贫困人口总量持续下降，但是省际的贫困人口数量分布较为不均。以 2016 年为例，贵州、云南、河南、湖南、广西、四川 6 个省份的贫困人口总数占据了我国贫困人口的一半，而北京、天津、上海、广东、江苏以及浙江 6 个省份贫困人口接近零（见表 6.5）。

表 6.5　　2013 ~ 2019 年各省份贫困人口数量　　单位：万人

地区	2013 年	2014 年	2015 年	2016 年	2017 年	2018 年	2019 年
全国	8249	7017	5575	4335	3046	1660	551
北京	0	0	0	0	0	0	0
天津	0	0	0	0	0	0	0
河北	366	320	241	188	124	63	0
山西	299	269	223	186	133	74	16
内蒙古	114	98	76	53	37	14	0
辽宁	126	117	86	59	39	24	0
吉林	89	81	69	57	41	26	9
黑龙江	111	96	86	69	50	27	0
上海	0	0	0	0	0	0	0
江苏	95	61	0	0	0	0	0
浙江	72	45	0	0	0	0	0
安徽	440	371	309	237	158	67	0

续表

地区	2013年	2014年	2015年	2016年	2017年	2018年	2019年
福建	73	50	36	23	0	0	0
江西	328	276	208	155	107	63	0
山东	264	231	172	140	60	0	0
河南	639	565	463	371	277	168	51
湖北	323	271	216	176	114	67	0
湖南	640	532	434	343	232	105	42
广东	115	82	47	0	0	0	0
广西	634	540	452	341	246	140	51
海南	60	50	41	32	23	7	0
重庆	139	119	88	45	21	13	0
四川	602	509	400	306	212	98	52
贵州	745	623	507	402	295	173	53
云南	661	574	471	373	279	179	66
西藏	72	61	48	34	20	13	4
陕西	410	350	288	226	169	83	17
甘肃	496	417	325	262	200	121	46
青海	63	52	42	31	23	10	5
宁夏	51	45	37	30	19	9	4
新疆	222	212	180	147	113	64	20

注：①采用的贫困标准为2011年确定的“2300元/年”，并按照各年CPI进行了调整；②表中的0表示数据太小，以万人作为计量单位时可忽略不计。

资料来源：国家统计局．中国农村贫困监测报告［M］．北京：中国统计出版社，2017。

从相对指标来看，2010～2016年我国平均贫困人口负增长率为36.3%，陕西的贫困人口下降速度最快，年均负增长率为41.17%。我国部分省份的贫困人口负增长率见图6.6。

从上面的分析中可以明显地看出，就时间趋势而言，我国的贫困人口逐年大幅度下降；但就各省份间的横向对比来看，东、中、西部地区的贫困人口分布较为不均，目前我国的贫困人口都集中在中、西部地区。图6.7进一步给出了2019年贫困人口存量位居全国前10位的省份，七成来自中、西部地区。

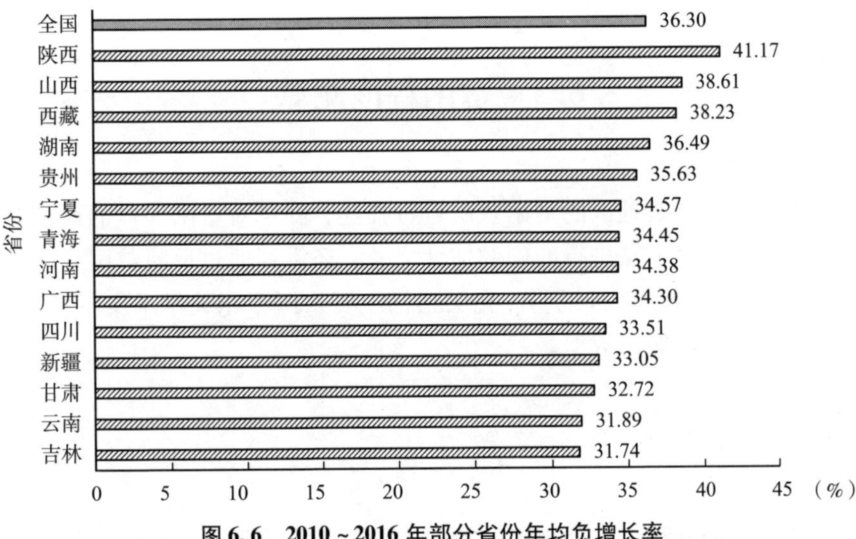

图 6.6　2010～2016 年部分省份年均负增长率

注：采用的贫困标准为 2011 年确定的“2300 元/年”，并按照各年 CPI 进行了调整。
资料来源：国家统计局农村住户调查和居民收支与生活状况调查。

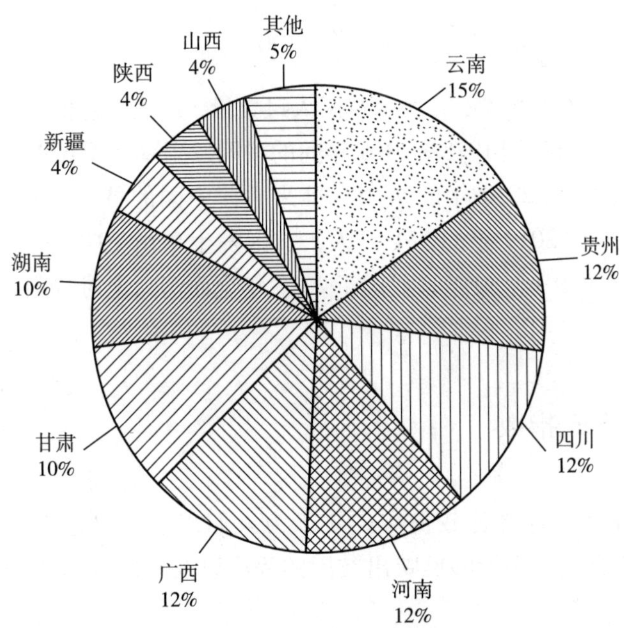

图 6.7　2019 年贫困人口的地区分布

注：采用的贫困标准为 2011 年确定的“2300 元/年”，并按照各年 CPI 进行了调整。
资料来源：国家统计局农村住户调查和居民收支与生活状况调查。

6.3 贫困程度测算

对某个社会或者地区的贫困状况进行描述，除了对贫困人口的规模及其分布和贫困的测量方法进行准确的估计之外，还需要通过反映贫困程度的指标对贫困的具体程度进行说明。相关指标主要来源于相关学术文献的计算，而非国家统计局公布的数据。

6.3.1 H 指数

早期对贫困的程度进行测度的指标主要是人头统计法，即根据贫困线测算出贫困人口的总数量以及贫困人口占总人口的比例（贫困发生率，也即 H 指数）。[①] 贫困发生率的计算方式如下：

$$H = \frac{p}{N} \times 100\% \tag{6.1}$$

其中，H 表示贫困发生率，p 表示贫困人口数量，N 表示总的人口数量。根据这一指标，计算出我国 1978 ~2016 年间的贫困发生率。图 6.4 显示，从 1978 年到 2019 年，按照 2010 年的贫困标准来看，中国的贫困人口由 1975 年的 77039 万人下降到 2019 年的 551 万人，贫困发生率由 1978 年的 97.5% 下降到 2019 年的 0.039%。最终，我国于 2020 年全面消除绝对贫困，贫困发生率降低至零。

6.3.2 Sen 指数

采用 H 指数，计算比较简单，易于为人们理解。但是森（Sen，1976）认为这种计算方法并不能够反映出贫困的程度以及贫困人口之间的收入不均

① 李实，古斯塔夫森. 八十年代末中国贫困规模和程度的估计［J］. 中国社会科学，1996(6)：29 -44.

等，于是提出了 Sen 指数。[①] Sen 指数的计算方式如下：

$$P = H \times [I + (1 - I) \times G] \tag{6.2}$$

其中，P、I、G 分别为贫困发生率、贫困缺口以及基尼系数。Sen 指数相对于 H 指数而言，综合考虑了贫困广度、强度以及深度，并且采用了公理化的定义，满足单调性公理跟转移公理，但是其也违背了一些公理（沈扬扬，2012a）[②]。

6.3.3 SST 指数

由于 Sen 指数的缺陷，夏洛克斯（Shorrocks，1995）在 Sen 指数的基础上得到了 SST 指数，其计算方式如下：

$$SST = \frac{1}{n^2 z}\sum_{i=1}^{q}(z - y_i)(2n - 2i + 1) \tag{6.3}$$

其中，n 表示总人口的数量、q 表示贫困人口的数量、z 表示贫困线、y_i 表示第 i 个贫困人口的收入。[③]

6.3.4 FGT 指数

福斯特等（Foster et al.，1984）提出了另外一种反映贫困程度的指标 FGT 指数，其计算表达式如下：

$$P_\alpha = \frac{1}{N}\sum_{i=1}^{q}\left(1 - \frac{y_i}{z}\right)^\alpha \tag{6.4}$$

其中，N 表示总人口数量，q 表示贫困人口数量，y_i 表示第 i 个贫困者的收入，z 表示贫困线，α 表示对于贫困人口的关注程度，其值越大表示对贫困人

---

① Sen A K. Poverty: an ordinal approach to measurement [J]. Econometrica, 1976, 44 (2): 219-231.

② 沈扬扬．经济增长与不平等对农村贫困的影响［J］．数量经济技术经济研究，2012a，29（8）：19-34.

③ Shorrocks A F. Revisiting the sen poverty index [J]. Econometrica, 1995, 63 (5): 1225-1230.

口越关注，并且$\alpha \geq 0$。①

（1）当$\alpha=0$时，$P_0=\frac{q}{N}$为贫困发生率（H指数），是贫困广度指标，表示贫困人口的规模大小。H指数的测量中，只需要关注收入是处于贫困线以下还是贫困线以上，无论贫困人口的收入跟贫困线的距离有多大都不会改变其数值。因此其不能够反映出贫困人口的贫困程度，同时也无法反映出贫困人口内部的收入差距。

（2）当$\alpha=1$时，$P_1=\frac{1}{N}\sum_{i=1}^{q}\left(1-\frac{y_i}{z}\right)$为贫困距指数（PG指数），是贫困深度指标，表示贫困人口收入跟贫困线的距离。在H指数一定的情况下，PG指数越大，表明该地区贫困程度越严重。

（3）当$\alpha=2$时，$P_2=\frac{1}{N}\sum_{i=1}^{q}\left(1-\frac{y_i}{z}\right)^2$为平方贫困距指数（SPG指数），是贫困强度指标，表示贫困人口内部的收入差距。

计算FGT指数的数据要求相对容易满足，因此FGT指数也被视作衡量贫困程度的常用指标。张全红和张建华（2010）按照2005年的购买力平价标准测算出我国1981～2005年的FGT指数如图6.8所示，这一时期，我国的H指数、PG指数以及SPG指数变化比较一致，呈现出大幅度的下降。

沈扬扬（2012a）测定出我国2000～2009年的H指数以及SPG指数如图6.9所示，可知H指数以及SPG指数下降速度趋于缓慢。徐艺宁和刘德钦（2018）测定出我国2011～2015年的FGT指数如图6.10所示，2011～2015年我国的贫困率下降幅度较大而贫困深度和贫困强度指标下降却并不明显，这表明贫困人口内部的收入变化较小，贫困人口内部的收入差距没有明显缩小。

① Foster J, Greer J, Thorbecke E. A class of decomposable poverty measures [J]. Econometrica, 1984: 761-766.

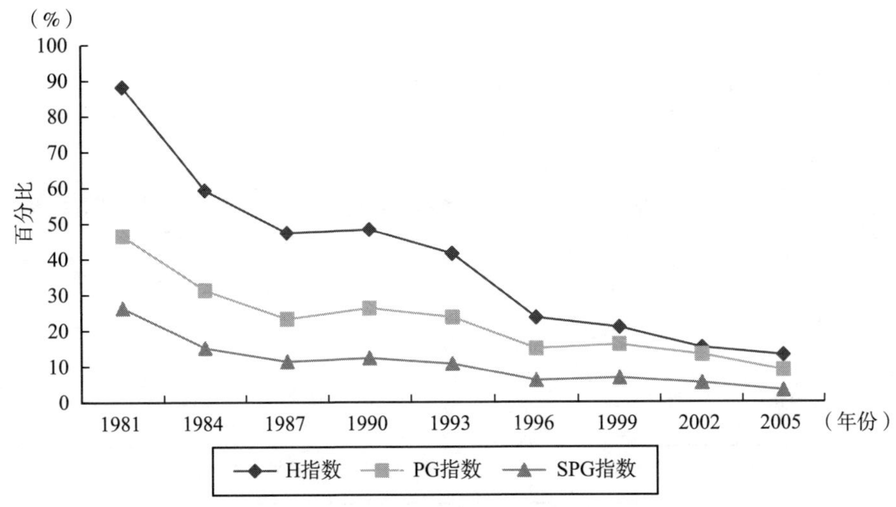

图 6.8　1981～2005 年我国 FGT 指数

资料来源：张全红，张建华．中国农村贫困变动：1981—2005：基于不同贫困线标准和指数的对比分析［J］．统计研究，2010，27（2）：28－35。

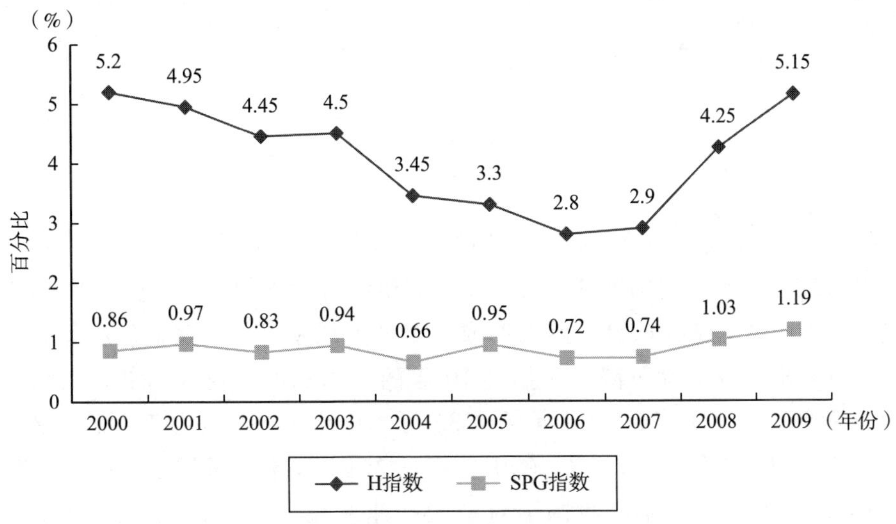

图 6.9　2000～2009 年我国 FGT 指数

注：2008 年，国家正式取消绝对贫困线，以低收入线作为扶助贫困新标准，称“双线合并”；与 2007 年相比，2008 年我国贫困标准上升幅度达 52.4%，从而使计算出的贫困指数与前期相比显著上升。

资料来源：沈扬扬．经济增长与不平等对农村贫困的影响［J］．数量经济技术研究，2012a，29（8）：19－35。

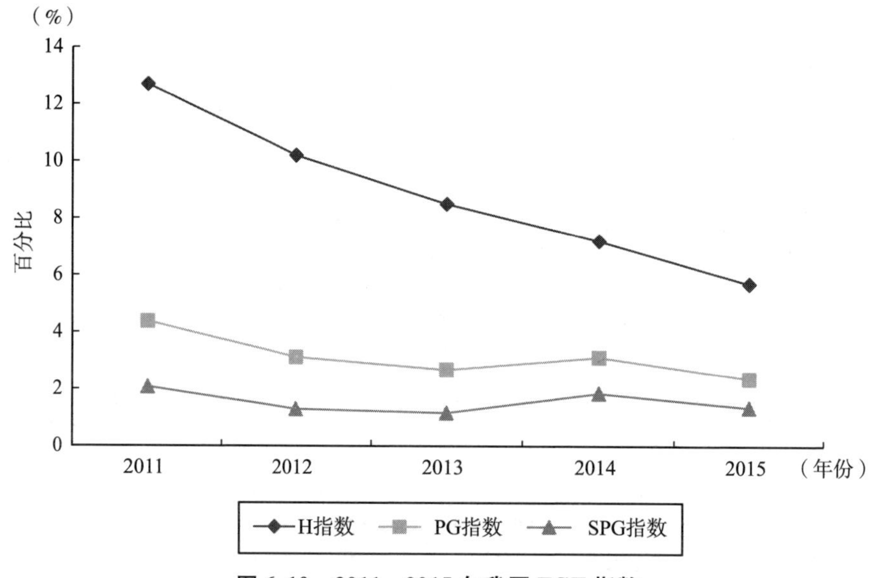

图 6.10　2011～2015 年我国 FGT 指数

注：采用的贫困标准为 2011 年确定的“2300 元/年”，并按照各年 CPI 进行了调整。

资料来源：徐艺宁，刘德钦. 基于统计年鉴的我国农村贫困程度研究［J］. 西南林业大学学报（社会科学），2018，2（2）：47－50。

6.4　反贫困的历程

自 1978 年改革开放，尤其是 20 世纪 90 年代中期实施“国家八七扶贫攻坚计划”以来，我国展开了大规模、有组织有计划的扶贫工作。40 多年来，我国的扶贫工作取得了巨大的成就，贫困现象得到了明显的缓解，贫困人口数量大幅度地下降。按照 2010 年的贫困标准，我国的贫困人口由 1978 年的 7.7 亿下降到 2016 年的 4335 万，总计脱贫人数为 7.4 亿，贫困发生率由 1978 年的 97.5%（2010 年的贫困标准）下降到 2016 年的 4.5%。自 2016 年以后，我国绝对贫困加速缩减，到 2019 年仅存 551 万人。到 2020 年末，我国已全面消除绝对贫困，完成了全面建设小康社会的发展目标。回顾我国 40 多年的扶贫历程，大致经历了扶贫事业的起步阶段、开发式扶贫阶段、扶贫攻坚阶段以及精准扶贫这四个阶段。

6.4.1 扶贫事业起步阶段（1978 ~ 1993 年）

我国扶贫事业的起步阶段主要是通过体制改革来激发农民的生产积极性，进而增加农民收入、减少贫困人口。主要目的在于解决人民群众的基本温饱问题。

（1）农业生产制度的改革，即家庭联产承包责任制的大面积推开，这极大地激发了农民的生产积极性。从粮食总产量上看，从 1978 年的 30476.5 万吨到 1985 年的 37910.8 万吨，年均增长 1130 万吨，年均产量为 35133 万吨（详见表 6.6）。1979 ~ 1983 年间，我国农业总产值年均增长率为 7.9%，是 1953 ~ 1978 年期间年均 3.2% 增长率的 2.5 倍。

表 6.6　　1978 ~ 1985 年全国粮食总产量　　单位：万吨

年份	1978	1979	1980	1981	1982	1983	1984	1985
产量（万吨）	30476.5	33211.5	32055.5	32502.0	35450.0	38727.5	40730.5	37910.8

资料来源：国家统计局主要农作物产品产量统计。

（2）农产品流通体系改革。这一时期，国家大幅提高了主要农产品的收购价格、放宽农产品的购销价格，在提高粮食价格基础上，实行超购加价政策；沿袭 30 多年的“统购派购”的农副产品流通体制变更为自由交易（张静，2013）。农产品流通体系的建立，为农产品的商品化打下了良好的制度基础，使得农产品开始由自给自足向商品化生产发展，从而增加了农民的收入。如表 6.7 所示，1978 年我国的农民人均纯收入仅为 133.6 元，到 1993 年达到了 921.6 元，短短十几年间农民的纯收入翻了 7 倍，年均增长率为 14.7%。

表 6.7　　1978 ~ 1993 年农民人均纯收入　　单位：元

年份	1978	1980	1982	1983	1984	1986	1988	1990	1992	1993
农民纯收入	133.6	191.3	270.1	309.8	355.3	423.8	544.9	686.3	784.0	921.6

资料来源：国家统计局农村住户抽样调查。

（3）农村金融制度的改革。1984 年《关于一九八四年农村工作的通知》明确规定：“信用社要进行改革，真正办成群众性的合作金融组织。在遵守国家政策和接受农业银行领导、监督下独立自主地开展存贷业务。农村存款要优先用于农村，多存可以多贷。在保证农业贷款需要的前提下，可以经营农村工商信贷业务。”由此，农村信用合作社的建立为乡镇企业、家庭承包经营活动提供资金支持。自 1984 年开始，农村信用合作社的涉农贷款明显增加，1978 年农村信用合作社的贷款余额仅 45.06 亿元，而 1984 年达到了 354.53 亿元，1985 年为 399.96 亿元，1987 年为 771.35 亿元（如图 6.11 所示）。

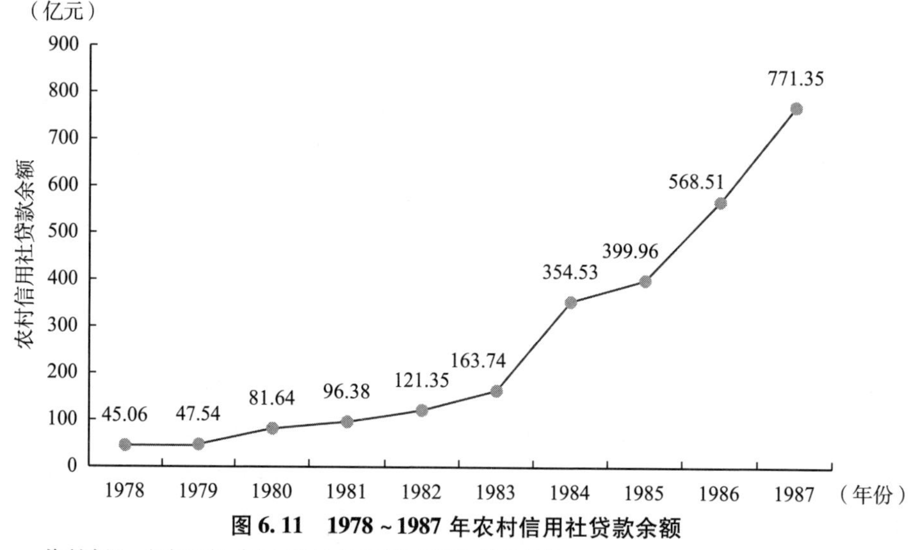

图 6.11　1978～1987 年农村信用社贷款余额

资料来源：根据历年《中国农村金融统计年鉴》数据整理。

不仅如此，这一时期还取消了劳务输出的限制。从 1978 年开始，国家逐步取消对农村劳动力流动的限制，这有助于农民发展乡镇企业，增加非农生产收入。从 1984 年开始，逐步允许农民进城务工或者经商。1984 年 9 月，中共中央、国务院专门下发了《关于帮助贫困地区尽快改变面貌的通知》，规定对贫困地区要进一步放宽政策，实行比一般地区更灵活、更开放的政策，给贫困地区以更大的经营自主权等。[①] 这一时期我国农民的工资性收入稳步上升，由 1983 年的 57. 5 元上涨到 1993 年的 194. 5 元，年均增长率为 11. 7%（如图 6. 12 所示）。

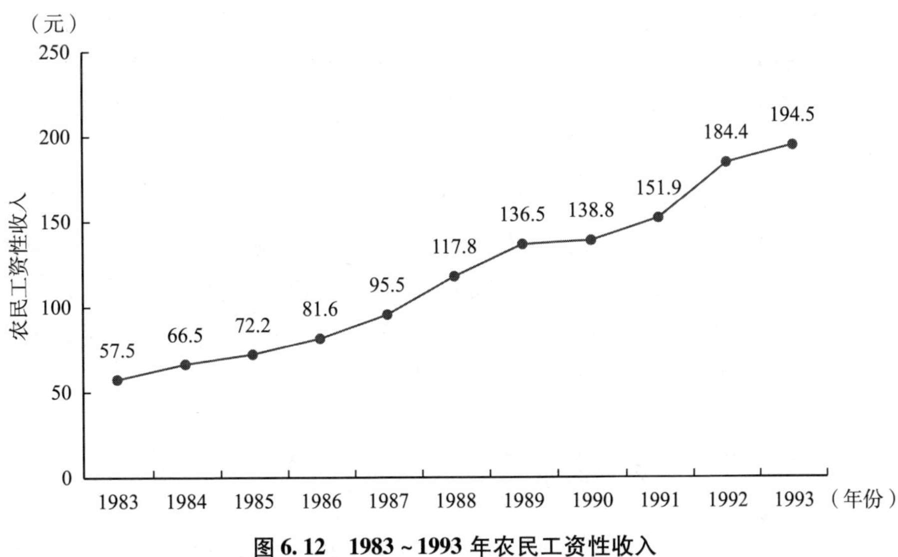

图 6. 12　1983 ~ 1993 年农民工资性收入

资料来源：国家统计局农村住户抽样调查。

（4）采用“三西”农业建设、以工代赈、划片区以及成立专门的扶贫机构等措施来开展我国的扶贫工作。1983 年国务院开始针对甘肃的河西、定西、宁夏西海固地区的 47 个县实施以“三西”农业建设，提出“三年停止破坏，五年解决温饱，两年巩固提高”的目标（张磊，2007）。“三西”地区水资源极度匮乏。为此，国家重点加强这些地区的基础农业设施的建设，着力解决农田灌溉难、人畜饮水难等问题，改善基本的生产条件；同时，采用退耕还林、植树种草等方式来改善生态环境，增强“三西”地区的防御自然灾害的能力。以工代赈的政策源于 1984 年，即让扶贫的对象通过参与相关工程项目的建设来获得帮扶资金或者物资，其主要项目主要包括贫困地区的道路、桥梁、饮水工程等基础设施的建设，在给贫困户带来收入的同时也改善

① 十二大以来重要文献选编（中）[M]. 北京：人民出版社，1986：540.

了该地区的生产条件，为进一步脱贫打下了物质生产的基础。

在此阶段，我国扶贫开发的领导机构也开始建立。1985 年，为了使我国的扶贫资源能够得到更有效地运用，我国首次通过设立贫困县的方式来进行重点扶贫开发，将人均纯收入不足 150 元的县划为贫困县，一共确定了 331 个贫困县。1986 年，我国成立了国务院贫困地区经济开发领导小组，此后我国各地方政府也分别成立了专门的扶贫机构来专门开展我国的扶贫开发工作。这是我国扶贫工作的制度性变化，由此开始了有计划有组织的大规模的开发式扶贫工作。

综上所述，在我国扶贫事业的起步阶段，确立了扶贫方针、确定了贫困县以及专门针对贫困地区跟贫困人口的扶贫工作的措施。通过体制改革极大地提高了农民生产力，使其增加了收入，贫困人口有了大幅度降低。1978 ~ 1992 年，我国的贫困人口由 2.5 亿下降至 8000 万，脱贫人口为 1.7 亿，平均每年减贫人口为 1200 万，贫困发生率由 30.7% 下降到 8.8%。

6.4.2 开发式扶贫阶段（1994 ~ 2000 年）

从 20 世纪 90 年代初期开始，我国的贫困人口下降速度放缓，从 1990 年的 8500 万贫困人口到 1993 年的 8000 万贫困人口（按照 1978 年贫困标准计算），平均每年减贫人口不到 200 万。1993 年，我国的 8000 万贫困人口主要分布在中、西部的秦巴贫困山区、西南大石山区、西北黄土高原区、青藏高寒山区、水库库区等（杨占国和于跃洋，2009）。这些地区大多自然环境比较恶劣、基础设施比较薄弱、社会经济发展水平滞后。为此，国务院决定实施《国家八七扶贫攻坚计划（1994—2000 年）》，在 20 世纪的最后七年内彻底解决最后 8000 万人口的温饱问题。这一时期的扶贫政策特征可以概括为以下三点。

（1）重新划分贫困县的标准和范围。

在这一时期，我国根据新的标准重新确认了 592 个国家级贫困县。将此前人均纯收入不足 150 元的标准提高到 400 元①。这些贫困县大多分布在革命老区、生态脆弱地区和少数民族地区，是我国扶贫攻坚的主要区域。

---

① 此前已经确定贫困县中人均纯收入不足 700 元的县，仍然确定为贫困县。

（2）调整扶贫资金投放的地区结构。

从1994年起，国家把原用于广东、福建、浙江、江苏、山东、辽宁6个沿海经济比较发达省份的扶贫信贷资金调整出来，集中用于中、西部贫困状况严重的省份，且今后中央发展资金的增量部分也不再向这6个省份投放。

（3）针对贫困地区的新政策新措施。

一是在信贷支持方面。对贫困户设立扶贫信贷资金，并适当放宽对贫困人口的放贷条件。国家对贫困地区的新设企业给予税收补贴，各地方政府可对吃返销粮的贫困户给予补贴。并且，国家在制定产业政策或是进出口贸易政策时，还对贫困地区给予适当照顾和重点支持。

二是农业开发方面。重点发展投资少、见效快，对于解决贫困人口的温饱问题有直接帮助的种植业、养殖业及其相关的产业；积极地利用贫困地区各自的资源优势，大力发展乡镇企业，促进贫困地区劳动力人口的就业；采用土地转租等方式，提高荒地的利用效率。在此阶段，各地还大力组织了贫困地区劳动力外出务工，对一些生存条件极为恶劣的地区也开始尝试搬迁式扶贫。

三是充分调动社会力量。不仅是农业部，教育部、工信部等国家部门在政策设计时更充分地考虑到扶贫事业的需要，加大了贫困地区的生态环境、水利工程、道路建设、成人教育和职业教育的倾斜。同时，还鼓励沿海发达地区与中、西部地区的贫困地区进行对口帮扶。以及通过引入世界银行贷款、联合国开发计划署合作项目等方式，利用外部资源助力贫困地区发展。

与之前“救济式”的扶贫策略相比，“开发式”扶贫着重从改变贫困地区的生产性条件入手，将扶贫资源主要用于贫困地区的道路工程、水利工程、农业基础设施等方面，在改善贫困地区发展条件的同时，也让贫困人口能够自食其力进而走上脱贫致富的道路。除此之外，“开发式”扶贫还注重对贫困地区的教育、文化、卫生以及科技发展等的建设。

在这一时期，扶贫效果十分显著。国家重点扶持的贫困县实现了农业增加值54%的增长，年均增长7.5%；工业增加值增长99.3%，年均增长12.2%；地方财政收入增加近1倍，年均增长12.9%；粮食产量增长12.3%，年均增长1.9%；人民人均纯收入从648元增加到1337元，年均增长12.8%。[①] 到2000年底，我国的贫困人口已降至3209万（按照1978年的

① 中华人民共和国国务院新闻办公室．中国的农村扶贫开发［M］．北京：新星出版社，2001.

贫困标准计算），贫困发生率由1994年的7.7%缩减为2000年的3.5%。除少数生活在自然条件极为艰苦地区的特困人口以及一些身体残疾的贫困人口，绝大多数贫困人口基本解决了温饱问题，“国家八七扶贫攻坚计划”的目标基本实现。

6.4.3 扶贫攻坚阶段（2001～2010年）

进入21世纪以后，我国尚未解决温饱问题的贫困人口数量虽然不多，但扶贫的难度相对更大，剩余贫困人口属于深度贫困。即使是刚刚脱离温饱问题的人口，由于其生产生活的条件并未得到根本上的改变，随时都有可能再次面临返贫的问题。

为此，2001年6月，国务院发布的《中国农村扶贫开发纲要（2001—2010年）》指出：“尽快解决少数贫困人口温饱问题，进一步改善贫困地区的基本生产生活条件，巩固温饱成果，提高贫困人口的生活质量和综合素质，加强贫困乡村的基础设施建设，改善生态环境，逐步改变贫困地区经济、社会、文化的落后状况，为达到小康水平创造条件。”该纲要在“国家八七扶贫攻坚计划”的基础上，强调提高劳动生产率和加强教育的反贫困途径（贾玉娇，2018）。新阶段我国整个扶贫工作将在集中力量扶持尚未解决温饱的特困人口的基础上，由以促进脱贫为主转入促进脱贫与巩固扶贫成果，最终提高贫困人口的生存能力和发展能力（赵国芳，2007）。在这一阶段，我国的扶贫特征主要有三点。

（1）减轻农民负担，保障资金来源。

2001年以来，我国陆续出台了许多旨在改善农民生产生活条件的涉农政策，例如，退耕林政策、新农合医疗政策、教育“两免一补”政策、粮种补贴等；并且在2006年，我国全面取消了农业税。与此同时，国家进一步保证了扶贫的资金来源。《中国农村扶贫开发纲要（2001—2010年）》指出：“中央财政和省级财政都把扶贫开发投入列入年度财政预算，针对当前贫困地区财政困难的种种现实问题，政府不断加大扶贫资金的投入，增加对贫困地区的财政转移支付，同时采取多种措施加强对扶贫资金的管理，以提高扶贫资金的安全性，防止违规使用扶贫资金。”

（2）强调整村推进。

由于此阶段剩余贫困人口分布较为分散，很难通过直接获得经济增长的溢出效应而脱贫。在一些非贫困片区或者非贫困县中，也存在着少量的深度贫困人口。考虑到我国扶贫资金的拨付是以项目为依据，这些零散的贫困人口往往可能被排斥在外。对此，我国将扶贫对象确定为 148131 个贫困村，采用整村推进的方式来开展扶贫工作。该项政策实施后，贫困人口的覆盖率由“整村推进”确定前的 61% 上升到之后的 83%（范小建，2008）。总体来看，整村推进改变了过去以贫困县为对象的分散扶贫模式，同时使贫困村的贫困户在短期内因获得大量有效的扶贫资源而迅速改变生产生活条件，提高了收入水平，贫困村的农民收入增长要比非贫困村高 2%，整村推进农户要比非整村推进农户高 8% ~9%（张静，2013）。

（3）将劳动力转移跟产业扶贫相结合。

农村贫困的根源还在于农业生产率的低下无法满足人口的生存发展需求，特别是在一些生态脆弱的地区。因此，对贫困地区的劳动力进行转移就业，并通过对其进行就业技能培训，提高贫困地区劳动人口的就业能力及其获得持续收入的能力。

国务院扶贫办在 2004 年发布的《关于加强贫困地区劳动力转移培训工作的通知》指出：“优先安排年人均收入低于贫困线的贫困农民；优先安排需要异地搬迁的农民；优先安排有一定文化程度的农民。”同时《中国农村扶贫开发纲要（2001—2010 年）》指出：“积极推进农业产业化经营。对具有资源优势和市场需求的农产品生产，要按照产业化发展方向，连片规划建设，形成有特色的区域性主导产业。积极发展‘公司 + 农户’和订单农业。引导和鼓励具有市场开拓能力的大中型农产品加工企业，到贫困地区建立原料生产基地，为贫困农户提供产前、产中、产后系列化服务，形成贸工农一体化、产供销一条龙的产业化经营。”为推动农业产业化经营的推进，国家还制定了一系列的税收优惠政策、贷款优惠政策及土地使用政策等。

6.4.4 精准扶贫阶段（2011 ~2020 年）

习近平总书记在 2013 年 11 月于湘西考察时，首次提出了“精准扶贫”：扶贫要实事求是，因地制宜。要精准扶贫，切忌喊口号，也不要定好高骛远的目标。[①] 随之，中共中央办公厅印发《关于创新机制扎实推进农村扶贫开发工作的意见的通知》，国务院也出台了《关于印发〈建立精准扶贫工作机制实施方案〉的通知》《关于印发〈扶贫开发建档立卡工作方案〉的通知》，对精准扶贫工作模式的顶层设计、总体布局和工作机制等方面都做了详尽规制，推动了习近平精准扶贫思想的全面落实（唐任伍，2015）。

"精准扶贫"的提出使我国的扶贫工作进入了精准扶贫的新阶段。中国贫困治理政策基本按照先"解决温饱"后"全面小康"、先"区域整体"后"精准突破"的逻辑思路部署（王介勇等，2016）。当前，中国扶贫脱贫已进入攻坚克难的重要阶段，不能再继续"灌水式""输血式"的传统扶贫模式，必须确保如期脱贫、杜绝返贫，因此需要精细化的扶贫思想，促使贫困地区整体脱贫、全面脱贫（唐任伍，2015）。

精准扶贫的核心在于对真正贫困的人口进行精确地帮扶，而非此前按区域、片区、县、村等为对象的整体扶贫，将扶贫的资源落实到具体的贫困户，通过了解每个贫困人员或者家庭的具体致贫原因，对具体的贫困人员进行针对性的帮扶，从而彻底实现真正的脱贫致富。

精准扶贫的内容主要有精准识别、精准帮扶、动态管理以及精准考核四个方面。精准识别是指通过村民申请、民主评选后，对贫困人口进行建档立卡并对贫困家庭或者贫困人员致贫的原因进行识别。精准帮扶是指在精准识别的基础上，针对不同贫困家庭或者人员的致贫原因采取恰当的具有针对性的措施，使得贫困家庭消除摆脱贫困的障碍。动态管理是指对已经建档立卡的贫困家庭或人员的具体信息进行动态的管理，根据实际的贫困状况对新的贫困户进行建档立卡，对已脱贫的人员进行剔除。精准考核指的是地方政府对贫困户的脱贫成效进行考核，建立完善的脱贫退出与返贫再入机制，对扶贫的实际效果进行量化考核。

在精准扶贫的实施过程中，重点实行了以下几个方面的措施。

第一，对扶贫对象的识别更加精细化。由之前的村为单位转换到收入低于贫困标准且具备劳动能力的农村人口，为确保扶贫对象得到有效的扶持，对扶贫对象进行建档立卡，并进行动态管理。

---

① 习近平赴湘西调研扶贫攻坚［EB/OL］. 新华网，http：//news. xinhuanet. com/politics/2013-11/03/c_117984236. htm，2013－11－03.

第二，更加精确地划定重点扶贫地区，并建立跨省区扶贫联动机制。确定了六盘山区、秦巴山区、武陵山区等 11 个连片特困区，将其同西藏、四省藏区、新疆南疆三地州作为扶贫工作的重点攻克区域。在之前的基础上继续推进以工代酬、产业扶贫、整村推进等扶贫政策，全面综合地推进我国的扶贫工作。

第三，加强科技教育扶贫的力度。将科学技术推广并应用到扶贫工作中，不断提高扶贫的科技水平。充分利用现有的科技资源以及科技成果，鼓励广大的科技工作者深入到贫困地区去创业，加快科技成果向实际应用转换，支持和保证贫困地区的种植、养殖等产业的发展并提高贫困地区的科技水平。对贫困地区的群众进行职业技术以及各种类型的短期培训，将普通教育、成人教育与职业教育有机结合，将农业、科技与教育相结合，切实增强贫困地区人员对科学技术的应用能力以及获得经济收入的能力，从根本上促进贫困地区走向脱贫致富的道路。

到 2020 年，我国脱贫攻坚取得了全面胜利。在党的带领下，全国人民完成了人类历史上规模最大、力度最强的脱贫攻坚战，现行标准下农村贫困人口全部脱贫，贫困县全部摘帽，消除了绝对贫困和区域性整体贫困，近 1 亿贫困人口实现脱贫。

6.5 本章小结

本章对我国贫困状况进行了整理，也对贫困程度进行了测算分析，同时还就我国扶贫开发的历程进行了梳理，以及就精准扶贫中的主要模式进行了归纳和分析。总的来看，过去几十年我国贫困治理取得了举世瞩目的成就，累计使得上亿人摆脱了绝对贫困状态，并全面消除了绝对贫困。可以看到，实施精准扶贫战略以来，根据贫困户的个体特征和需求实施了针对性的扶贫措施，综合采用搬迁扶贫、教育扶贫、产业扶贫、健康扶贫、金融扶贫等方式，使得剩余贫困人口全部脱贫，同步跨入全面小康社会。因此，本章的分析是对我国贫困治理历程的回顾和总结，有助于深入理解我国的贫困问题，明晰了理论和实证研究开展的现实背景。

| 第 7 章 |

教育与代际收入流动

7.1 本章问题引入

"不患寡而患不均"这句话体现了人们对机会公平的高度关注。代际收入流动指子代的收入水平在多大程度上受父代收入水平的影响，是研究收入分配的动态视角，反映了跨代机会不平等程度（Solon，1992），对于缓解收入分配差距具有重要意义。代际收入流动也是从机会公平视角研究如何巩固脱贫攻坚成效的一个重要方面。

有关代际收入流动的正式化理论探讨始于贝克和托姆斯（Becker and Tomes，1979），其在初始收入不平等和信用约束条件下构建了代际交替模型，发现父代通过将资源禀赋和人力资本传递给子代，从而对子代的收入水平产生影响。相关实证研究主要围绕代际收入弹性（IGE）的估计展开①。一是代际收入弹性的国别测度和比较，

① IGE 越大，则代际收入流动性越低。有关代际收入弹性测度的早期文献较为丰富，在此不再一一列举，主要考察近年来的最新研究进展。

例如，美国的代际收入弹性为 0.53（Solon，1992）或 0.44（Lee and Solon，2009），厄瓜多尔和秘鲁分别为 1.13 和 0.67（Grawe，2004）；中国的代际收入弹性为 0.45（Zhang and Eriksson，2010）或 0.481（Qin et al.，2016），或者在 0.46~0.66 区间内呈现出 U 型趋势（何石军、黄桂田，2013）。不难发现，即使对同一国家的研究也并未得到一致性的结论，这与样本构建及估计方法选取有关①。因此，如何更为精确地衡量代际收入弹性一直是该领域研究热点。通常，对收入的测量误差和模型遗漏变量可能会高估代际收入流动性，索隆（Solon，1992）、齐默曼（Zimmerman，1992）、李和索隆（Lee and Solon，2009）、简锦汉等（Kan et al.，2015）系列研究论述了在单年数据或多年数据情形下，解决代际收入流动性测度偏误的方法。二是代际收入流动的形成机制，既有文献集中在教育以及相关家庭经济社会背景的传递作用。艾德和肖沃特（Eide and Showalter，1999）的研究发现教育解释了美国代际收入弹性变化的 26.7%，也有研究认为该数值为 48.1%（Blanden et al.，2014），或者位于 20%~50%之间（Palomino et al.，2018）；而中国的代际收入流动则更多被财富资本所解释（陈琳、袁志刚，2012）。

既有研究有助于我们深入理解代际收入流动性的经济含义，但仍有几个问题需要进一步探讨。其一，代际收入弹性在不同收入组别间是否具有明显的异质性？对于不同收入水平的家庭，其面临着截然不同的人力资本投资成本、风险及收益，这会反过来影响到人力资本投资决策以及相关的就业决策（Becker et al.，2018），从而对子代收入水平产生影响。如果要明晰这种代际收入流动的阶层差异，那么基于均值回归的结果就难以给出更为丰富的结论。其二，计划生育政策的实施极大地改变了家庭的人口结构②，家庭更注重子代的人力资本投资质量，其中女性的受教育程度和劳动参与水平也发生了巨大改变（Wu and Zhou，2015），女性对于家庭经济社会地位的影响较以往更大。如果再考虑到女性在子代人力资本形成中的家庭角色，那么代际收入流动是否会因为家庭角色的差异而呈现异质性？也就是说，“父亲－儿子”“父亲－女儿”“母亲－儿子”“母亲－女儿”这四类不同家庭角色配对下的代际

① 采用单年数据（cross section data）、追踪数据（longitude data）、还是混合数据（pool data）。在不同的数据条件下，样本构建方式、样本数量、模型估计方法都不一样。

② 表现大量独生子女家庭的产生，家庭子女个数的大幅降低。

收入弹性又会呈现出何种特征？这对于深入理解代际收入流动中的人力资本传递非常重要。

上述问题非常重要，本章尝试对其做出回答。首先，分位数回归旨在考察自变量对因变量在不同分位点上的异质性影响，这有助于揭示代际收入弹性在不同收入组别间的差异。在采用 OLS 对代际收入弹性进行均值回归的基础上，还运用条件分位回归方法测度代际收入弹性，并进一步使用无条件分位回归方法进行稳健性检验。并且，进一步细分“父亲 – 儿子”“父亲 – 女儿”“母亲 – 儿子”“母亲 – 女儿”四个样本类别，以探讨不同家庭角色配对下的代际收入流动性。

7.2 研究假说

贝克和托姆斯（Becker and Tomes，1979）从家庭人力资本投资的角度入手构建了一个跨期效用方程来探讨代际收入流动问题，其认为代际收入流动主要源于父代对子代的人力资本投资差异，而对子代人力资本投资则受到父代收入水平的约束；在初始收入不平等背景下，这种父代的收入差距会转化为对子代人力资本投资的差距，进而引致代际间的收入差异。贝克等（Becker et al.，2018）则更进一步，将收入分布和人力资本分布共同纳入理论分析框架，认为父代对子代的人力资本投入强度与父代人力资本存在互补性。这可以理解为，对于那些人力资本投资能力较强且父代受教育水平较高的家庭，其兼具对子代人力资本投资的“实力”和“效率”：“实力”源于父代对子代的人力资本投资强度，是收入不平等的体现；“效率”则源于父代良好教育背景所带来的培养理念前瞻性、方法合理性和时间高效性①。显然，其更为深刻地揭示了人力资本在代际收入流动中的作用机制。按照理论模型中的均衡路径，上述效应会在一定的初始条件下形成相应的稳态点，从而引致穷人和富人在代际收入流动中的两极分化，最终导致不同收入组别之间缺乏流动性。

① 例如，更能合理安排子女的学习规划，具备辅导子女学习的能力，对教育体系更熟悉以及为子女选择更适合的学校，等等。

上述理论探讨具有明显的启示意义。

其一，收入分配差距的客观存在使得家庭的资源禀赋多寡不均。实际上，中国的高收入分配差距已持续较长时间。根据国家统计局的统计，2003～2016年期间中国基尼系数在0.469～0.479之间变动，始终高于0.4的警戒线水平。[①] 而在更早之前，有学者的测算结果表明中国基尼系数在1995年就已经达到了0.376，并于2000年快速上升至0.4警戒线水平（胡志军等，2011）。在此背景下，家庭教育决策和劳动力市场参与决策都在很大程度上取决于家庭背景因素，而穷人和富人的偏好和约束显然是不一致的。除非有公共政策的重大调整，否则这种代际间的收入不平等将持续下去（Corak，2013）。所以收入不平等是为代际间缺乏收入流动的重要根源，其中教育又起到了重要的中介作用（Jerrim and Macmillan，2015）。

其二，教育资源的分布失衡强化了家庭间的禀赋差异。城乡发展的失衡、地区差距的存在以及户籍制度，又使得教育等公共服务存在明显的城乡和地区差距，并对代际收入流动产生影响。在收入不平等的背景下，教育不平等成为引致收入阶层分化的重要原因（Yang et al.，2014）。尽管近年来教育规模持续扩张，居民平均受教育水平持续上升，但相对富裕阶层通过获得更高质量的教育从而实现了代际收入优势的传递，这延续了相对富裕阶层的代际收入传承，在一定程度上对整体代际收入流动起到了阻碍作用（Yeung，2013）。这意味着教育在代际收入传递中的作用，可能因教育扩展水平的不同而呈现出阶段性特征。教育规模的简单扩张并不能降低基于家庭背景的教育不平等，因为新增的教育机会或优质的教育资源是竞争性的，即使普惠性教育扩展能带来低收入阶层受教育水平的增长，但在竞争性资源和中性分配机制面前，低收入阶层的相对弱势并不会改变。因此，教育质量、选拔机制等日渐成为代际收入流动机制分析所关注的深层原因（侯玉娜、易全勇，2013）。甚至，家庭低收入带来的风险溢价会成为其投资中的一项额外成本而削弱教育投资的吸引力，使得贫穷家庭进行人力资本投资的意愿更低（邹薇、郑浩，2014），最终陷入贫困代际传递的恶性循环。

其三，人力资本传递机制中，父代教育对子代人力资本形成的影响不可

① 2003～2016年全国居民人均可支配收入基尼系数［EB/OL］. 国家统计局，http：//www.stats.gov.cn/ztjc/zdtjgz/yblh/zysj/201710/t20171010_1540710.html，2017－10－10.

忽视。贝克等（Becker et al.，2018）的理论分析表明，父代教育水平与其对子代的物质投入水平是互补的。通常，受教育水平更高的父代其收入水平也相对较高，其可能通过文化、言行等非观测因素对子代受教育水平产生影响，并进而影响到子代的经济社会状态（Erola et al.，2016）。有研究表明，在20世纪80年代以后，中国父代教育对子代人力资本形成的影响越来越显著（Dong et al.，2019）。所以考察人力资本在代际收入流动中的传递机制，需要将研究视角进一步向父代的经济社会状态延伸，特别是父代受教育水平的影响。

其四，计划生育政策引致了家庭人口结构变迁，在此背景下，女性的劳动参与水平也发生了巨大改变（Wu and Zhou，2015）；特别是随着女性受教育水平的增长和劳动参与能力的提高，性别间的收入差距已大幅缩减（Chen et al.，2013），女性的家庭地位和角色也会发生一定转变。那么，“母亲”角色在代际收入流动中的作用可能更为凸显，同时“女儿”与父代的收入关联可能也与“儿子”相异。这就需要在不同家庭角色配对下进行实证检验，以考察在家庭人口结构及其经济社会分工转变背景下，家庭角色在代际收入流动中的影响。

综合上述分析，可提出以下理论设想：代际收入流动性因收入阶层的不同而存在非线性特征，女性经济社会地位的提升也会使得代际收入流动因家庭角色不同而呈现出异质性。

7.3 研究方法

首先，对代际收入流动进行测度，既包括平均意义上的代际收入弹性测度，又包括基于不同收入分位点的非线性代际收入弹性测度。考虑到城乡间经济社会发展的较大差异，除了按城乡测度代际收入弹性，也分别按城镇和农村进行了测算。

其次，考虑到中国家庭人口结构的变化以及女性经济社会参与能力的提升，在考察代际收入流动性时，还进一步区分“父亲－儿子”“父亲－女儿”“母亲－儿子”“母亲－女儿”这四类样本，从而代际收入流动因家庭角色而产生的异质性特征。对于涉及的相关模型，具体方法设计如下。

代际收入弹性估计的简化方程为：

$$\ln y_{s_i} = \alpha + \beta \ln y_{p_i} + \varepsilon_i \tag{7.1}$$

其中，y_{s_i}和 y_{p_i}分别为子代和父代的对数收入；β 为代际收入弹性（IGE）。对式（7.1）进行 OLS 回归即可得到代际收入弹性，该值越大说明代际收入流动性越小。但由于个体收入往往随年龄的变化呈现出倒 U 型特征，因此精确测算参数 β 的难点在于如何准确衡量父代和子代的收入。理论上，父代收入和子代收入的最佳测度指标应采用其永久性收入（或终身收入）①，但这需要基于较长时段的追踪调查数据进行计算，而这类数据往往难以获取，目前有关中国居民收入调查的公开数据还难以满足。因此，多数实证研究采用相对容易获得的单年收入进行计算，但直接用其进行回归容易导致较为严重的生命周期偏误（lifecycle bias）（Solon，1992）。

为此，不少研究尝试通过模型设定来尽可能地减小这种偏误。尽管有研究尝试采用控制子代和父代年龄的方式②来使得单年收入尽可能地接近永久性收入，但这种做法会使得“父亲－儿子”配对样本量大大缩减，并且也可能陷入样本选择性问题。

为在尽量保证样本数量的情况下减小估计系数的偏误，借鉴李和索隆（Lee and Solon，2009）的方法，在式（7.1）中加入了父代年龄 A_i^n 和子代年龄的高阶多项式 C_i^n，以及子代年龄与父代对数收入的高阶交互项 $C_i^n(\ln y_{p_i})$。通常，需要将子代的年龄以 40 岁为中心点进行中心化处理③，并且高阶多项式的阶数常选取 2 阶（Kan et al.，2015）。也有文献提出应采用更高的 4 阶多项式进行估计（Palomino et al.，2018）。此处，主要选取 2 阶多项式的方式进行代际收入弹性的估计，同时为了检验结果的稳健性，也计算了 4 阶多项式估计结果作为比对。于是，估计代际收入弹性的完整方程为：

$$\ln y_{s_i} = \alpha + \beta \ln y_{p_i} + \sum_{n=1}^{2} \gamma_n \times A_i^n + \sum_{n=1}^{2} \delta_n \times C_i^n + \sum_{n=1}^{2} \theta_n \times C_i^n(\ln y_{p_i}) + \varepsilon_i \tag{7.2}$$

① 在获取追踪调查数据的情况下，通常将子代 38～40 岁的收入近似作为其终身收入；而父代的终身收入通常取子代 1～25 岁时对应的父代收入均值，在数据较为缺乏的条件下，一般选择子代 10 岁或 14 岁时对应父代的收入水平。

② 例如，将子代年龄控制在 30～40 岁之间，而父代年龄控制在 65 岁以内，但相关文献的匹配结果发现，能够获得的样本量都非常有限。

③ 将年龄以 40 岁进行中心化处理，即 $age = T - birthyear - 40$，T 为调查年度，$birthyear$ 为出生年。

然而，基于式（7.2）所得到的代际收入弹性只是反映了平均效应。而根据前述理论分析，还需要考察不同收入阶层间的代际收入弹性差异。为精确识别出这种影响，进一步采用条件分位数回归方法对式（7.2）进行回归，分位数设定为0.1，0.2，…，0.9。

考虑到条件分位数回归的结果对控制变量较为敏感，其只能反映对于具有相同个体特征的个人在代际收入弹性上的异质性影响。为此，还采用无条件分位数回归方法，来对条件分位数回归的结果进行稳健性检验。无条件分位数回归则另辟蹊径，其通过方程右边核心变量 X 分布的微小变化，来考察对因变量 Y 无条件分布 τ 分位数的影响。即计算以下偏效应：

$$E_{UQR} = E_X \frac{\partial q_\tau(Y)}{\partial X} \tag{7.3}$$

为计算式（7.3）所示的收入分布变化所引起的偏效应，菲尔波等（Firpo et al.，2009）构建了一个再中心化函数来获得其一致估计量，具体可参见其原文。

7.4 数据来源

研究数据来自北京师范大学中国收入分配研究院的中国家庭收入调查（CHIP），该调查在全国范围内进行，于1988年、1995年、2002年、2008年和2013年开展了五次调查，收集了住户收支信息。为了对近30年来中国代际收入流动性的变化趋势进行分析，选取了1995～2013年共四个调查年度的数据①。

（1）需要根据问卷中的家庭关系变量整理出“父代－子代”的配对样本，筛选原则如下：第一，为尽可能地获得更多样本，并未将父代和子代性别限定为男性，所以文中的父代和子代既包括男性又包括女性。第二，为避免家庭内部的同质性影响，每户家庭只选取一对配对样本，即一个父代配对

① 之所以未使用1988年的数据，一是因为其缺失值较多，特别是在统计农村个体收入时会显得较为粗略，而收入是研究的核心变量；二是因为该调查年度的受教育水平统计区别于其他年度，难以准确获得个体受教育的年限。

一个子代。若存在多对来自同一家庭的样本，还可能造成父代收入变量的变异性不足，不利于进行统计推断。第三，对于有多个子女的家庭（一个父代有多个子代可供配对），当子代性别相异时优先匹配男性，当子代性别相同时优先匹配长子（女）。第四，对于部分家庭中出现的双胞胎子代，则随机抽取其中的一个子代进行匹配。

（2）在样本配对的基础上，还需要剔除缺失值以及明显有错误的样本。相关变量包括受访者个人收入、性别、年龄、教育年限等。需要说明的是：第一，参照以往研究，剔除了子代年龄大于 60 岁的样本，以及父代年龄大于 90 岁的样本；同时，也剔除了父代与子代年龄差异小于 17 岁的样本。第二，这里所汇总的收入主要与个体自身生产能力相关。城镇居民收入为工资性收入。农村居民收入在四个调查年度间经历了较大变化，样本数据显示，1995 年农村居民收入结构仍以家庭农业经营收入为主，工资性收入还不多见；而 2002 年以后农村居民的工资性收入已非常普遍，其收入结构也发生了较大变化。为统一收入口径，我们根据个体涉农劳动参与情况，将农村家庭涉农经营收入均分至个人，再结合其工资性收入，则得到农村个体的总收入。这样较为全面地反映了农村个体的收入情况，也在一定程度上增加了可供分析的样本。

样本描述性统计如表 7.1 和表 7.2 所示①。

表 7.1　　样本分布情况　　单位：个

样本类别	1995 年	2002 年	2008 年	2013 年
城乡：父代 - 子代	4530	5564	1988	4063
其中：城镇	1392	1581	602	1067
农村	3138	3983	1386	2996
城乡：父亲 - 儿子	3237	3795	1260	2838
其中：城镇	765	904	329	651
农村	2472	2891	931	2187

① 出于篇幅原因，这里仅给出收入、年龄变量的简单描述统计，以及样本分布情况。详细材料备索。

续表

样本类别	1995 年	2002 年	2008 年	2013 年
城乡：父亲－女儿	2462	2568	725	1250
其中：城镇	634	774	217	360
农村	1828	1794	508	890
城乡：母亲－儿子	2891	3249	582	1558
其中：城镇	826	885	174	431
农村	2065	2364	408	1127
城乡：母亲－女儿	2238	2315	379	775
其中：城镇	609	777	115	248
农村	1629	1538	264	527

表 7.2　　主要变量样本描述性统计

年份	变量名	城镇			农村		
		均值	标准差	中位数	均值	标准差	中位数
1995	父代收入	7761.01	4520.34	6900.00	2649.05	2726.09	1906.83
	子代收入	4567.16	3604.32	5628.00	2755.69	3030.76	3242.25
	父代年龄	55.94	7.09	55.00	50.33	7.34	49.00
	子代年龄	25.07	5.09	24.00	22.17	4.81	22.00
	子代教育年限	11.35	3.81	12.00	7.38	2.49	8.00
2002	父代收入	11658.64	7800.48	14647.08	3981.08	4350.11	2892.00
	子代收入	7543.21	6407.06	10117.50	4763.27	4915.63	3557.00
	父代年龄	54.89	9.64	61.00	51.24	6.97	51.00
	子代年龄	25.73	8.25	30.00	23.67	5.14	23.00
	子代教育年限	11.45	3.91	12.00	8.54	2.14	9.00
2008	父代收入	27502.86	23624.70	20400.00	13893.39	13642.2	10000.00
	子代收入	28088.41	27330.78	22800.00	15011.64	11613.1	12000.00
	父代年龄	53.07	4.49	53.00	50.75	6.70	51.00
	子代年龄	24.90	3.26	25.00	24.26	5.39	23.00
	子代教育年限	14.51	2.61	15.00	11.64	3.16	11.50

续表

年份	变量名	城镇			农村		
		均值	标准差	中位数	均值	标准差	中位数
2013	父代收入	36531.95	44573.22	45000.00	22587.38	19997.87	24000.00
	子代收入	31765.95	32186.09	38400.00	25513.47	17804.91	20000.00
	父代年龄	21.82	40.00	51.00	52.19	7.35	51.00
	子代年龄	51.89	15.00	25.00	25.94	6.00	25.00
	子代教育年限	12.89	2.91	13.00	10.16	2.86	9.00

7.5 代际收入弹性的均值估计

7.5.1 代际收入弹性的均值估计

首先考察代际收入弹性的均值回归结果，按照城乡、城镇和农村分别进行了测算。以通常采用的 2 阶多项式方法为例，从 1995 ~ 2013 的四个调查年度，基于城乡样本的代际收入弹性经历了两端高中间低的 U 型趋势。这说明代际收入流动性虽然在 20 世纪 90 年代较低，但此后 10 多年内有所升高，而到了 2013 年又再次下降。农村的情况与此类似，其代际收入弹性也表现出了 U 型特征，说明代际收入流动在 21 世纪头 10 年较快，此后逐渐变慢。城镇则有所不同，其代际收入弹性总体上处于下降趋势并呈现出 L 型特征，即城镇代际收入流动性在过去 20 多年里快速提升，到 2013 年已经趋于稳定。

表 7.3 同时给出了控制 4 阶多项式偏误的估计结果，以作为稳健性检验。从趋势上看，城乡整体和农村仍然呈现出 U 型特征，城镇表现为 L 型特征，所得结论与上述相同。就具体数值而言，采用 4 阶多项式控制偏误的估计结果普遍要高于采用 2 阶多项式。所以，无论采取几阶多项式，城乡、城镇和农村的代际收入弹性均呈现出一致性的估计结果，具有稳健性。

表 7.3　　代际收入弹性的均值估计：父代 - 子代

年度	指标	使用 4 阶多项式控制偏误			使用 2 阶多项式控制偏误		
		城乡整体	城镇	农村	城乡整体	城镇	农村
1995	代际收入弹性	0.66*** (13.84)	0.43*** (3.56)	0.83*** (15.89)	0.58*** (6.76)	0.31*** (3.45)	0.65*** (5.29)
	调整 R^2	0.33	0.13	0.42	0.34	0.12	0.42
2002	代际收入弹性	0.32*** (4.62)	0.23* (1.97)	0.51*** (4.50)	0.44*** (8.00)	0.41*** (3.24)	0.49*** (6.21)
	调整 R^2	0.25	0.39	0.13	0.24	0.37	0.13
2008	代际收入弹性	0.32** (2.84)	0.36*** (5.78)	0.28** (2.43)	0.41*** (4.08)	0.28*** (3.32)	0.35*** (3.71)
	调整 R^2	0.25	0.25	0.17	0.24	0.25	0.17
2013	代际收入弹性	0.59*** (7.46)	0.34** (2.74)	0.61*** (6.94)	0.53*** (8.75)	0.25* (2.07)	0.53*** (8.20)
	调整 R^2	0.25	0.21	0.25	0.25	0.21	0.24
子代年龄		控制	控制	控制	控制	控制	控制
父代年龄		控制	控制	控制	控制	控制	控制
子代年龄 × 父代收入		控制	控制	控制	控制	控制	控制

注：①*、**、*** 分别代表在 10%、5% 和 1% 水平上显著；②括号内为 Z 统计量值；③出于篇幅原因，未给出完整的估计结果；④所有方程的标准误按照样本所在的省进行了聚类。

7.5.2　代际收入弹性的分位回归估计

代际收入弹性的条件分位数回归估计结果如图 7.1 至图 7.3 所示。图 7.1 为基于城乡整体的估计结果，除 1995 年呈现出先升后降的倒 U 型特征，其余年度则表现为 L 型特征。这说明表明低收入分位点的代际收入弹性较高，但随着分位点上升、代际收入弹性逐渐降低。显然，子代收入越低其与父代收入的关联度越大，低收入阶层面临着更低的代际收入流动性，特别是对最低收入阶层而言，代际收入固化的特征非常明显。相反子代收入越高，其对于父代收入的依赖性却越低。可能的原因在于，低收入阶层由于缺乏对子代的人力资本投入，其子代更容易陷入贫困陷阱；而中高收入阶层由于更具投资子代的能力，因此其子代收入水平呈现出更多样性，对父代收入的依赖程度也越低。就时间趋势而言，对比 1995 ~ 2013 年的结果可知，1995 年和 2002 年不同收入阶层间的代际收入弹性差别相对较小，而 2008 年和 2013 年不同收入阶层间的代际收入弹性差别较大，说明代际收入流动的两极分化趋势随时间而更加明显。

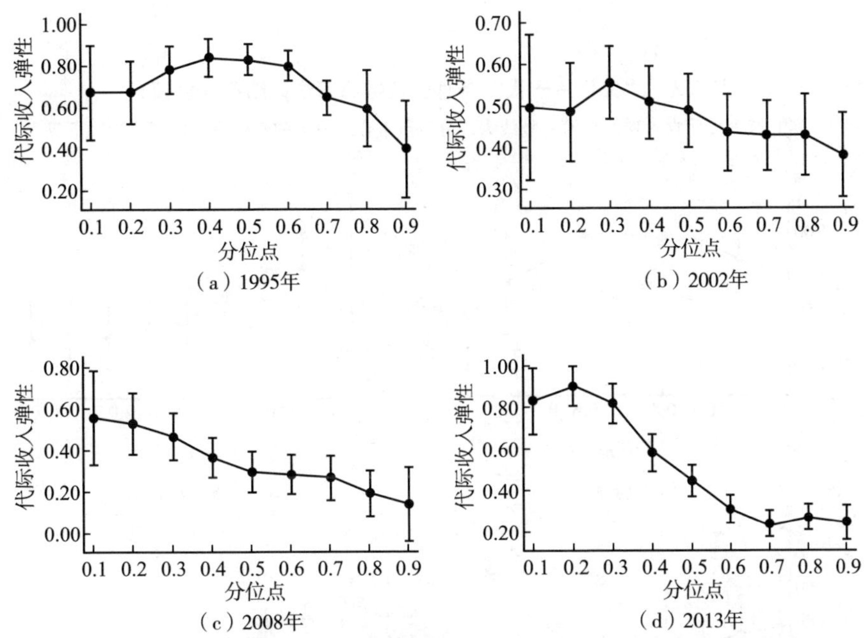

图 7.1 “父代 - 子代”条件分位数回归估计结果（城乡整体）

注：实心点为代际收入弹性数值，竖线为该分位点上代际收入弹性的置信区间上界和下界。

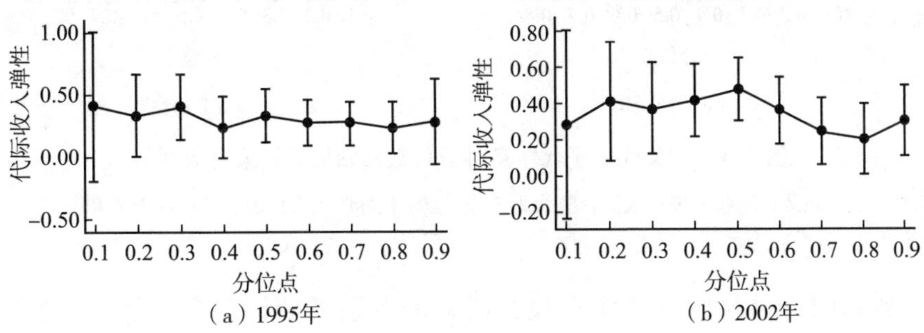

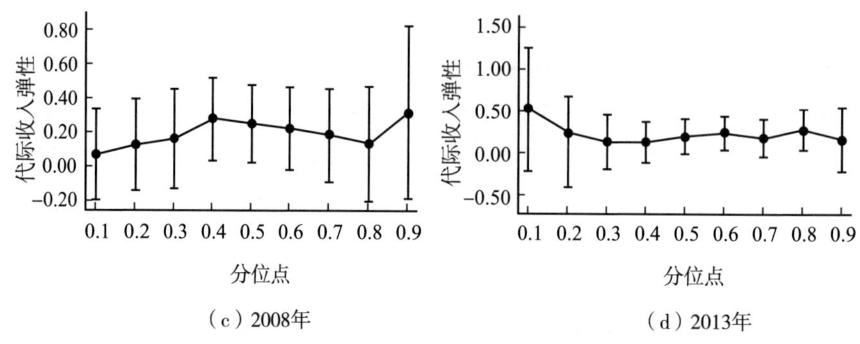

图 7.2 “父代 – 子代”条件分位数回归估计结果（城镇）

注：实心点为代际收入弹性数值，竖线为该分位点上代际收入弹性的置信区间上界和下界。

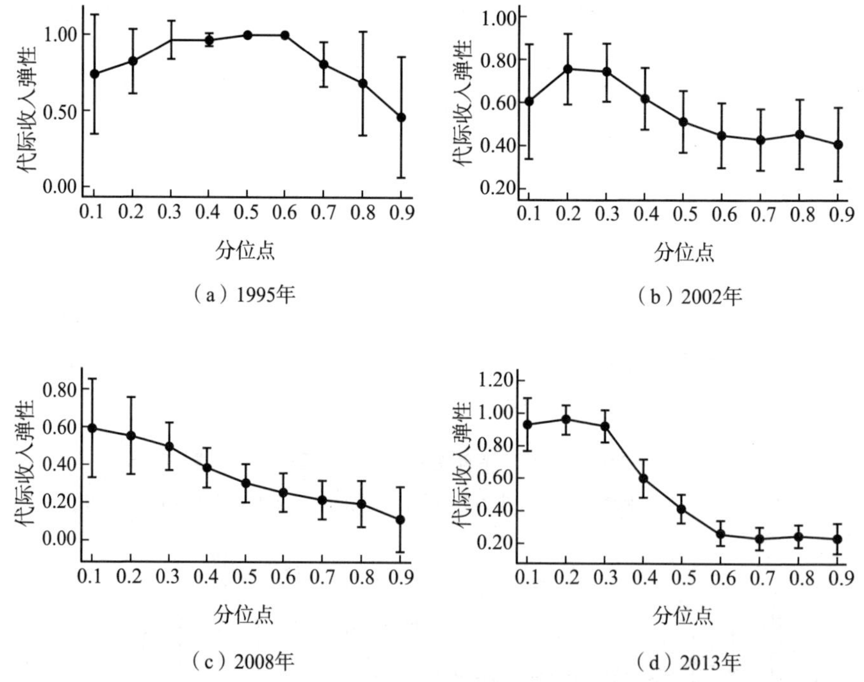

图 7.3 “父代 – 子代”条件分位数回归估计结果（农村）

注：实心点为代际收入弹性数值，竖线为该分位点上代际收入弹性的置信区间上界和下界。

城镇的情况与城乡总体有较为明显的差别（如图 7.2 所示）。总的来看，1995 ~ 2013 年期间不同分位点上的代际收入弹性值变化幅度不大，只呈现出较为缓慢的下降趋势。这意味着相对于高收入阶层的子代，低收入阶层子代对其父代的收入依赖更高，二者之间的差异在数值上并不十分明显。

接下来考察农村的情况（如图 7.3 所示）。除 1995 年外，其余年份大都呈现出类似于 L 型的走势，即收入分位点越低、代际收入弹性值越大。这说明在低收入阶层，子代收入受父代的影响越大，但这种影响随着子代所处收入阶层的提高而逐渐弱化。从时间趋势上看，2013 年和 2008 年不同收入分位点代际收入弹性差值要明显大于 1995 年和 2002 年，因此不同收入阶层间代际收入流动性的差别随时间而增大，极化效应越来越明显。所以农村的情况与城乡总体样本较为接近。

对比城镇和农村的条件分位回归估计结果，主要差别在于城镇地区不同收入阶层之间的代际收入弹性波动相对平缓，而农村地区的变化较为明显，特别是贫困代际传递现象主要发生在农村地区。由于城镇地区具备更好的基础设施和公共服务条件，同时也能够提供更多的就业机会，所以个体可以有更多的可能去改变自身的收入状况。户籍制度限制了农村流动人口的子代在城市获得同等教育，形成了大规模的留守儿童。并且，非义务教育阶段的费用成为中低收入家庭的重要负担，进而引发教育投资的逆向选择，并可能引致“教育贫困陷阱”（Zhang，2017）。

上述分析是基于条件分位数回归的结果，为验证结论的稳健性，还采用前述非条件分位数回归方法进行了估计（如图 7.4 所示）。由于采用的估计方法不同，非条件分位数回归与条件分位数回归的估计系数不会完全一致，而令人感兴趣的是非条件分位数回归结果所呈现出的特征是否与条件分位数回归一致，从而判定模型设定是否使得实证结果更加敏感。不难看到，无论是每个年度代际收入弹性随分位点的变动趋势，还是不同年度间的比较，非条件分位数回归所得结论与条件分位数回归基本一致。所以，总体上分位数回归的结论是比较稳健的。我们也分别计算了基于城镇和农村样本的非条件分位数回归估计系数（见本书附录中附图 1 和附图 2），发现其图形特征与条件分位数回归基本一致。

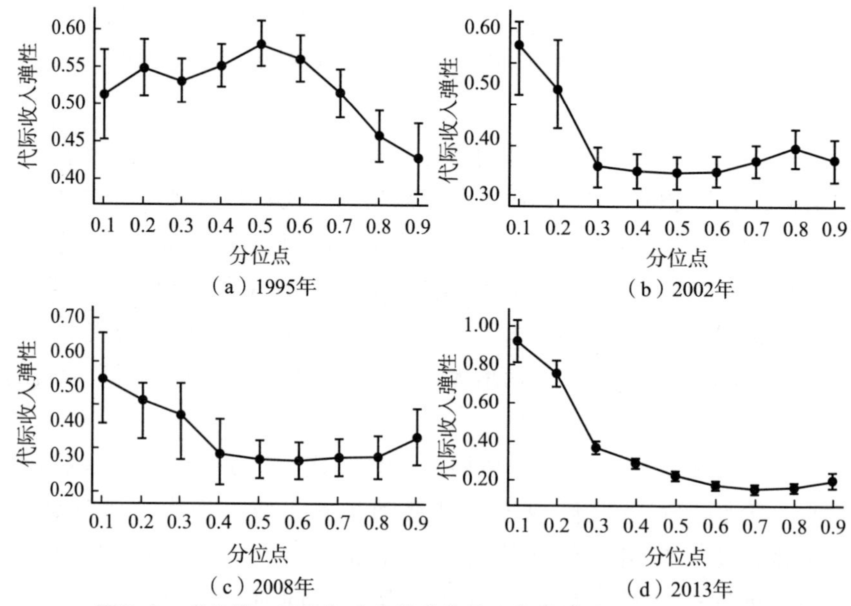

图 7.4 “父代 - 子代”非条件分位数回归估计结果（城乡整体）

注：实心点为代际收入弹性数值，竖线为该分位点上代际收入弹性的置信区间上界和下界。出于篇幅考虑，这里仅给出总样本的非条件分位数回归结果，分城镇和农村样本的图形见本书附录中附图1 至附图4。

7.5.3 代际收入流动的家庭角色异质性考察

以上分析是基于“父代 - 子代”的匹配样本，并未对父代或子代的性别进行限制。正如理论分析，中国近 30 多年家庭人口结构的变迁，使得女性的受教育水平和劳动参与水平都发生了较为明显的变化，无论是对于母亲还是女儿，其代际收入弹性可能出现独特特征。为考察这种异质性，进一步进行了样本细分，并按照“父亲 - 儿子”“父亲 - 女儿”“母亲 - 儿子”“母亲 - 女儿”四个类别进行了代际收入弹性的重新估计①，具体如表 7.4 所示。

7.5.3.1 考察各子样本的代际收入弹性随时间的变化趋势

就城乡整体而言，四类样本的代际收入弹性估计值总体上呈现出 U 型特征，只有以女儿为子代的估计值在 2008 年不显著。这与“父代 - 子代”总体样本的估计结果无明显差别。

① 出于篇幅考虑，以下仅给出使用 2 阶多项式控制偏误的估计结果。

表 7.4　代际收入弹性的均值估计：分家庭角色

年份	指标	父亲 - 儿子			父亲 - 女儿			母亲 - 儿子			母亲 - 女儿		
		城乡整体	城镇	农村	城乡整体	城镇	农村	城乡整体	城镇	农村	城乡整体	城镇	农村
1995	代际收入弹性	0.55 ***	0.15	0.59 ***	0.83 ***	-0.60 **	0.99 ***	0.60 ***	0.26 ***	0.81 ***	0.77 ***	0.36 *	0.90 ***
		-5.75	-1.56	-4.88	-10.73	(-2.50)	-5.02	-5.3	-4.26	-6.05	-6.21	-1.92	-5.02
	调整 R^2	0.37	0.15	0.42	0.34	0.13	0.39	0.37	0.09	0.49	0.37	0.1	0.53
2002	代际收入弹性	0.40 ***	0.50 ***	0.52 ***	0.56 ***	0.26	0.73 ***	0.33 ***	0.16 ***	0.57 ***	0.38 ***	0.24 **	1.18 ***
		-9.51	-3.62	-6.1	-4.85	-1.45	-3.44	-5.71	-2.96	-5.47	-2.8	-2.67	-3.88
	调整 R^2	0.24	0.38	0.14	0.25	0.34	0.16	0.28	0.37	0.2	0.29	0.3	0.32
2008	代际收入弹性	0.40 ***	0.31 ***	0.33 **	0.15	0.42	0.14	0.24 *	0.33	0.15	0.15	0.34	-0.35
		-3.5	-4.1	-2.89	-0.75	-1.32	-0.52	-1.68	-1.55	-1.12	-0.64	-1.34	(-0.75)
	调整 R^2	0.29	0.33	0.2	0.28	0.21	0.17	0.24	0.36	0.16	0.43	0.32	0.38
2013	代际收入弹性	0.54 ***	0.28 *	0.54 ***	0.40 **	0.09	0.46 *	0.58 ***	0.04	0.58 ***	0.87 **	-0.38	1.14 **
		-8.27	-1.99	-8.47	-2.24	-0.32	-1.99	-8.03	-0.25	-7.76	-2.4	(-0.9)	-2.88
	调整 R^2	0.24	0.2	0.24	0.24	0.22	0.22	0.27	0.25	0.26	0.29	0.24	0.28
子代年龄		控制			控制			控制			控制		
父代年龄		控制			控制			控制			控制		
子代年龄 × 父代收入		控制			控制			控制			控制		

注：（1）*、**、*** 分别代表在 10%、5% 和 1% 水平上显著。（2）括号内为 Z 统计量值。（3）出于篇幅原因，未给出完整的估计结果。（4）所有方程的标准误按照样本所在的省进行了聚类。

就城镇而言，“父亲－儿子”的估计系数除1995年外都显著，其余显著且随时间而降低。“父亲－女儿”配对样本的估计值多数不显著，未体现出明确的特征。“母亲－儿子”和“母亲－女儿”的估计系数只有在1995年和2002年显著，1995年的系数大于2002年，其余估计系数则不显著。

就农村而言。除“父亲－女儿”和“母亲－儿子”在2008年估计系数不显著，其余均显著且表现为U型趋势；“父亲－儿子”则是所有年度估计值都显著，同样表现为U型特征。“母亲－女儿”则出现了倒U型特征，表明代际收入流动性总体降低了。

所以，就城乡整体而言，四类配对样本的代际收入弹性估计值随时间而呈现U型特征，与“父代－子代”估计结果相符，即早期流动性小、中期大、后期小。就城镇而言，只有“父亲－儿子”间流动性随时间而下降。就农村而言，除“母亲－女儿”外，其余配对也表现为早期流动性小、中期大、后期小；“母亲－女儿”间的代际收入流动性反而在降低。

7.5.3.2　对比各子样本代际收入弹值的大小

就城乡整体而言，1995年和2002年样本中“父亲－女儿”的代际收入弹性最大；而到了2013年，排位前两名的代际收入弹性值分别为“母亲－女儿”和“母亲－儿子”。这说明早期父亲对子代的收入影响更大，而近年来母亲的影响则超过了父亲。其原因在于：一方面，相对于父亲，传统上母亲所扮演的“主内”家庭角色对子女的早期成长影响更大；另一方面，随着女性受教育水平的增长和劳动参与水平的提高，性别间的收入差距已大幅缩减（Chen et al.，2013），因而父亲也不再是家庭收入差异的唯一来源。而从子女的角度而言，除2008年外，其余年度内都是女儿与父代（父亲或母亲）的代际收入弹性值最大，说明女儿（相对于儿子）在代际收入流动方面更多地受到了父代的影响。中国过去30多年实施的“一孩”计划生育政策减少了家庭可拥有孩子的数量，同时产生了大量无男性后代的家庭，并使得这些家庭天然地切断了人力资本投资性别歧视，给予了女性更多受教育的机会和资源（郑筱婷、陆小慧，2017）。所以，早期父亲对子代的影响更大而今变成了母亲，女儿对父代的收入依赖超过了儿子。

就城镇样本而言，各子样本在2008年和2013年的估计系数并非都显著，仅从1995年和2002年相对早期来看，父亲对子代的影响大于母亲，女儿对父代的收入依赖大于儿子。就农村样本而言，早期父亲对子代收入的影响较大，但后期母亲对子代收入的影响变得更为重要；从子代的角度看，女儿无论是对父亲还是母亲的代际收入依赖，都要明显高于儿子。

在此基础上，也计算了不同家庭角色配对下的条件分位数回归估计系数，以考察其非线性影响。从图 7.5 不难看出，多数情况下分位数回归的结果是显著的。其中，无论在哪个调查年度，“父亲 - 儿子”的代际收入弹性随分位点的升高而降低，呈现出 L 型特征。呈现出类似特征的还有“母亲 - 儿子”样本。显然从子代的角度出发，当儿子处于低收入阶层，其对父代的收入依赖更强，反之则更弱。

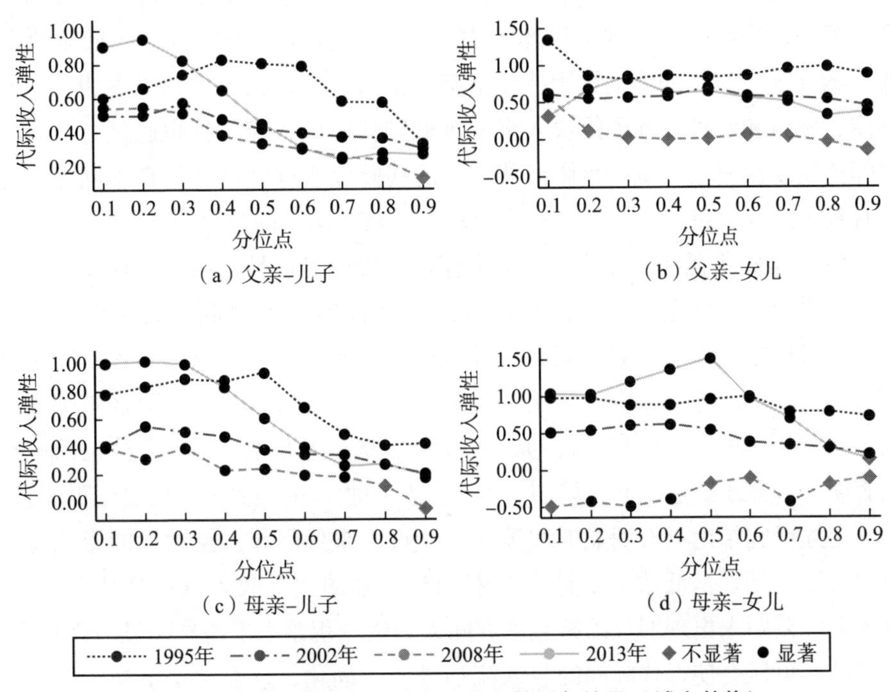

图 7.5　不同家庭角色下的条件分位数回归结果（城乡整体）

类似情况并未一致性地明显反映在“父亲 - 女儿”和“母亲 - 女儿”的样本中。也就是说，家庭中女儿与父代的代际收入弹性，与女儿本身所处的收入阶层关联不大，至少基于本书样本的估计并未发现明显的趋势性①。

7.6 本章小结

利用CHIP在1995～2013年的数据，分城乡、城镇和农村，对代际收入弹性进行了均值回归和分位回归估计，并考察了家庭角色在代际收入流动中的异质性影响，以及运用中介效应分析法综合考察了人力资本的传递机制。研究结果表明：

（1）近年来的代际收入流动性有所降低且不同收入阶层间差异较为明显。第一，平均而言，城乡整体和农村的代际收入流动经历了“低－高－低”的变迁，城镇的流动性则持续下降。第二，分位回归的结果表明，城乡整体、城镇和农村，其子代收入水平越低则代际收入流动性也越低，低收入代际传递现象明显。城乡整体以及农村的代际收入弹性估计值在不同分位点上有较大差异，更揭示出代际收入流动存在较为明显的分化特征。

（2）家庭角色在代际收入流动中存在明确的异质性。第一，均值回归表明，城乡所有家庭角色配对的代际收入流动性经历了“低－高－低”的变迁，农村样本中除“母亲－女儿”外也体现出类似特点。第二，各家庭角色配对的代际流动比较来看，早期父亲对子代收入的影响更大，而近年则为母亲；从子代角度，女儿对父代的收入依赖都要高于儿子。第三，分位回归结果表明，当儿子处于低收入阶层，其对父代的收入依赖更强，反之则更弱。

上述研究结论具有明显的政策含义。近年来代际收入流动性的变化趋势值得关注，特别是低收入群体存在着相对更强的代际收入依赖特征。当前，收入分配差距未出现明显缩减且家庭间人力资本积累水平差异明显的背景下，二者结合可能会使得代际间的收入流动进一步固化，这显然是不利于低收入群体累积发展能力、实现收入增长的赶超。因此，需要相关公共政策措施的介入。首先，应持续落实好脱贫攻坚以来实施的各项政策措施，做到精准帮

① 出于篇幅考虑未在此列出分城镇和农村的估计结果，详见本书附录中附图3和附图4。第一，城镇的估计结果存在较多不显著的估计系数，所以并未观察到规律性的特征。第二，农村的估计结果接近于城乡整体样本，在“父亲－女儿”类别中存在部分差异。

扶不放松，在消除绝对贫困的基础上，更要注意返贫的发生，从而夯实脱贫攻坚的成效。其次，要更加重视公共教育投入的作用，通过高质量的公共教育服务供给来消除基于家庭资源禀赋的人力资本投资差距。并且，在提升教育供给质量的同时还要加强供给结构调整，从而使得教育对低收入代际传递的缓解作用能够更大程度上发挥。最后，对女性的人力资本投资仍值得高度关注，特别是要提升低收入家庭中女性子女的受教育水平。

第8章

劳动力迁移的收入分配效应：教育收益率视角

8.1 本章问题引入

教育具有生产和配置功能，个体学历水平的高低与其收入密切相关，通常个体收入有随学历水平提升而上升的特征（Card，1999）。而我国具有独特的社会经济背景：一是当前社会收入分配差距总体较高且社会结构处于快速转型期，教育及其分布对收入不平等有重要影响（杨俊等，2008）；二是地区间经济发展和劳动力资源分布的不匹配，使得我国拥有世界上最大规模的流动人口，劳动力迁移对于迁移劳动力的收入水平有重要影响，表现为教育回报的差异及其收入分配效应。那么，不同收入阶层之间的教育回报存在多大差异，其对于收入分配会有何种影响？在教育分配不均的背景下，劳动力迁移是否有利于降低与个体受教育水平有关的收入差距？上述问题非常重要，其对于促进全社会的人力资本积累、缓解收入分配差距具有重要意义。

8.2 研究假说

相关前期研究主要从教育收益的测算及其对收入差距的影响，以及劳动力迁移与收入差距这两个方面展开。

对教育收益率的估算主要根据明瑟（Mince，1974）提出的人力资本方程架构进行测算。多数研究①认为，个人收入水平有随受教育年限升高而不断提升的趋势。但早期研究普遍采用 OLS 法进行估计，其结果反映的是平均效应，对于不同样本个体的差异性所对应的非线性关系考虑不足。为验证不同分位点上教育收益率是否存在非线性关系，不少学者开始采用分位数回归技术进行估计，这在很大程度上可弥补 OLS 法的不足。

采用分位数回归估计教育回报率的一篇早期文献来自于布金斯基（Buchinsky，1994），其研究发现，教育对低收入人群工资的贡献率，要显著高于对高收入人群工资的贡献率。沿着上述框架，更多文献采用国别数据进行了实证检验。例如：南非的教育回报率，其随着分位数的上升而出现先下降后上升的 U 型趋势（Mwabu and Schultz，1996）；而埃塞俄比亚的教育回报率则随着分位数的上升而不断降低（Buchinsky，1998）；除此之外，巴基斯坦的教育回报率又呈现出随着受收入水平上升而不断升高的趋势（Staneva et al.，2010）。对于不同国家教育回报率所呈现出的差异，部分文献认为是源于教育投资风险的国别差异，教育投资风险越大的国家，其教育回报率越表现出显著为正且随着分位点的提高而逐渐增加；而低教育投资风险的国家，甚至可能造成教育回报率显著为负的现象（Martins and Perira，2004）。当然对于大部分国家而言，一般不会出现教育回报率为负的现象。国内文献也采用分位回归方法对我国教育回报率进行了分析，但同样存在差异性的结论。部分文献认为教育收益率是随着分位点的升高而增加（张车伟，2006；邓曲恒，2007），也有一部分文献认为教育回报率随着分位点的升高而降低（邢

① 有关教育收益率的早期研究积累了许多文献，在此不一一列举，但多数文献的研究结论，都支持教育对于收入具有正向影响作用。

春冰，2006），或者认为随着分位点的升高，教育回报率并没有显著变化（张涛，2011）。

既然教育回报率随收入阶层的不同而存在差异，在收入分配差距较大的情况下，其可能对收入分配差距本身起到加剧或缓解的作用。一类文献认为，教育收益率随着分位数的增加而上升，从而拉大了收入的不公平性（Martins and Perira，2004）；另一类文献认为，教育收益率随着分位数的增加出现先下降后增加的U型特征，在缩小了低分位数上人群的收入的同时也提高了高分位数上人群的收入，同样无益于收入公平性的改善（Bassett and Chen，2002）。此外，还有部分文献认为教育收益率是随着分位数的增加而下降，进而减小收入的差距（Knight and Song，2003；Goedhuys and Sleuwaegen，2010）。国内学者的研究也发现，教育收益差异是引致收入不平等的重要原因，其中教育的要素回报效应拉大了收入不平等，而教育的要素结构效应降低了收入不平等（徐舒，2010）。

在劳动力迁移与收入差距的研究方面，不少研究认为劳动力迁移会扩大收入差距。就城市内部差距而言，由于我国劳动力的整体受教育水平较低，劳动力迁移会扩大城市内部收入差距（邵宜航，2016）。对农村收入差距而言，考虑劳动力异质性后，我国农村劳动力外出务工并不像传统方法的结果所表明的可能缩小收入差距，相反会拉大农村内部收入差距（甄小鹏，2017）。对地区收入差距而言，劳动力流动虽然加快了中国发达地区经济增长收敛速度但降低了欠发达地区的经济增长收敛速度，从而导致了地区收入差距拉大的现实（樊士德，2011）。实际上，正是由于改革开放以来随着劳动力流动限制的放松，中、西部地区技能型劳动力向东部地区流动进一步拉大了地区发展差距（彭国华，2015）。

当然，也有文献提出劳动力迁移有助于缩减收入差距。邢春冰等（2013）从教育回报率的角度探讨其地区差异与劳动力迁移的关系，得出了相反的结论，认为进一步减少流动障碍，促进劳动力合理流动将会使得教育回报率的地区差异趋于下降，有助于提升我国的经济增长潜力、缩小收入差距。而赵西亮（2017）通过剔除极度正向选择性的永久移民以克服样本选择性偏差，实证分析表明：考虑户籍转换对农村教育收益率估计的影响后，发现农村的教育收益率并不低，甚至高于城市教育收益率。这在一定程度上有助于缓解收入差距。

我国当前收入差距较大，同时不同收入阶层间的教育分配也不均等，且教育不平等对收入分配差距具有显著的影响作用（杨俊等，2008），因此教育回报率的阶层差异与收入分配差距密切相关；同时，劳动力迁移对于教育收入功能的实现起到了重要的配置作用，考虑到现实中存在的明显地区和城乡经济差距，劳动力迁移不仅会影响教育回报的高低，而且会与收入分配差距相联系。基于上述文献分析与我国现实判断，提出研究假说如下：教育回报率存在明显的阶层差异，劳动力迁移使劳动力资源得到更好配置，是教育回报率提升的重要条件，劳动力迁移有助于缓解与教育差距相关的收入差距，进而影响整体收入分配。

因此，要回答劳动力迁移对于教育回报率乃至收入差距的影响，首先需要明确教育回报率的结构性特征，在此基础上进一步探讨劳动力迁移是否会强化教育回报，以及分解出其对收入差距的贡献。基于收入阶层视角的系统性探讨尚不多见，是为本研究的贡献之一。另一贡献在于，实证分析中教育变量往往具有较强的内生性，为克服上述问题造成的估计偏误，采用了分位数处理效应模型、局部工具变量法以及无条件分位数分解等方法进行定量分析。

8.3 数据来源

实证研究所使用数据来源于中山大学开展的中国劳动力调查（CLDS 2012 和 CLDS 2014）。CLDS 的调查年龄设定为 15 岁以上，CLDS 2012 最终共抽取了 16253 个个体样本数进行调查，CLDS 2014 抽取了 16244 个个体样本数进行调查。调查具体为将全国共 2282 个区县单位作为初级抽样单元构成调查总体，由此得到了较为宽泛的样本信息，体现出较强的代表性。

为获得可供分析的样本，需对原始数据进行了以下处理：

首先，对样本中的不适宜部分进行了剔除，这就包括收入、教育等核心变量观察值缺失的样本，以及不符合逻辑判断的样本[①]。并且，为更精确地分析教育在收入中的作用、体现教育的配置功能，还剔除了为家族事业工作

① 例如，无问答的样本，以及收入水平为负的样本。

的自我雇佣样本[①]。对于已退休样本，也进行了剔除，原因是他们已退出劳动力市场。此外，为尽可能地降低样本异常值对实证结果的影响，还对样本两端按照 1% 的范围进行了缩尾处理。通过上述整理，最终 CLDS 2012 得到 6488 个有效样本，CLDS 2014 得到 4104 个有效样本[②]。

在获得有效样本的基础上，可进一步计算得到实证分析所需的各类变量。

个人收入用小时工资数（元/小时）表示，以消除工作时长对收入的影响。此处，个人收入是个人在雇主单位领取的货币收入和实物收入的总和；货币收入主要是个人的名义工资，实物收入则包括餐补、福利等非货币收入[③]。小时工资的计算方式如下所示：

$$wag = \frac{ywag + awag}{week \times 52 \times 8} \tag{8.1}$$

$$wag = \frac{ywag + awag}{month \times 12 \times 8} \tag{8.2}$$

式（8.1）中，*ywag* 代表样本个体的年收入（元），*awag* 代表样本个体实物折算的收入（元），*week* 代表每周工作的天数，一年按 52 周计算、每天工作 8 小时；式（8.2）中，*month* 代表每个月工作的天数，一年按 12 个月计算、每天工作 8 小时。之所以分“周”和“月”来分别计算，是因为部分样本存在缺失值；为尽可能地获得更多样本，因此对以“周”来统计工作时间的样本采用式（8.1）计算；没有以“周”来统计工作时间的样本，则采用式（8.2）计算。

受教育程度采用个体获得的最高学历层次进行换算。分别为：小学以下记为 0 年；小学（包括接受过私塾教育）记为 6 年；初中记为 9 年；由于我国的高中、职高、中专、技校属于同一个层次，依照中等教育来划分，记为

---

① 为尽可能地保留更为真实的现实经济活动信息，本书并不是简单按照年龄（男性≥60 岁、女性≥55 岁）来进行划分，而是按照其实际经济活动能力进行划分，认定条件为：收入仅来源于退休工资且未从事其他生产性经营活动。

② 考虑到 CLDS 2014 样本数据更新，因此主要采用该年度的数据进行分析；而引入 CLDS 2012 样本则主要出于劳动力迁移收入分配效应中、构建反事实收入分布的需要，后文对此有详细描述。

③ CLDS 对非货币收入的统计相对完备，据此可计算出受访者个体的实物收入。另外，CLDS 对于财产性收入的统计缺失较多，本书在统计时未将其考虑在内。

12 年；大专记为 15 年；本科记为 16 年；硕士研究生记为 18.5 年[①]；博士学历记为 23 年。

行业变量根据样本列出的农林牧渔业、采掘业、制造业、房地产业、政府人员等划分为 16 个类别，共产生 15 个虚拟变量，以农林牧渔业作为基准类别。

样本所处地域变量，一般的做法是根据受访者工作所在地，按照东、中、西部地区进行划分。诚然，即使在某一区域内部，不同地市的差异也较为明显；为更精确地反映这种差异并提高拟合优度，采用五等分法将 2013 年各地市发展水平（人均 GDP）划分为五个类别[②]，并以低收入地区为基准，生成 4 个反映地市间发展差异的地区虚拟变量。

工作经验按照“个人年龄 - 受教育年限 - 法定小学入学年龄”计算。此外，还加入了个人户籍虚拟变量、个人户口是否在本地虚拟变量和性别虚拟变量。

另外，为了反映样本所在地市的就业体量和消费水平，还使用了 2011 年各地市级的城镇人均消费、农村人均消费、年末常住人口以及年末就业人口数进行补充测算，相关数据来自 2012 年的省级统计年鉴。其中，就业体量 = 就业人数 ÷ 常住人口数；人均消费方面，统计年鉴中列出该指标的直接引用，未列出的则采用“人均消费 =（城镇人口 × 城镇人均消费 + 农村人口 × 农村人均消费）÷ 总人口”进行代替。

由此，便构造出了分析所需的实证样本，CLDS 2012 相关描述性统计如表 8.1 所示。

表 8.1　　　　变量描述性统计

变量	描述	均值	标准差	最小值	最大值
小时工资数	元/小时	12.63	16.63	0.40	128.81
受教育年限	年	9.03	4.32	0	23

① 尽管我国现行的硕士研究生有专硕和学硕之分，二者的学制也不一样（前者为两年、后者为三年），同时问卷中也对此进行了区分。但考虑到获得该层次教育的样本占比较少，因此可不分别进行划分，取其均值为 18.5 年。

② 这五个类别是：低收入地区、中低收入地区、中等收入地区、中高收入地区、高收入地区，详细分类情况备索。

续表

变量	描述	均值	标准差	最小值	最大值
工作经验	年	23.26	12.33	0	52
个人是否迁移	1=迁移，0=未迁移	0.13	0.33	0	1
性别	1=男性，0=女性	0.44	0.5	0	1
父母的平均受教育年限	年	5.10	3.87	0	23
个人户籍性质	1=城镇，0=农村	0.31	0.46	0	1
个人所获证书个数	个	0.39	0.86	0	20
工作所在地的就业体量	—	0.36	0.25	0.02	0.78
工作所在地的人均消费水平	元	11995.59	6103.45	3180.68	36893
工作所在地的人均 GDP	元	49701.55	28884.73	8809	123247

8.4 教育回报率的估计和分析

8.4.1 教育回报率的收入阶层差异

明瑟尔人力资本方程通常采用半对数模型，其一般设定形式如下：

$$\ln wage_i = \beta_0 + \beta_1 \times edu_i + \beta_2 \times exp_i + \beta_3 \times exp_i^2 + \sum_{i=4}^{n} \beta_i X_i + \varepsilon_i \quad (8.3)$$

其中，ln*wage* 代表对数化后的个人收入，*edu* 代表个人受教育年限，*exp* 和 exp^2 分别代表工作经验和工作经验的平方，ε 代表随机误差项；X_i 代表影响个人收入的其他重要因素，例如，在许多实证文献中被证明是显著原因的性别、户籍、地域、职业。正如有关文献的研究发现，性别歧视在就业中仍显著存在、致使收入水平产生差异，经济发展的地区不平衡性和城乡户籍制度分割，以及日益凸显的行业工资差距，都是引致个体收入水平差异的重要原因。因此，式（8.3）中控制了上述变量。

就估计方法而言，OLS 法给出的仅仅是平均影响效应，未能区分出不同收入阶层教育收益率的差异。事实上，由于不同收入阶层在优质教育资源获得、职业和能力传递、财富继承等方面存在明显差异，使得个体的资源禀赋并不相同，引致不同收入阶层可能存在相异的教育收益率。因此，对于教育收益率的非线性估计是按照因变量的不同条件分位数进行回归，如下：

$$\ln wage_i = \beta_0^p + \beta_1^p \times edu_i + \beta_2^p \times exp_i + \beta_3^p \times exp_i^2 + \sum_{i=4}^{n} \beta_i^p X_i + \varepsilon_i \quad (8.4)$$

其中，$0 < p < 1$ 表示数值小于第 P 分位数的比例。通常，P 可以取 0.1、0.2、0.5、0.8、0.9 等值；教育变量的估计系数 β_1 是重点关注的教育收益率，体现出收入阶层的教育回报差异。

从表 8.2 不难看出，首先，采用 OLS 法估计原始的明瑟尔人力资本方程，其各解释变量在 1% 的水平上都是显著的，且教育回报率达到 10.7%；而依据在原始的明瑟尔人力资本方程上加入性别和个人户籍变量后，各解释变量在 1% 的水平上仍然显著，但教育回报率则为 4.6%。

表 8.2　　　　教育回报率的分位数回归

变量	OLS 回归（简化）	OLS 回归（扩展）	分位数回归				
			5 百分位	20 百分位	50 百分位	80 百分位	95 百分位
受教育年限	0.107*** (0.000)	0.046*** (0.000)	0.033*** (0.001)	0.050*** (0.000)	0.052*** (0.000)	0.056*** (0.000)	0.051*** (0.000)
工作经验	0.024*** (0.000)	0.027*** (0.000)	0.041*** (0.000)	0.033*** (0.000)	0.020*** (0.000)	0.026*** (0.000)	0.040*** (0.000)
工作经验的平方	-0.001*** (0.000)	-0.001*** (0.000)	-0.001*** (0.000)	-0.001*** (0.000)	-0.001*** (0.000)	-0.001*** (0.000)	-0.001*** (0.002)
性别		-0.331*** (0.000)	-0.336*** (0.000)	-0.358*** (0.000)	-0.350*** (0.000)	-0.316*** (0.000)	-0.297*** (0.000)
个人户籍性质		0.283*** (0.000)	0.416*** (0.000)	0.310*** (0.000)	0.275*** (0.000)	0.260*** (0.000)	0.193** (0.046)
个人所获证书个数		0.106*** (0.000)	0.093*** (0.005)	0.108*** (0.000)	0.097** (0.040)	0.124*** (0.000)	0.085* (0.055)
行业虚拟变量		控制	控制	控制	控制	控制	控制
地区虚拟变量		控制	控制	控制	控制	控制	控制
常数项	0.792*** (0.000)	0.754*** (0.000)	-0.949*** (0.000)	0.171** (0.030)	0.786*** (0.000)	1.516*** (0.000)	2.405*** (0.000)

注：①*、**、*** 分别代表在 10%、5% 和 1% 水平上显著；②括号内为 P 值；③出于篇幅原因，行业和地区虚拟变量的估计系数未列出，相关结果备索。

对扩展后的明瑟尔人力资本方程进行分位数回归，结果表明总体教育收益率大体具备倒U型特征。其中，低收入人群（5分位点）的教育收益率为3.3%；而这一数值在中低收入群体（20百分位）、中等收入群体（50百分位）、中高收入群体（80百分位）、高收入群体（95百分位）的数值分别为5.0%、5.2%、5.6%、5.1%，表明随着分位点的提高，教育回报率呈现逐步增加的态势。显然，低收入人群的教育回报率最低且与其他收入阶层的差距明显；由于低收入群体的收入和教育水平本身都比较低，这种差距更不利于其人力资本积累，并可能在长期内起到拉大收入分配差距的作用。

以上述教育回报率的非线性关系探讨为基础，更令人感兴趣的是，在家庭人力资本投资中有着重要地位的高等教育，其收入回报在不同收入阶层间又会呈现出何种关系。在现有关于中国教育扩展与收入差距的研究中，部分文献认为高等教育扩大了收入差距；那么从教育收益的角度而言，不同分位点的高等教育收益率是否也会呈现明显差异，并表现为拉大收入差距呢？分析该问题的一般做法是在实证方程中加入是否具备大学学历的虚拟变量，但这只能简单地区别获得大学学历和未获得大学学历的样本，得到的也只是平均效应，未能解决样本的“自我选择”问题①。

艾比（Abadie，2002）提出的条件分位数处理效应模型（QTE），是在传统分位数回归基础上，用一个虚拟变量（Z）作为处理变量D（是否具备大学学历）的工具变量，然后再结合模型的其他控制变量来构建配对样本，以估计控制组和对照组之间的处理效应。我们采用受访者父母是否接受大学教育②作为工具变量，这是因为教育具有明显的人力资本代际传递效应（张苏、曾庆宝，2011）。

于是，可得到条件分位回归的处理效应，如下：

$$W_i^{AII} = 1 - \frac{D_i(1 - Z_i)}{1 - \Pr(Z = 1 \mid X_i)} - \frac{(1 - D_i)Z_i}{\Pr(Z = 1 \mid X_i)} \tag{8.5}$$

① 在这种情形下，传统OLS模型的估计是有偏的。例如，对于具备大学学历和不具备大学学历的个体，这两类群体的特征可能存在较大差异，而是否上大学在很大程度上与这类特征相关；特别是这种特征差异还可能隐藏在一些不可观测的因素之中，如禀赋、家庭文化等，而这些都会对收入产生影响。于是，在控制影响收入的重要解释变量后，大学学历对收入究竟有何影响，正是条件分位回归处理效应模型所要解决的问题。

② 只要受访者父亲或母亲任意一方受过大学教育，则认为其父母具备大学教育背景。

$$(\hat{\beta}_{IV}^{\tau},\ \hat{\sigma}_{IV}^{\tau}) = \underset{\beta,\sigma}{\operatorname{argmin}} \sum W_i^{AII} \times \rho_{\tau}(Y_i - X_i \times \beta - D_i \times \sigma) \quad (8.6)$$

其中，W_i^{AII} 代表权重，D_i 为受访者是否具备大学学历的虚拟变量，Z_i 为受访者父母是否受过大学教育的虚拟变量，$Pr(Z_i = 1 \mid X_i)$ 为受访者父母是否受过大学教育的条件倾向得分。式（8.6）中，$\hat{\sigma}_{IV}^{\tau}$代表第 τ 分位点上的 QTE；且当 W_i^{AAI} 为负时，将其值令为 0，使全体 W_i^{AAI} 为非负。

为此，将处理组设定为具备大学学历，对照组接受高中教育且未接受大学教育。另外，条件分位数处理效应模型的估计，能否找出特征相近的配对样本非常重要。为尽可能地获得个体特征更为接近的配对样本，首先，需要采用 Kernel 核函数①来构建适用于 Logit 回归的极大似然估计量，以此得到工具变量的倾向得分。

接下来，可根据上述参数设定来计算上大学对于个体收入的处理效应。

表 8.3 表明接受高等教育的估计系数显著为正，这意味着，接受高等教育的边际回报是存在的，高等教育仍然是个体在完成中等教育后最“具经济回报”的选择。比较不同分位点的估计系数，可见高等教育的收益率呈现出较为明显的倒 U 型特征。其中，最低收入群体（5 百分位）和最高收入群体（20 百分位）的教育收益率均为 0. 25，相对较低；处于中间水平的为中等收入阶层；特别是对中高收入阶层而言，大学教育带来的教育回报正向影响最为明显，最具“人力资本投资价值”。

表 8. 3　　分位数处理效应模型估计结果

变量	5 百分位	20 百分位	50 百分位	80 百分位	95 百分位
是否接受高等教育	0. 250 ** (0. 011)	0. 453 *** (0. 000)	0. 457 *** (0. 000)	0. 520 *** (0. 000)	0. 250 ** (0. 011)
工作经验	0. 076 *** (0. 000)	0. 064 *** (0. 000)	0. 044 *** (0. 000)	0. 053 *** (0. 000)	0. 076 *** (0. 001)
工作经验的平方	-0. 002 *** (0. 000)	-0. 002 *** (0. 000)	-0. 001 *** (0. 000)	-0. 001 *** (0. 000)	-0. 002 *** (0. 000)

① 基于 Kernel 核函数构建的极大似然估计量，需要确定两个参数（bandwidth 和 lambda），根据菲波（Firpo，2007）的建议，采用均方误差最小化作为判别标准，以确定合适的参数选择。最终，选取的参数为 bandwidth = 0. 8、lambda = 1、pbandwith = 0. 5、plambda = 0. 8、vbandwith = 0. 8、vplambda = 1。详细结果参见附录中的附表 1。

续表

变量	5 百分位	20 百分位	50 百分位	80 百分位	95 百分位
个人拥有证书数	0.027 (0.419)	0.089*** (0.000)	0.050*** (0.000)	0.109*** (0.000)	0.027 (0.419)
个人户籍	0.278** (0.011)	0.259*** (0.001)	0.158*** (0.001)	0.175*** (0.006)	0.280** (0.011)
性别	-0.332*** (0.000)	-0.372*** (0.000)	-0.285*** (0.000)	-0.384*** (0.000)	-0.332*** (0.001)
个人工作行业	控制	控制	控制	控制	控制
地区虚拟变量	控制	控制	控制	控制	控制
常数项	-2.061*** (0.000)	-0.007*** (0.000)	1.480*** (0.000)	2.225*** (0.000)	-2.061*** (0.000)

注：①对照组 = 上高中但未上大学；② *、**、*** 分别代表在 10%、5% 和 1% 水平上显著；③括号内为 P 值。

因此，上述关于教育收益率的基础分位回归表明，教育收益率存在明显的阶层差异，其随收入水平的上升而增加，且低收入阶层的教育收益率与其他收入阶层差距较大。大学的教育回报随收入水平增加而呈现倒 U 型特征，其中，中等及中高收入阶层的大学教育最具回报。

8.4.2 劳动力迁移与教育收益的阶层差异

上述分析探讨了教育回报的基本特征，表明了教育收益率存在明显的阶层差异。但同时应该看到，教育作为形成人力资本的重要渠道，其生产和配置功能的发挥，离不开劳动力市场配置。而劳动力市场中，劳动力自由迁移是要素自由流动和优化配置的重要保证，也是近几十年来我国劳动力市场深化改革的重要标志。不少文献已经发现，劳动力迁移对个人收入有显著影响（Knight and Song，2003；孙三百等，2012）。一个相对应的社会现象是，出身农村或经济欠发达地区的人口获得一定程度的教育（培训）后，通常选择在经济较发达地区工作，其人力资本的外部性并未被劳动力流出地所获得。一方面，迁移是受教育个体追求教育回报的结果；另一方面，更高的教育回报又进一步强化了个体的迁移动机。为此，迁移是否会强化教育收益，到底是强化了哪个收入阶层的教育收益，还值得更为深入的探讨。

通常的做法，是在方程的右边直接加入是否发生迁移的虚拟变量。然而，这种做法的一个缺陷仍然在于对内生性问题关注不够，由此导致估计结果偏差。正如上述分析，迁移既可能是教育回报的强化，亦有可能并非这种原因（如无法观测到的个人能力等潜在因素）。一种解决的办法就是采用局部工具变量：参照赫克曼（Heckman，2006）的方法，首先采用 Logit 或 Probit 模型获得样本进行迁移的概率，然后将此概率作为局部工具变量，来代替是否发生迁移的虚拟变量。

首先，根据我国劳动力迁移的实际状况，劳动力迁移既包括户籍性质的改变，又包括“户地分离”，即离开户籍所在地务工但并未改变户籍（如各类外出务工人员等长期流动在外的人口）①。借鉴前期研究（孙三百等，2012）并结合 CLDS 的问卷调查，可从“工作所在地与户籍所在地不相符”“与父亲户籍性质是否相同”“出生时与现在户籍性质是否相同”“曾发生过户籍迁移”等多个维度，来构建劳动力迁移的虚拟变量②。

其次，采用 Logit 模型对是否迁移的虚拟变量进行回归；结合本书的样本，纳入了年龄、性别、工作所在地的就业机会、当地的人均消费量、所处行业、所在地区这几个重要因素，相关表达式如下：

$$\Pr(Mig_i = 1 \mid C_i) = \phi(\alpha_i;\ C_i) \tag{8.7}$$

在得到迁移概率后，将其代入式（8.8），用以探讨迁移对教育收益率的影响。

$$\begin{aligned} \text{lnwage}_i = {} & \beta_0^{(p)} + \beta_1^{(p)} mig_i + \beta_2^{(p)} medu_i + \beta_3^{(p)} mig_i \times medu_i + \beta_4^{(p)} hedu_i \\ & + \beta_5^{(p)} mig_i \times hedu_i + \beta_6^{(p)} exp_i + \beta_7^{(p)} exp_i^2 + \sum_{i=8}^{n} \beta_i^{(p)} X_i + \varepsilon_i \end{aligned} \tag{8.8}$$

---

① 诚然，劳动力迁移与劳动力流动的概念并不完全一致，且统计识别方式也有差异。结合我国现实背景，前者更强调户籍因素、体现出相对长期性；后者则主要是劳动力的地区间流动、体现出相对短期性。在我国，户籍制度是影响劳动力迁移的重要制度因素，并进而影响到人力资本的配置和生产，对个人的收入及其教育回报都具有重要作用。而这也正是本书研究所关注的核心问题，本书研究主要采用劳动力迁移这一概念。

② 遗憾的是，由于调查问卷中并未涉及更明确的迁移模式，因而尚无法分离出更为详细的迁移类别。例如，到底是“城－乡”迁移，还是“城－城”迁移。但现有关于迁移的多维度量，也能在很大程度上反映出劳动力在地区间流动的现实，不失为现有数据条件下的一个有益尝试。

接下来分析劳动力迁移与教育水平交互项的效应，结果如表 8.4 所示。

表 8.4　　劳动力迁移对教育回报的影响

变量	OLS 回归	QR 分位数回归				
		5 百分位	20 百分位	50 百分位	80 百分位	95 百分位
中等教育	0.172*** (0.000)	0.191*** (0.007)	0.155*** (0.000)	0.174*** (0.000)	0.242*** (0.000)	0.051 (0.598)
迁移×中等教育	0.164** (0.041)	-0.047 (0.777)	0.137 (0.173)	0.157** (0.083)	0.126 (0.257)	0.136 (0.408)
高等教育	0.607*** (0.000)	0.766*** (0.000)	0.656*** (0.000)	0.571*** (0.000)	0.640*** (0.000)	0.463*** (0.001)
迁移×高等教育	0.232** (0.011)	-0.218 (0.248)	0.073 (0.528)	0.297*** (0.004)	0.394*** (0.002)	0.509** (0.048)
个人是否迁移	0.014 (0.764)	0.180* (0.054)	0.038 (0.507)	-0.004 (0.934)	-0.036 (0.563)	-0.207 (0.103)
工作经验	0.042*** (0.000)	0.062*** (0.000)	0.049*** (0.000)	0.039*** (0.000)	0.039*** (0.000)	0.044*** (0.000)
工作经验的平方	-0.001*** (0.000)	-0.001*** (0.000)	-0.001*** (0.000)	-0.001*** (0.000)	-0.001*** (0.000)	-0.001*** (0.000)
个人户籍性质	0.247*** (0.000)	0.335*** (0.000)	0.264*** (0.000)	0.192*** (0.005)	0.192*** (0.000)	0.155* (0.090)
性别	-0.373*** (0.000)	-0.363*** (0.000)	-0.400*** (0.000)	-0.351*** (0.000)	-0.351*** (0.000)	-0.369*** (0.000)
个人所获证书个数	0.083*** (0.000)	0.072** (0.018)	0.071*** (0.000)	0.094*** (0.000)	0.094*** (0.000)	0.104** (0.011)
个人工作行业	控制	控制	控制	控制	控制	控制
地区虚拟变量	控制	控制	控制	控制	控制	控制
常数项	0.944*** (0.000)	-0.942*** (0.000)	0.048 (0.485)	1.047*** (0.000)	1.838*** (0.000)	2.849*** (0.000)

注：①*、**、***分别代表在 10%、5% 和 1% 水平上显著；②括号内为 P 值。

首先，考察迁移对中等教育回报的影响。迁移与中等教育的交互项估计系数，仅在 50 百分位上以 5% 的水平显著，其余百分位都不显著。对于具备中等教育水平的群体而言，劳动力迁移会显著提升中等收入群体的教育回报，但对于其他阶层的影响并不显著。

其次，就迁移对高等教育回报的影响而言，交互项的估计系数在中低收入阶层不显著，但在中高及以上收入阶层显著为正、并且随收入分位点的上升而增大。这意味着，对于具备高等教育的中高收入群体而言，迁移会强化其教育回报；可能的原因在于迁移更有助于该类群体通过空间转移来获取更多的就业机会并实现更具效率的人力资本配置，进而使得其收入优势得以不断延续和强化。

因此，劳动力迁移虽然对中等学历群体的教育回报仅在中等收入阶层方面显著，但对于具备高等教育的中高收入群体而言，却未能明显提升其教育回报。结合上述关于高等教育回报的分析结果，劳动力迁移可能使得中高收入阶层本身就已经相对较高的教育回报，得到进一步强化提升。由于中高收入群体本身就具有收入优势，这种强化可能会进一步对收入分配状况产生影响。那么，总体上劳动力迁移是扩大还是缩减了收入差距呢？接下来将对上述效应进行分解分析。

8.5 劳动力迁移及其分配效应分析

有关迁移会不会通过影响教育回报率进而拉大或抑制整体收入差距，将通过无条件分位数分解进行分析。OB（Oaxaca-Blinder）收入差距分解方法是研究这一问题的最常用方法，其基本思想是通过普通最小二乘法回归得到两个群组的收入结构系数的估计值，并以此为基础将两群组的均值收入差距分解为：

$$\bar{w}_u - \bar{w}_l = \bar{X}_u\hat{\beta}_u - \bar{X}_l\hat{\beta}_l = (\bar{X}_u - \bar{X}_l)\hat{\beta}_u + \bar{X}_l(\hat{\beta}_u - \hat{\beta}_l) \tag{8.9}$$

其中，$(\bar{X}_u - \bar{X}_l)\hat{\beta}_u$ 是收入差距的要素禀赋效应，表明两个群组要素差异对收入差距的贡献；$\bar{X}_l(\hat{\beta}_u - \hat{\beta}_l)$ 是收入差距的结构效应，显示两个群组在劳动力市场上遭受不同对待（也可以称为“歧视”）所导致的收入差异。然而 OB 分解法考虑的是平均效应，未能考虑不同分位点之间可能存在的非一致性影响，或者说非线性关系；另外，OB 分解法也对模型本身可能存在的内生性问题关注不够。为弥补传统 OB 分解法的不足，菲尔波（Firpo，2007）提出了无条件分位数分解法，它通过构造反事实状态的分布函数，从而将对收入差距的影响分解为要素结构效应和要素报酬效应。要素结构效应反映出要素分配均等与否对收入差距的贡献程度，要素报酬效应反映出要素回报差异对收入的贡献程度。该方法相对 OB 分解而言，既能够考察不同分位点的情况，又能通过构造反事实状态的分布函数有助于克服解释变量的内生性问题。

无条件分位数分解的具体分解式如下：

$$\begin{aligned} D &= \{E[m_1^v(X_1)] - E[m_c^v(X_1)]\} + \{E[m_c^v(X_1)] - E[m_0^v(X_0)]\} \\ &= [E(X_1^T)(\gamma_1^v - \gamma_c^v)] + [E(X_1^T)\gamma_c^v - E(X_0^T)\gamma_c^v] \\ &= [E(X_1^T)(\gamma_1^v - \gamma_c^v)] + [E(X_1^T) - E(X_0^T)]\gamma_0^v + E(X_1^T)(\gamma_c^v - \gamma_0^v) \end{aligned} \quad (8.10)$$

式中，$m^v(X) = E_y[\text{RIF}(y;\ v) \mid X]$，即再中心化函数的期望值；下标 0、1 和 c 分别代表基准组、对照组和反事实状态，其中，基准组为 2012 年，对照组为 2014 年。与 OB 分解相类似，$E(X_1^T)(\gamma_1^v - \gamma_c^v)$ 为要素的结构效应，表明要素分配均等与否对收入差距的贡献；$[E(X_1^T) - E(X_0^T)]\gamma_0^v$ 为要素的报酬效应，表明要素回报差异对收入的贡献程度；$E(X_1^T)(\gamma_c^v - \gamma_0^v)$ 为要素的剩余效应，显示在相应分位点上，除纳入模型中的变量对收入差距产生的影响效应外，其他因素对收入差距的影响。无条件分位数分解的结果如表 8.5 和表 8.6 所示。

表 8.5　　无条件分位数分解结果（一）

项目	5 百分位	20 百分位	50 百分位	80 百分位	95 百分位
总效应	0.019	0.031	0.103	0.116	0.042
要素报酬效应	0.166	0.108	2.225	3.516	0.368
要素结构效应	-1.219	0.298	0.241	1.161	0.066
剩余效应	1.072	-0.375	-2.363	-3.561	-8.392

表 8.6　　无条件分位数分解结果（二）

变量	要素报酬效应					要素结构效应				
	5 百分位	20 百分位	50 百分位	80 百分位	95 百分位	5 百分位	20 百分位	50 百分位	80 百分位	95 百分位
中等教育	0.0002	-0.005	-0.007	-0.003	-0.001	0.037	-0.020	-0.032	-0.012	-0.027
迁移×中等教育	0.007	-0.001	-0.001	-0.001	-0.008	-0.036	0.016	0.021	0.017	-0.039
高等教育	-0.005	-0.008	-0.017	-0.022	-0.025	0.072	-0.036	-0.035	-0.037	-0.075
迁移×高等教育	-0.001	-0.000	-0.000	-0.0002	0.001	-0.054	-0.026	-0.016	-0.009	-0.060
迁移状况	-0.022	-0.003	-0.003	0.006	0.012	0.197	-0.113	-0.077	-0.015	-0.041
工作经验	-0.111	0.163	0.012	0.166	0.317	0.180	-0.376	-0.412	-0.631	-1.504
个人户籍性质	0.012	-0.027	-0.034	-0.035	-0.028	-0.012	-0.054	0.003	-0.062	-0.023
性别	0.007	-0.013	-0.012	-0.010	-0.014	-0.131	0.012	0.024	0.081	0.099
拥有证书个数	0.0001	0.392	2.397	3.606	8.472	-0.912	-0.006	-0.039	-0.058	-0.137
个人工作行业	控制	控制	控制	控制	控制	控制	控制	控制	控制	控制
地区虚拟变量	控制	控制	控制	控制	控制	控制	控制	控制	控制	控制

注：出于篇幅考虑，此处并未给出行业和地区的分解结果，完整的结果可参见附录中附表 2。

如表 8.5 所示，首先，总效应在各百分位点上均为正，说明总体上收入差距仍不断加大。其次，要素结构效应分解值大多为正，说明要素分布不均是扩大收入差距的因素，其绝对值越大说明对收入差距的贡献越大，显然，中高收入阶层间在教育等方面的分布差异，造成了较大的收入差距。最后，要素报酬效应虽然总体上也表现为扩大收入差距，但是其在大多数分位点上的值都要大于要素结构效应，且这种差距随着分位点的上升而不断增大（最高分位点除外），这意味着虽然二者都是使得收入差距增大的因素，但要素报酬效应的贡献度显然更高。因此，个体在教育回报方面的差异是造成收入差距的主要原因。进一步考虑个体在教育水平、劳动力迁移等方面的分布不均，使得这种收入差距更加被强化。

进一步，考虑要素结构效应和要素报酬效应内部（如表 8.6 所示），劳动力迁移、教育对收入差距的贡献。对中等教育而言，劳动力迁移会缩减来自于要素报酬不等带来的收入差距，但对于要素分布不均的收入差距并没有明显抑制作用。更令人关注的是劳动力迁移对高等教育相关的收入差距的影响，因为上述分析已表明不同层次教育回报的差异是造成收入差距的重要原因。就高等教育而言，在要素结构效应方面，劳动力迁移有助于降低由于高等教育分布不均所引起的收入差距；在要素报酬效应方面，除了高分位点外，劳动力迁移也表现为有助于缩减由于教育回报阶层差异所引致的收入差距。所以，劳动力迁移总体上有助于缩减由于受教育水平分布不均所引致的收入差距，特别是与高等教育相关的收入差距。事实上，促进劳动力流动更有利于不同教育层次劳动力之间的互补，并能够在一定程度上削弱由于教育水平差异所引致的收入差距（陆铭等，2012）。

8.6 本章小结

基于中国劳动力动态调查（CLDS 2012 和 CLDS 2014）的数据，采用分位回归模型考察了教育收益率的非线性关系，以及运用克服自我选择问题的分位回归处理效应模型探讨大学的教育回报，并使用局部工具变量法分析劳动力迁移对教育收益的影响。研究结果表明：第一，教育收益率存在明显的阶层差异，其随收入水平的上升而增加，且低收入阶层的教育收益率与其他收入阶层差距较大。第二，高等教育的正向收入回报是普遍显著的，特别是对中等及中高收入阶层而言，大学教育的回报最高、也最具人力资本投资价值。第三，对于具备高等学历的中高等收入群体而言，以及具备中等学历的中等收入群体，劳动力迁移能显著提升其教育回报。第四，分解结果表明，教育回报的收入阶层差异对收入差距的贡献最大；劳动力迁移有助于缩减由于受教育水平分布不均以及教育回报差异所引致的收入差距，特别是与高等教育相关的收入差距。

上述结论具有明显的政策含义。教育作为人力资本积累的重要渠道、被视作决定个体收入的核心因素，具有非常重要的地位。获得教育对低收入群体而言反而更加重要，在居民平均受教育年限普遍提升的今天，低收入群体的受教育水平不是“多了”而是“少了”，低收入群体受教育水平的不足正是其教育收益偏低的重要原因。因此，除了要确保低收入群体完成基本的义务教育，更应该为其接受更高层次的教育提供经济保障和公共服务保障，特别是为中低收入群体扫除接受教育道路上的机会成本和避免陷入更严重的风险。更为重要的是，要破除阻碍劳动力迁移的体制性障碍，相关的公共服务应以劳动力迁移方向为导向进行配置。促进劳动力迁移既是个体实现教育回报的需要，更是劳动力资源合理配置的需要，通过劳动力迁移来实现不同学历层次劳动力在劳动力市场上的优化配置，对各类受教育层次劳动力的收入水平提升，乃至缓解收入分配差距都具有重要意义。

| 第 9 章 |

贫困脆弱性的测度及影响因素分析

9.1 本章问题引入

到 2020 年底，我国已经消除了绝对贫困。然而，已脱贫人口中，尚有部分群体处于贫困线的边缘，其自身发展能力还不够强，仍然面临着较高的返贫风险。为巩固脱贫攻坚的成效，需要前瞻性地识别贫困脆弱群体。因此，对贫困风险的识别和测度就显得尤为重要。贫困脆弱性的概念正符合上述需要。世界银行于 2000 年提出贫困脆弱性的概念，它是对家户由于未知的不确定性而遭受未来贫困威胁大小的一种事先测度，使贫困的定义动态化，贫困脆弱性越高则意味着未来陷入贫困的风险概率越大。通过测度贫困脆弱性并考察其影响因素，才能更具前瞻性地预防返贫的发生、促进脱贫攻坚成效的巩固。那么，我国贫困脆弱性的大小如何、呈现出何种变化趋势；教育、健康、非农就业、社会交往等经济社会特征变量，对贫困脆弱性的影响如何，相关变量的贡献度怎样？明晰上述问题，不仅有助于厘清巩固脱贫攻坚的政策抓手，而且有助于制定出更具前瞻性的预防措施，具有重要的研究价值。

早期研究大都以贫困发生率为研究对象，来考察引致贫困规模变化的主要因素，既包括宏观层面的经济增长、金融发展、区位条件、产业结构等变量，又包括微观层面的教育、健康、生产资本、家庭背景等因素。无论是宏观层面的探讨，还是基于微观样本的分析，都取得了较为丰富的研究结论。近年来的相关实证研究，更关注微观层面下精准扶贫问题。相对于贫困发生，贫困脆弱性则更进一步，它通过概率来预测家户面对的未来各种风险，更深入地、动态地、前瞻性地刻画了贫困。乔杜里等（Chaudhuri et al.，2002）、章元和万广华（Zhang and Wan，2006）将贫困脆弱性定义为家庭或个人因为不确定性冲击而陷入贫困或无法摆脱贫困的概率。

基于中国的微观数据，早期的代表性文献来自于章元和万广华（Zhang and Wan，2006），其在测度贫困脆弱性的基础上，通过回归研究发现外出务工和教育，对农户贫困脆弱性有重要影响。李丽和白雪梅（2010）从中国营养健康调查（CHNS）整理出追踪调查样本，研究发现 65 岁以上组和小学组的贫困脆弱性最高。万广华等（2014）从资产视角考察了贫困脆弱性差异的形成因素，研究发现，生产性物质资本、人力资本、金融资本和社会资本中存在的结构性差异，引致了贫困脆弱性的不同。

上述文献基于农户视角探讨了贫困脆弱性的形成原因，在此基础上，近年相关研究进一步从以下两个方面考察了“事件冲击”或“政策效应”对贫困脆弱性的影响。一是从健康视角考察对贫困脆弱性的冲击。黄潇（2013）基于中国营养健康调查（CHNS）的研究发现，居民健康水平的恶化会使其面临更高的贫困脆弱性，居民健康水平每下降 10%，贫困脆弱性大约会上升 6%；不仅如此，方迎风和邹薇（2013）的实证结果指出，健康冲击会导致生产性支出与健康投资下降，加剧了贫困脆弱性；同样基于健康视角，韩静舒和谢邦昌（2016）采用反事实框架，研究发现就医行为会使得家庭经济风险概率值增加 0. 31。二是从政策评价视角，考察转移支付、社会保障等政策措施对贫困脆弱性的影响。樊丽明和解垩（2014）采用 PSM + DID 方法，研究发现，尽管教育程度、家庭规模、就业状态、工作性质及地区变量同时同方向地影响到贫困及脆弱性，但公共转移支付并未表现为显著降低贫困脆弱性；李齐云和席华（2015）采用面板数据双向固定效应模型研究表明，新农保显著地降低了参保家庭的贫困脆弱性。总的来看，教育、健康水平、外出务工、家庭物质资本、社会资本对农户贫困脆弱性的高低有显著影响，但相关公共服务对于降低贫困脆弱性的效应却不一致。

显然，前期文献对贫困脆弱性的相关影响因素进行了深入的分析。但令人感兴趣的是，在引致农户贫困风险的主要因素中，究竟哪些因素对贫困脆弱性贡献较大？明晰该问题，有助于在一个相对完整框架下辨析出不同变量影响的重要程度，厘清巩固脱贫攻坚中急需解决的“主要矛盾”和“紧迫问题”，而这也这正是本章力图回答的重点问题。本章通过中国综合社会调查（CGSS）2010～2013年的微观调查数据，测度出我国农户贫困脆弱性的动态变化，并进一步采用基于回归的夏普利值分解法，考察教育、健康、外出务工、社会交往、资产水平、家庭背景等关系贫困与否的核心变量，对贫困脆弱性的影响和贡献度。以此，来更深入地揭示贫困脆弱性的形成原因，为更具前瞻性地制定巩固脱贫攻坚成效的政策提供参考。

9.2 研究方法

9.2.1 贫困脆弱性的测度

贫困脆弱性区别于贫困发生率，前者是将家庭（个体）面临风险冲击所引致的福利变化，以概率的形式表现出来，体现出未来陷入贫困的风险，而后者则仅仅衡量出陷入贫困的人口比例。可以说，贫困发生率通常是可观察、静态的，强调贫困产生的结果；贫困脆弱性则是不可观察的、动态的，强调贫困产生的预期，更有利于从前瞻性视角制定反贫困对策。有关贫困脆弱性的定义，库尔（Kühl，2003）认为，贫困脆弱性是一个家庭因遭受重大冲击而导致其福利水平降低到贫困线以下的可能性。进一步，乔杜里等（Chaudhuri et al.，2002）、章元和万广华（Zhang and Wan，2006）将贫困脆弱性定义为家庭或个人因为不确定性冲击而陷入贫困或无法摆脱贫困的概率，后文实证测度也将基于这一定义展开。

在度量贫困脆弱性方面，尽管存在争议，但既有文献主要采用以下基本方程：

$$V = \Pr(Y < Z \mid X_i) = \int_{-\infty}^{Z} f(Y)\mathrm{d}Y \tag{9.1}$$

其中，V 代表贫困脆弱性；Y 代表个体（家庭）的福利水平，一般用收入来表示；Z 代表贫困判别准则，也就是通常所说的贫困线；X_i 代表与家庭或个体相关的特征变量，如性别、年龄、教育、职业等等。要基于式（9.1）来获得贫困脆弱性，首先要知道函数 $f(\cdot)$ 的分布，一般认为其服从对数正态分布（Chaudhuri et al.，2002；Zhang and Wan，2006；万广华，2014）；在明确分布函数的基础上，还需要知道收入 Y 的均值和方差，根据乔杜里（Chaudhuri et al.，2002）的建议，可采用雨宫健（Amemiya，1977）的三阶段可行广义最小二乘法（FGLS）进行估计，步骤如下：

首先，对人均收入的对数进行 OLS 回归见式（9.2），以此得到残差，并将回归后的残差平方作为收入波动，再次进行 OLS 回归，见式（9.3）。

$$\ln Y_i = \alpha X_i + e_i \tag{9.2}$$

$$\hat{e}^2 = \beta X_i + \eta_i \tag{9.3}$$

其中，Y_i 是家庭人均收入；X_i 是指一系列影响家庭人均收入的可观测变量，这里，我们主要纳入了年龄及其平方、性别、受教育年限、人均住房面积、自评健康水平、政治面貌、婚姻状况、是否外出务工、地区虚拟变量（研究样本涉及 26 个省份，生成了 25 个虚拟变量）。

其次，估计收入对数的期望和方差。通过构建用于处理异方差的权重矩阵，来重新对残差平方及收入对数进行加权回归，以此得到 $\hat{\theta}_{FGLS}$ 和 $\hat{\beta}_{FGLS}$；并根据这两个估计量以及式（9.4）和式（9.5）来计算对数收入的期望和方差：

$$\hat{E}[\ln Y_i \mid X_i] = X_i \hat{\beta}_{FGLS} \tag{9.4}$$

$$\hat{V}[\ln Y_i \mid X_i] = \hat{\sigma}_e^2 = X_i \hat{\theta}_{FGLS} \tag{9.5}$$

最后，在收入对数服从正态分布的假设下，选择相应的贫困线，并采用式（9.6）即可计算出贫困脆弱性：

$$\hat{V} = P(\ln Y_i < Z \mid X_i) = \phi\left(\frac{\ln Z - X_i\hat{\beta}}{\sqrt{X_i\hat{\theta}}}\right) \tag{9.6}$$

贫困线的选取关系到贫困脆弱性计算的精确性。目前，国家统计局于

2011 年公布的贫困线为 2300 元/年（2010 年价格），而本章的样本区间为 2011 ~ 2013 年，因此采用了各年的 CPI 指数对贫困线进行了平滑，以确保数据的可比性（见表 9.1）。国际上的贫困线往往参照世行标准，一般是 1 美元/天、1.25 美元/天、2 美元/天，而世界银行于 2015 年 10 月 5 日将国际贫困线标准由 1.25 美元/天提高到 1.9 美元/天（低标准），同时也给出了 3.1 美元/天的贫困线标准（高标准），本章按照世界银行最新调整的贫困线，并采用世行公布的 PPP 指数进行了统一折算。

表 9.1　各年贫困线

年度	国家统计局标准	世界银行低标准：1.9 美元/天	世界银行高标准：3.1 美元/天
2010	2300 元/年	2295 元/年	3744 元/年
2011	2424 元/年	2431 元/年	3966 元/年
2012	2487 元/年	2444 元/年	3987 元/年
2013	2551 元/年	2459 元/年	4011 元/年

就贫困脆弱性的判别标准而言，多数研究（万广华等，2014）采用 0.5，即如果一个家庭（个体）在未来陷入或保持贫困的概率大于等于 0.5，则认为该样本个体是贫困脆弱的。从结果稳健性角度考虑，也参照既有研究（樊丽明、解垩，2014）设定了高脆弱性标准 0.7，同时进行计算。

9.2.2　贫困脆弱性的夏普利值分解

在测算出贫困脆弱性的基础上，可进一步采用基于回归的夏普利值分解法来考察主要变量对贫困脆弱性的贡献程度。夏洛克斯（Shorrocks，1999）提出的基于回归的夏普利值分解法，将回归方程和基于合作博弈的夏普利值分解思想相结合，以此计算出各影响因素对因变量分布差异的影响；万广华（Wan，2004）在此基础上编写了夏普利值分解法的 Java 程序，并对该算法进行了修正。该方法由两个步骤构成。

首先，需要根据理论来设定有关回归方程。结合既有关于贫困脆弱性的有关文献，回归方程设定如下：

$$PV_i = \alpha + \beta_1 \times Edu_i + \beta_2 \times Health_i + \beta_3 \times House_i + \beta_4 \times Inherit_i + \beta_5 \times Social_i + \beta_6 \times Work_i + e_i \tag{9.7}$$

以下给出式（9.7）中各变量的内涵，并阐述其理论依据和回归结果预判。*Edu* 表示教育水平，用受访者的受教育年限作为其代理指标。在不少文献中（李丽、白雪梅，2010；Zhang，2014），教育缺乏被认为是导致贫困人口发展能力缺乏的根本原因，也是制约贫困人口迁移、获取非农工作及生产技能信息等的重要因素，其对于贫困有着至关重要的影响，预计受教育水平越高、贫困脆弱性越低。除教育外，另一表征人力资本的因素就在于健康水平（变量 *Health*），有研究发现（程明望等，2014），健康对农村减贫困的作用更为显著；在此，用受访者自评健康状况表示健康水平，自评健康状况越好、贫困脆弱性越低。*House* 表示资产水平，用受访者家庭的人均住房面积来表示；一般而言，家庭人均住房面积与其资产水平正相关，资产越雄厚则对应的贫困脆弱性越低。*Social* 表示社会交往，属于社会资本核心内涵。在我国农村，社会资本作为一种非市场化的力量，可以通过获取融资和创业信息、促进公共品提供和劳动力流动，进而对贫困消除产生影响；有研究表明，社会资本能显著地减少贫困，社区层面社会资本的作用要大于家庭层面（张爽等，2007），但关于社会资本是否能减轻相对贫困则尚未取得一致的认识，随着市场化进程的深入，社会资本反贫困的积极作用有减弱的趋势（周晔馨、叶静怡，2014），因此，社会交往对贫困脆弱性的影响既可能为正又可能为负，或者不显著。*Inherit* 表示家庭背景变量，用受访者父亲的受教育年限表示；一般而言，家庭中父亲教育水平的高低与家庭经济条件的好坏呈正相关，可通过控制该变量，来考察家庭背景因素的影响，预计估计系数为正。最后，*Work* 代表非农工作，由于农村居民大多以务农为主，因此从事非农工作成为农民获取收入的重要渠道，这里用是否从事非农工作的虚拟变量来表示；实际上，不仅农村劳动力外出行为显著地降低了农村贫困程度，外出时间长短对于外出户的贫困状况具有显著影响（岳希明、罗楚亮，2010），预计该变量估计系数为正。

其次，在对式（9.7）进行回归分析的基础上，可进一步进行夏普利值分解。其基本思路为：将式（9.7）的某解释变量取样本均值 $\bar{X}_i$，然后用 $\bar{X}_i$ 去替代式（9.7）中对应的原解释变量，并进行回归分析，以此得到贫困脆弱性的拟合值，然后用相应的分布指标基尼系数（Gini）、广义熵（GE）来计算拟合值的分布差异，于是计算出来的基尼系数或者广义熵则不包含解释变量的影响。于是，可用根据真实数据计算的基尼系数（或者对数离差），与不包含影响的基尼系数（或对数离差）相减，其差值就是解释变量对贫困脆弱性差异的贡献度。如果该贡献度为正值，意味着是使得差距增加的因素；为负值，则为引致差距减小的因素。按照上述基本思路，就可以对任意一个解释变量取均值，来求得其对于被解释变量分布差异的贡献程度；但值得注意的是，当某个解释变量取均值时，其余的解释变量可以为实际值，也可以取均值，于是解释变量个数越多，则计算量会呈现出几何级增长。万广华（Wan，2004）提出的解决办法是，在取均值时，按照全部可能的变量组合进行计算，并以其算术平均值作为总体贡献度。

另外，还有两点需要说明。第一，在进行夏普利值分解时，需要把式（9.7）转变为半对数形式，见式（9.8），从而在分解时可以避免常数项对分解结果的影响，即：

$$\ln PV_i = e^{\alpha} e^{\beta_1 \times Edu_i + \beta_2 \times Health_i + \beta_3 \times House_i + \beta_4 \times Inherit_i + \beta_5 \times Social_i + \beta_6 \times Work_i} e^{e_i} \tag{9.8}$$

第二，基于回归的夏普利值分解结果，只代表在条件回归下各变量对被解释变量差异的贡献度，但回归方程显然只能控制核心的理论因素，因此可通过计算实际值与拟合值的分布差异，来获得残差对被解释变量的贡献度。

9.3 数据来源

实证分析样本来源于中国综合社会调查（CGSS）2010～2013年。CGSS是跨年截面调查，而非追踪调查，因此每个调查年度的受访者个体不一致；为了避免单年数据分析所引致的偏差，特此采用2010～2013年共4年的数据，以此提升实证结果的稳健性。构建实证样本时，需要对原始数据进行以下处理：第一，由于主要分析的是绝对贫困，而绝对贫困主要集中在农村，因此剔除了城镇样本。第二，对收入、教育、健康等关键变量缺失或取值具有逻辑性错误的样本，进行了删除。第三，根据问卷中有关被访者及其家庭成员的相关信息，整理出了家庭成员数，并以此作为计算家庭人均收入、家庭人均住房面积等指标的基础。第四，剔除了受访者为在读学生的样本。第五，关于受访者的社会交往情况，采用是否党员以及问卷中 a31a 和 a31b 这两个有关被访者社会交往活动的指标，并采用主成分分析法得到一个综合的社会资本变量①。一般而言，如果被访者具备某种政治身份或与外界接触较多，则认为其具备相对较高的社会资本。第六，健康水平采用 5 级评价的自评健康数据来测度，其中：1 表示很不健康、5 表示很健康，数字越大则自评健康水平越高。

样本的描述性统计如表 9.2 所示。

表 9.2　　　　样本描述性统计

变量名	含义	2010 年		2011 年		2012 年		2013 年	
		均值	标准差	均值	标准差	均值	标准差	均值	标准差
Inc	家庭人均收入	6377. 39	6959. 52	7052. 08	9038. 72	7647. 11	9715. 69	9277. 98	12213. 99
Fnum	家庭成员数	3. 98	1. 61	3. 99	1. 65	4. 04	1. 69	3. 99	1. 67
Cnum	同住人口数	3. 05	1. 45	3. 07	1. 48	3. 19	1. 52	3. 22	1. 48
Age	受访者年龄	50. 12	14. 01	50. 50	14. 78	50. 69	14. 66	49. 78	15. 21
Edu	受教育年限	6. 22	4. 32	6. 15	4. 31	6. 09	4. 28	6. 19	4. 29
House	人均住房面积	48. 11	39. 05	60. 62	62. 09	53. 35	43. 93	54. 12	47. 65
Health	健康水平	3. 55	1. 16	2. 74	1. 20	3. 42	1. 13	3. 63	1. 14
Inherit	父亲教育程度	3. 39	3. 84	3. 61	4. 00	3. 45	3. 85	3. 46	3. 94
Social	社会交往	3. 30	0. 99	6. 82	2. 28	6. 82	2. 26	7. 02	2. 22
样本量		2552		1359		2770		2434	
变量名	含义	=1	=0	=1	=0	=1	=0	=1	=0
Political	是否党员	187	2365	82	1277	212	2258	164	2270
Sex	性别	1393	1159	720	639	1595	1175	1340	1094
Marital	婚姻	2225	327	1156	203	2373	397	2042	392
Work	从事非农工作	611	1941	334	1025	664	2106	637	1797
样本量		2552		1359		2770		2434	

注：①变量 *Political* 和 *Work* 中，“=1”代表“是”，“=0”代表“否”。②变量 *Sex* 中，“=1”代表“男”，“=0”代表“女”。③变量 *Martial* 中，“=1”代表“已婚”，“=0”代表“未婚”。

① 有关主成分分析过程及其结果，出于篇幅考虑暂不列出。

9.4 贫困脆弱性的测算

根据上述有关贫困脆弱性测度的描述，在利用回归方程估计出对数收入的均值和方差的基础上，利用正态分布的密度函数，可计算出各年份样本的贫困脆弱性，相关结果如表9.3和表9.4所示。

表9.3　　　　　　　　　　　　贫困基本状况

变量	2010年			2011年			2012年			2013年		
贫困线	2300元/年	1.9美元/天	3.1美元/天	2300元/年	1.9美元/天	3.1美元/天	2300元/年	1.9美元/天	3.1美元/天	2300元/年	1.9美元/天	3.1美元/天
贫困样本	590	590	1050	317	317	546	623	623	969	459	395	769
脆弱样本	1031	308	1025	384	383	575	671	690	1039	1016	572	863
贫困中的脆弱样本	491	477	635	206	205	358	482	378	621	445	291	498
非贫困中的脆弱样本	540	136	390	178	178	217	432	312	418	571	281	365
贫困发生率（%）	23.11	23.11	41.12	23.33	23.33	40.18	22.49	22.49	34.98	18.86	16.23	31.59
判真率（%）	83.22	80.85	60.47	64.98	64.67	65.57	77.37	60.67	64.09	96.95	73.67	64.75
判伪率（%）	27.52	6.93	25.95	17.08	17.08	26.69	20.12	14.53	23.21	28.91	13.78	21.92

注：①贫困样本，指家庭人均收入低于贫困线的样本；②脆弱样本，指贫困脆弱性大于0.5的样本；③贫困中的脆弱样本，是指家庭人均收入低于贫困线且贫困脆弱性大于0.5的样本；④非贫困中的脆弱样本，是指家庭人均收入大于等于贫困线且贫困脆弱性大于0.5的样本；⑤贫困发生率＝家庭人均收入低于贫困线的样本÷样本总量；⑥判真率＝贫困中的脆弱样本÷贫困样本，即本身处于贫困且被正确预测为贫困脆弱的样本比例；⑦判伪率＝非贫困中的脆弱样本÷非贫困样本，即本身不处于贫困但被错误预测为贫困脆弱的样本比例。

表9.4　　　　　　　　各年份贫困脆弱性的描述性统计

年份	贫困线	均值	标准差	10分位数	25分位数	中位数	75分位数	90分位数
2010	2300元/年	0.4675	0.1796	0.2492	0.3034	0.4442	0.5968	0.7159
	1.9美元/天	0.2726	0.1779	0.0599	0.1109	0.2477	0.3992	0.5186
	3.1美元/天	0.4285	0.2461	0.0746	0.2490	0.4311	0.6073	0.7451

续表

年份	贫困线	均值	标准差	10 分位数	25 分位数	中位数	75 分位数	90 分位数
2011	2300 元/年	0.3775	0.2131	0.1364	0.1815	0.3393	0.5245	0.6878
	1.9 美元/天	0.3767	0.2131	0.1356	0.1807	0.3385	0.5237	0.6871
	3.1 美元/天	0.4317	0.2733	0.0344	0.1959	0.4347	0.6368	0.7949
2012	2300 元/年	0.3424	0.2101	0.1197	0.1525	0.2867	0.4948	0.6378
	1.9 美元/天	0.3491	0.2083	0.1294	0.1608	0.2932	0.4996	0.6429
	3.1 美元/天	0.3976	0.2704	0.0271	0.1614	0.3867	0.6014	0.7719
2013	2300 元/年	0.3706	0.2408	0.0075	0.0952	0.2771	0.4784	0.6411
	1.9 美元/天	0.3811	0.1779	0.2101	0.2279	0.3243	0.4845	0.6488
	3.1 美元/天	0.4127	0.1696	0.3503	0.3658	0.4558	0.6132	0.7739

注：出于篇幅考虑，计算贫困脆弱性所涉及的回归方程估计系数并未列出，相关结果备索。

在分析各年份的贫困脆弱性状况之前，需要对贫困脆弱性的测算准确度进行分析，这不仅关系到对贫困风险度量的准确程度，也决定着后续有关贫困脆弱性引致因素分解结果的可靠性。从表 9.3 不难看出，第一，贫困发生率显然随着贫困线的升高而升高，如果按照世界银行设定的高贫困线标准(3.1 美元/天)，那么我国贫困发生率显然还处于较高水平。第二，当采用相对较低的国家统计局贫困线和世界银行 1.9 美元每天的贫困线时，2010 ~ 2012 年期间的贫困发生率变化不大且维持在 21% 左右，且 2013 年的贫困发生率快速降低到 17%；尽管这与我国官方公布的贫困发生率有一定差异①，但从变化趋势上与全国贫困发生率呈下降态势是一致的。近年来，我国加大了精准扶贫的力度，将扶贫作为全面建设小康社会的重要内涵，因而贫困发

① 根据国家统计局公布的数据，按照 2300 元/年的标准，2010 年我国贫困发生率为 17.2%，此后不断降低，到 2013 年时已达到 8.5%。造成样本贫困发生率与官方公布数据差异的原因有以下两点：第一，样本数据来源于抽样调查，而国家统计局数据来源于各监测点直报，显然在覆盖范围及抽样设计方面，样本数据难以比拟官方统计范围；第二，本书在计算收入时采用的是家庭人均收入，于是包含了家庭中的非劳动人口（如老年人、未成年人），这部分群体没有可靠收入来源却是家庭支出的主体，因而可能在整体上降低了家庭平均收入水平。而本书采用家庭人均收入的目的，正是考虑到家庭内部的转移支付效应。因此，本书所得贫困脆弱性与官方公布数据有一定偏差，也就不难理解；但总体上，保持了与官方数据相似的变化趋势，也大体反映出了我国贫困人口的变化情况。

生率有大幅下降。第三，贫困脆弱性的估算精度，关系到对贫困风险度量的准确程度①。从判真率来看，2010 年和 2013 年样本的判真率较高，而 2011 年和 2012 年相对较低，但总体上仍保持了 70% 左右的判真率；从判伪率来看，基本上控制在 23% 左右，这说明计算出的贫困脆弱性能够较为精准地识别出贫困状态，与“收入水平越高则贫困风险越低”的基本逻辑相一致。

根据表 9.4，不难看到，首先，贫困线越高则相应年份的贫困脆弱性水平越高，这是因为贫困线越高，则可能有更多的个体容易陷入贫困。其次，从贫困脆弱性的平均值和中位数来看，主要位于 0.35 ~0.45 之间，说明无论在哪个调查年度，多数样本都未暴露于较高的贫困风险。最后，从贫困脆弱性的分布来看，不同年份不同贫困线下，样本个体的贫困脆弱性差异都还是比较大，90 百分位与 10 百分位的贫困脆弱性数值之比，最高可达 28 倍，最低也有 2.2 倍，说明个体间面临的贫困风险冲击差别巨大。那么，引致个体贫困脆弱性差异的原因是什么呢？接下来，将采用基于回归的夏普利值分解法来进行解释。

9.5 贫困脆弱性引致因素的分解

接下来，以贫困脆弱性为被解释变量，按照式（9.7）进行回归估计，可获得各控制变量的估计系数。在此基础上，进一步运用夏普利值分解方法，分解出相关控制变量对贫困脆弱性的贡献程度。相关结果如表 9.5 和表 9.6 所示。

第一，根据表 9.5，无论是采用何种贫困线、抑或采用哪个年度的样本，受访者教育水平的估计系数都显著负相关，意味着受教育水平越高、贫困脆弱性越小，即陷入贫困的概率越低，与理论预期相符。同时，健康水平的估计系数也显著为负，与预期相符，说明健康状况越好、贫困脆弱性越低；据国务院扶贫办的调查显示，全国现有的 7000 多万贫困农民中，因病致贫、因病返贫的有 42%②，显然，健康水平已成为贫困风险的重要来源。综合教育

---

① 由于需要通过加入相关变量，在条件回归下来预测对数收入和方差，以及微观调查数据中控制变量受调查样本所限等原因，难免出现估计误差，也不可能出现完全判真和零判伪的情况。所以，产生一定程度误判是难以避免的，因而也就需要通过判真率和判伪率指标来判断贫困脆弱性的预测精度，以保证数据的有效性。

② 数据来源：2015 年 12 月 15 日，时任国务院扶贫办主任刘永富在国务院新闻发布会上公布的调查结果。

表 9.5　贫困脆弱性回归方程的估计结果（被解释变量：贫困脆弱性）

解释变量	2010 年样本			2011 年样本			2012 年样本			2013 年样本		
	2300 元/年	1.9 美元/天	3.1 美元/天	2300 元/年	1.9 美元/天	3.1 美元/天	2300 元/年	1.9 美元/天	3.1 美元/天	2300 元/年	1.9 美元/天	3.1 美元/天
教育水平	-0.0142*** (-20.43)	-0.0139*** (-20.27)	-0.0180*** (-21.13)	-0.0174*** (-14.86)	-0.0174*** (-14.86)	-0.0206*** (-15.87)	-0.0207*** (-25.97)	-0.0205*** (-25.89)	-0.0261*** (-28.78)	-0.0096*** (-11.97)	-0.0099*** (-12.08)	-0.0139*** (-13.89)
健康水平	-0.0515*** (-20.43)	-0.0503*** (-20.18)	-0.0702*** (-23.33)	-0.0437*** (-11.94)	-0.0437*** (-11.94)	-0.0596*** (-13.85)	-0.0522*** (-18.54)	-0.0517*** (-18.47)	-0.0680*** (-21.43)	-0.0482*** (-15.72)	-0.0498*** (-15.96)	-0.0707*** (-19.63)
资产水平	-0.0009*** (-14.24)	-0.0009*** (-14.05)	-0.0015*** (-18.41)	-0.0003*** (-5.26)	0.00003*** (-5.26)	-0.0004*** (-6.38)	-0.0006*** (-11.00)	-0.0006*** (-10.94)	-0.0009*** (-13.59)	-0.0003*** (-6.19)	-0.0003*** (-6.34)	-0.0005*** (-7.99)
家庭背景	-0.0018* (-2.49)	-0.0017* (-2.48)	-0.0028** (-2.99)	-0.0062*** (-5.70)	-0.0062*** (-5.70)	-0.0086*** (-6.28)	-0.0020** (-2.71)	-0.0020** (-2.71)	-0.0027** (-2.97)	-0.0032*** (-4.39)	-0.0033*** (-4.43)	-0.0047*** (-4.83)
社会交往	0.0069** (2.73)	0.0066** (2.65)	0.0112*** (3.46)	-0.0021 (-1.07)	-0.0021 (-1.07)	-0.0004 (-0.16)	-0.0011 (-0.84)	-0.0012 (-0.87)	-0.0010 (0.69)	0.0011 (0.82)	0.0012 (0.85)	0.0029 (1.73)
职业特征	-0.1050*** (-19.47)	-0.1020*** (-19.22)	-0.1980*** (-25.47)	-0.1340*** (-15.91)	-0.1340*** (-15.91)	-0.2270*** (-18.48)	-0.1100*** (-19.47)	-0.1080*** (-19.36)	-0.198*** (-25.58)	-0.0872*** (-17.06)	-0.0912*** (-17.34)	-0.1620*** (-21.51)
常数项	0.546*** (42.66)	0.531*** (41.82)	0.8800*** (61.86)	0.5580*** (28.87)	0.5580*** (28.87)	0.8380*** (43.04)	0.6020*** (46.18)	0.596*** (45.84)	0.8880*** (66.56)	0.4220*** (28.31)	0.4580*** (28.89)	0.7160*** (41.52)

注：①2300 元/年、1.9 美元/天、3.1 美元/天，分别表示国家统计局贫困线、世界银行低标准贫困线和世界银行高标准贫困线；②*、**、*** 分别表示在 10%、5%和 1%水平上显著；③括号内为 T 值。

表 9.6　贫困脆弱性的夏普利值分解结果

单位：%

变量		贫困线：2300 元/年				贫困线：1.9 美元/天				贫困线：3.1 美元/天			
		Gini	GE (0)	GE (1)	平均	Gini	GE (0)	GE (1)	平均	Gini	GE (0)	GE (1)	平均
2010 年样本	教育水平	34.89	36.57	36.75	36.07	35.53	37.3	37.49	36.78	29.83	30.35	30.69	30.29
	健康水平	33.17	33.71	34.15	33.68	32.76	33.23	33.66	33.22	30.23	29.51	30.26	30.00
	资产水平	9.44	6.93	6.72	7.70	9.65	7.16	6.95	7.92	11.03	8.69	8.39	9.37
	家庭背景	2.43	2.14	2.14	2.24	2.32	2.06	2.04	2.14	2.54	2.21	2.21	2.32
	社会活动	0.33	-1.31	-1.31	-0.76	0.32	-1.28	-1.28	-0.75	0.39	-1.37	-1.38	-0.79
	职业特征	19.74	21.96	21.55	21.08	19.42	21.52	21.14	20.69	25.98	30.61	29.83	28.81
2011 年样本	教育水平	40.42	41.85	42.31	41.53	40.42	41.85	42.31	41.53	34.54	34.03	34.66	34.41
	健康水平	22.80	21.17	21.25	21.74	22.80	21.17	21.25	21.74	23.16	20.87	21.08	21.70
	资产水平	3.02	1.25	1.22	1.83	3.02	1.25	1.22	1.83	3.13	1.13	1.11	1.79
	家庭背景	9.45	8.67	8.67	8.93	9.45	8.67	8.67	8.93	9.74	8.58	8.61	8.98
	社会活动	1.23	0.55	0.56	0.78	1.23	0.55	0.56	0.78	0.12	0.05	0.06	0.08
	职业特征	23.08	26.51	25.99	25.19	23.08	26.51	25.99	25.19	29.31	35.34	34.48	33.04
2012 年样本	教育水平	46.63	49.16	49.40	48.33	46.47	49.23	49.46	48.39	41.98	43.33	43.82	43.04
	健康水平	27.48	26.53	26.81	26.94	27.49	26.57	26.85	26.97	25.89	24.42	24.87	25.06
	资产水平	5.31	2.67	2.63	3.54	5.38	2.73	2.69	3.60	5.97	3.17	3.13	4.09
	家庭背景	2.55	2.17	2.19	2.30	2.55	2.20	2.19	2.31	2.46	2.09	2.10	2.22
	社会活动	0.66	0.45	0.42	0.51	0.69	0.45	0.44	0.53	0.10	-0.23	-0.24	-0.12

续表

变量		贫困线：2300 元/年				贫困线：1.9 美元/天				贫困线：3.1 美元/天			
		Gini	GE（0）	GE（1）	平均	Gini	GE（0）	GE（1）	平均	Gini	GE（0）	GE（1）	平均
2012 年样本	职业特征	17.57	19.02	18.55	18.38	17.42	18.82	18.37	18.20	23.60	27.22	26.32	25.71
2013 年样本	教育水平	41.98	43.33	43.82	43.04	28.26	28.03	21.88	26.06	26.05	25.46	25.63	25.71
	健康水平	25.89	24.42	24.88	25.06	39.28	40.63	41.01	40.31	36.72	37.11	37.72	37.18
	资产水平	5.97	3.18	3.13	4.09	3.16	1.11	7.33	3.87	3.52	1.41	1.39	2.11
	家庭背景	2.45	2.09	2.08	2.21	6.32	5.55	5.52	5.80	6.05	5.31	5.29	5.55
	社会活动	0.11	-0.24	-0.24	-0.12	0.45	-0.21	-0.22	0.01	0.78	-0.25	-0.27	0.09
	职业特征	23.60	27.22	26.33	25.72	22.53	24.89	24.48	23.97	26.88	30.96	30.24	29.36

注：①2300 元/年、1.9 美元/天、3.1 美元/天，分别表示国家统计局贫困线、世界银行低标准贫困线和世界银行高标准贫困线。②Gini 代表度量不平等的指标为基尼系数；GE 代表度量不平等的指标为对数离差，其中 a 代表参数，通常有 0 和 1 两种设定方式，为保证结果稳健，同时采用了两种参数设定。

水平和健康水平的估计系数不难发现，作为形成和承载人力资本的两个重要渠道，教育和健康水平的高低，显著地影响到贫困风险的大小。

第二，资本水平同样显著地与贫困脆弱性负相关，于是家庭资产水平越高的个体，陷入贫困的概率越低，也与预期相符。

第三，家庭背景变量的估计系数仍然显著为负，说明父亲的受教育水平越高，通常家庭条件也会相应越好，使得家庭陷入贫困的概率越低；通常，父代的人力资本不仅会对子代人力资本有着举足轻重的影响，而且是代际间财富传承的重要机制，有研究发现（黄潇，2014），人力资本有助于促进代际收入流动且具有较高的贡献度。

第四，值得注意的是，社会交往变量的估计系数则不一致，只有在2010年样本中才显著为正，其余年份都不显著，且不同年份估计系数的符号也存在差异。尽管相对频繁的社会活动，可能有助于获取生产及就业机会，进而有助于降低贫困脆弱性，但二者间关系在本书的样本中尚未得到验证。这可能跟我国贫困人口的地理分布有关，贫困地区在空间分布上呈现与生态脆弱地区高度耦合的格局，山区、丘陵地区、限制开发区域成为贫困人口最为集中的区域①。因此，贫困的连片分布，使得贫困人口的社会交往限制于贫困群体内部，难以冲破贫困的“隔离”来获得外界的机会。而样本中有关社会活动的测度，也主要是以社区（村落）为半径，所以这种“层次受限”的社会交往，对贫困脆弱性的影响变得不太显著。

第五，职业特征变量显著为负，说明与仅从事农业生产相比，具有非农工作的个体，其陷入贫困的风险概率明显更低。由于非农工作会带来相对农业更多的收入回报，因此在开发式扶贫中，农户的外出务工收入不仅有助于降低贫困发生率（岳希明、罗楚亮，2010），而且可以降低因农业收入损失所导致的贫困脆弱性（郜秀军等，2009）；并且，非农就业对于破除贫困代际传递具有重要的积极作用（张立东，2013）。

在明晰重要控制变量对贫困脆弱性影响的基础上，则可进一步基于上述回归结果，根据式（9.8）的描述，采用基于回归的夏普利值分解法，对贫

① 这些区域主要是：乌蒙山区、横断山区、秦巴山区、六盘山及陇中南地区、武陵山区、吕梁山区、太行山区、大小兴安岭南麓、南疆地区、三江源地区、桂黔川滇毗邻地区、赣南地区、琼中地区。

困脆弱性引致原因的贡献度进行测算，进而明确不同因素在贫困脆弱性中的差异性作用。

相关结果如表 9. 6 所示。有三点值得注意：第一，教育对贫困脆弱性的贡献最大，意味着引致贫困风险的因素中，受教育水平是一个极为重要的因素，大约 38% 的贫困脆弱性与其有关。在多数有关我国农村地区教育收益率的研究中（黄斌等，2014），发现低收入群体的教育收益率（特别是职业教育收益率）相对高于其他收入阶层，因此，获得教育是低收入群体实现增收、降低贫困风险的重要手段；尽管教育投资与回报之间存在着较长时滞，但根据已有经验证据，教育在缓解贫困上具有基础性的重要作用。第二，除教育外，健康是影响贫困脆弱性的第二大因素，总体贡献度在 29%。事实上，因病致贫、因病返贫已成为我国农村地区贫困的典型现象，正是引致贫困风险的重要诱因，已经成为横亘在贫困人口脱贫路上的巨大障碍。不仅如此，健康还是穷人外出务工的主要资本；如果身体健康状况恶化，农户可能因收入来源骤减而很快陷入贫困。综上可见，以教育和健康为主要内涵的人力资本，累计解释了贫困脆弱性差异的 60%，说明个体在人力资本方面的差异，是引致贫困风险的首要原因；而正是这种人力资本积累的不足，使得贫困群体缺乏发展能力、造成能力缺失，最终引致了贫困风险的加剧并陷入贫困。第三，非农就业对贫困脆弱性的解释程度也比较大，大体上占到 25%，与健康水平的贡献度基本相当。由于贫困农户一般缺乏生产资料，因此劳动成为其获取收入的重要方式；特别是外出务工，其已成为农户弥补农业收入不足和应对风险冲击的重要能力保障。因此，缺乏外出务工往往会使得农户面临更高的贫困脆弱性。

除上述三个因素外，资产水平解释了贫困脆弱性的 4. 31%，家庭背景的解释度则更低。当然，这并不是说上述两个因素对贫困脆弱性的影响不重要，只是在相对其他变量时，其在统计上表现出的贡献度相对较低。中国综合社会调查（CGSS）样本中有关农户资产的问题较少，在有限问题中选择家庭人均住房面积作为代理指标，仅能部分地反映家庭资产状况（主要是缺乏对金融资产的调查；考虑到农村家庭除自住房以外的不动产可能位于城镇，但这部分也未纳入调查），因此家庭资产水平对贫困脆弱性的影响，在本书样本中并未得到很好的反映。而家庭背景因素的解释度低，可能是由于被访者父辈的受教育水平离差程度较小；从整理出的样本看，多数受访者的父辈没接受过教育或仅接受过小学教育，这一比例在2010～2013年样本的比例分别为86.21%、83.15%、85.99%、85.13%，因此父辈教育水平整体较低，对子代的影响也就比较有限。最后，就社会交往变量而言，不仅贡献度非常低，而且还出现了贡献率为负的情况①。考虑到前述有关社会活动的估计系数不大显著，因此其贡献度较小也就不难理解。

9.6 本章小结

基于中国综合社会调查（CGSS）2010～2013年的调查数据，估算出农村个体的贫困脆弱性，并结合人力资本、家庭背景、非农就业、家庭资产、社会交往等方面来构建了贫困脆弱性的决定方程，以及采用基于回归的夏普利值分解法对贫困脆弱性的贡献程度进行了分解。研究结果表明：第一，贫困线越高则贫困脆弱性越大，尽管整体上农村居民贫困脆弱性有随时间而降低的趋势，但农村居民之间面临的贫困风险差异仍然十分显著。第二，教育水平、家庭资产水平、父代受教育水平越高，以及从事非农工作，都会显著地降低贫困脆弱性，但社会活动对贫困脆弱性的影响还缺乏实证支撑。第三，就各因素影响的贡献度而言，以教育和健康为主要内涵的人力资本，解释了贫困脆弱性差异的60%，然后是非农就业的解释度达到了25%，说明个体在人力资本方面的差异是引致贫困风险的首要原因，而非农就业在降低贫困风险方面的作用不可小视；然而，资产水平、家庭背景、社会交往这三个因素，对贫困风险的变动并不敏感，至少在本书的样本中未得到实证检验。

上述研究结论具有明显的政策含义。由于贫困脆弱性主要由人力资本水平低下导致，一方面，应加大对农村低收入群体（特别是刚刚脱贫但仍处于贫困临界边缘的群体）的教育扶贫，既包括对该群体的职业培训以帮助其提升生存技能，又包括对低收入家庭子女的基础教育帮扶，从而为低收入人口的可持续性发展建立基础。另一方面，在提高农村公共卫生投入的同时，要更注重向贫困人口倾斜，以此斩断“因病致贫、因病返贫”的链条，近年来重大疾病所引致的返贫风险已成为巩固脱贫攻坚所面临的一大挑战。除人力

① 在夏普利值分解的框架中，当变量贡献为负时，说明该变量是有利于缩小差距的因素。

资本的提升，农村剩余劳动力的转移和安置也一直是巩固脱贫攻坚和乡村振兴相衔接的重要内容；这既依赖于农村地区非农产业的发展，又依赖于户籍改革及其相关公共服务的优化配置，以此才有助于推进农村剩余人口向非农部门转移，最终通过融入经济增长来实现内生性的发展。所以，对低收入群体而言，获得更好的基础教育和营养卫生保障是降低返贫风险的长期措施，而促进非农就业和降低疾病风险则可视作降低返贫风险的短期手段。

| 第 10 章 |

结论及政策建议

10.1 主要结论

上述理论与实证研究获得了丰富的研究结论，主要有以下几点：

（1）理论分析表明，家庭教育投入的多寡与代际收入流动性的大小密切相关。在初始收入不平等的条件下，子代人力资本水平的高低并不仅仅取决于来自父代物质投入，还与父代本身的受教育水平密切相关，二者是“互补”的关系，其叠加效应使得代际收入流动存在明显的分化效应。这表现为不同收入阶层在教育决策时面临差异化的成本收益，于是会引致教育类型和教育层次的选择差异。如果将家庭教育获得进一步延伸至劳动力市场，则可能在不同收入阶层间形成截然不同的代际流动模式，在一定条件下会导致“穷者越穷、富者越富”的马太效应。而相关环境条件，一方面，源于不同类型劳动力（技能型与非技能型）的教育收益率差异，另一方面，在于劳动力市场分割等原因。只有将上述相关问题系性地纳入研究框架，才能够更为全面地揭示教育在代际流动中的作用机制。

（2）从代际收入流动视角，教育对代际收入流动的影响具有明显的异质性。首先，近年来的代际收入流动性有所降低且不同收入阶层间差异明显。城乡整体和农村的代际收入流动经历了“低—高—低”的变迁，城镇的流动性则持续下降。子代收入水平越低则代际收入流动性也越低，低收入代际传递现象明显，揭示出代际收入流动存在着两极分化特征。其次，代际收入流动因家庭角色不同而存在异质性。从父代角度，父亲对子代收入的影响随时间递减，但母亲对子代的影响则递增；从子代角度，女儿对父代的收入依赖都要高于儿子。显然，在女性受教育水平和劳动参与度普遍提升的背景下，女性在促进代际收入流动中的作用越来越重要。另外，处于低收入阶层的儿子对父代的收入依赖更强，意味着低收入的男性子代要摆脱代际低收入传递更难；而这一现象却未体现在女儿与父代之间。

（3）从教育收益率视角，高收入阶层的教育收益率明显更大，劳动力迁移能够显著提升各阶层的教育收益率，有助于缩减由于受教育水平分布不均以及教育回报差异所引致的收入差距。具体而言，首先，教育收益率存在明显的阶层差异，其随收入水平的上升而增加，且低收入阶层的教育收益率与其他收入阶层差距较大。高等教育的正向收入回报是普遍显著的，特别是对中等及中高收入阶层而言，大学教育的回报最高、也最具人力资本投资价值。其次，对于具备高等学历的中高等收入群体而言，以及具备中等学历的中等收入群体，劳动力迁移能显著提升其教育回报。最后，分解结果表明，教育回报的收入阶层差异对收入差距的贡献最大；劳动力迁移有助于缩减由于受教育水平分布不均以及教育回报差异所引致的收入差距，特别是与高等教育相关的收入差距。

（4）从前瞻性巩固脱贫攻坚成效视角，最低收入阶层面临的贫困脆弱性最大，教育有助于降低贫困脆弱性，教育和健康解释了贫困脆弱性差异的60%，因此预防贫困的首要在于促进低收入人群的人力资本投资。具体而言，其一，尽管整体上农村居民贫困脆弱性有随时间而降低的趋势，但农村居民之间面临的贫困风险差异仍然十分显著。其二，教育水平、家庭资产水平、父代受教育水平越高，以及从事非农工作，都会显著地降低贫困脆弱性，但社会活动对贫困脆弱性的影响还缺乏实证支撑。其三，就各因素影响的贡献度而言，以教育和健康为主要内涵的人力资本，解释了贫困脆弱性差异的

60%，然后是非农就业的解释度达到了25%，说明个体在人力资本方面的差异是引致贫困风险的首要原因，而非农就业在降低贫困风险方面的作用不可小视。

最后，本书还可以从以下三个方面进行深化。一是利用时间跨度更长的家户追踪调查数据开展相关实证分析。由于数据获得的限制，截面数据仍是当前研究的主要数据来源。而家户追踪调查数据能够反映出样本个体随时间的特征变化，可用于考察教育等相关因素对代际流动的长期影响，并且还可以建立反事实框架来开展政策评价研究。二是结合我国户籍制度改革、收入分配改革等经济社会环境的变迁，更为系统地从家庭教育决策、学校教育过程、劳动力市场配置来探讨代际流动的变化和特征。三是基于风险视角的持续巩固脱贫攻坚政策研究。伴随着2020年全面建成小康社会目标的实现，贫困退出后将更多关注于如何防止已脱贫的人口返贫，并促进社会福利的提升，这就需要科学地度量贫困风险并找到治理对策的正确着力点，该领域尚有许多研究工作值得深入。

10.2 政策建议

10.2.1 建立适应新时代发展的户籍制度

已实施半个多世纪的户籍制度将人口划分为农业户口和非农业户口，由此引致了二者在社会保障和权益方面的巨大差别。农业户口的权益主要表现为耕地和宅基地，而非农业户口则体现在教育、医疗、就业、社会保障、住房等多个方面。近几十年来我国工业化和城镇化的进程不断演进，到2020年我国城镇化率已经超过60%，大量人口在城镇居住或者在城乡区域间流动。然而，我国在过去很长一段时间内仍然执行着旧有的户籍管理制度，其弊端也越来越多的暴露出来。由于户籍所在地与居住地的分离，使得相当部分不具备本地户籍的人口难以按同等身份获得居住地的公共服务，由此引致在教育、医疗、社保等方面的差异，这成为公共服务不均等的重要根源。

为消除旧户籍制度对经济社会发展的制约，我国一直在推进户籍制度改革。从逐步放宽城市落户限制，到加强对新流入人口的公共服务保障，但总体上仍未突破旧户籍制度的框架。中共十八届三中全会就已明确提出要走新型城镇化道路，推进以人为本的城镇化，首要任务就是要促进有能力在城镇稳定就业和生活的常住人口有序实现市民化。这可以看成是我国户籍制度改革的一个转折点，并为后续户籍制度改革指明了方向。2014 年，国务院印发了《关于进一步推进户籍制度改革的意见》，其按照以人为核心的新型城镇化建设内涵提出了户籍制度改革的实施路径。在此意见的指引下，到 2016 年 9 月全国各省份出台了各自的户籍制度改革方案，其中绝大部分取消了农业户口与非农业户口的类别划分，不少城市更是大幅度地降低了落户门槛，这标志着实施半个多世纪的户籍制度走向终结，而适应新时代发展要求的新户籍制度也初具雏形。

取消农业户口意味着农民向居民身份的转变，这固然消除了身份区隔和歧视，是相对于旧有户籍制度的一大进步。但是实现身份转换后，更深层次的任务在于如何逐步实现居民社会管理城乡一体化和公共服务均等化。这就需要协同推进相关领域配套改革，让在城镇实际居住的流动人口能够与当地居民一样，在子女教育、就业待遇、医疗卫生、社会保险、住房保障等方面享受同等的基本公共服务。这涉及两个方面的问题。一是现有公共服务资源的优化和布局。目前，即使在城镇内部，尽管总体上做到了基础公共服务的全覆盖，但公共服务质量的差异却没有消除。例如，在初等教育领域，与热点地区“学区紧张”相对应的则是偏远地区的“生源不足”；在医疗卫生领域，与三甲医院“一号难求”相对应的却是部分医院的“医患不足”。这其实是凸显了优质公共服务资源的分布不均，已成为当前人们对优质服务的向往与供给不足矛盾的根源。因此，在政府兜底的基础公共服务领域，应尽量降低资源分配的不均等，使大多数居民都能获得相近水平的公共服务。当然，对于这些基础性的公共服务也需要加大财政性投入，使其与市场化服务水平实现共同进步，至少不能出现过于明显的差距。所以，新型城镇化进程中高质量发展的重要体现就在于能否让居民获得高质量的公共服务。二是促进人口的自由流动。促进人口自由流动并非人口的无序乱流，而是要破除阻碍人口流动的机制障碍，以适应经济和城市发展规律。应鼓励更多的流动人口能够按照城市发展的要求获得快速进入的条件，获得与本地居民相同的基础公共服务，这就需要在落户条件、人口信息登记、入学、就医等方面做好机制设计，深化“人地钱挂钩”等配套政策。同时，按照目前城市圈层化发展的城市群格局，在不同城市之间，还可以进一步探索“城市群内户口通迁”。

10.2.2 消除劳动力市场的歧视

劳动力市场歧视的表现形式多样，包括户籍歧视、就业歧视、收入歧视、性别歧视等。从当前巩固脱贫攻坚成效的要求看，主要在于消除劳动力市场中的户籍歧视和性别歧视，保障低收入群体的就业。

就户籍歧视而言，迁移到城市就业的农村剩余劳动力极易被识别，从而形成了双重劳动力市场，即相对互斥的城市本地劳动力市场和农民工劳动力市场。双重劳动力市场阻碍了劳动力的流动，带来了非竞争性歧视，表现在就业隔离和同工不同酬两方面（孙婧芳，2017）。由于贫困群体或低收入群体大多来自农村，因而更容易受到户籍歧视。如果以收入来衡量户籍歧视的影响，那么农民工和城镇职工工资差异的相当一部分并非来自禀赋差异，而是户籍身份差别（章莉等，2014）。

显然，要消除劳动力市场中的户籍歧视，当前主要任务就是破除职业隔离和实现同工同酬。由于我国劳动力的数量和年龄结构已较 20 世纪发生了较大改变，农村剩余劳动力不再具备“无限供给”特征，其典型表现就在于不少地区出现了相当程度的“用工荒”。这种转变将会对劳动力市场产生重要影响，在供需力量的相互作用下，早前针对进城务工人员的职业准入限制已被大量消除。一方面，在户籍制度改革的推进下，农村户口不再存在，相关针对农村户籍的就业限制也自动消亡；另一方面，人口对地方经济社会发展的重要性越来越凸显，社会将人口更加视作发展的资源而非“负担”，在此情况下各地近年来开始上演“抢人大战”，这也迫使各个地方消除户籍就业歧视。在上述两方面的作用下，全社会针对户籍的职业隔离已大幅缩减。但值得注意的是，所有制类型在职业准入方面仍具有重要影响，农民工仍然较难进入公有制单位就业（孙婧芳，2017）。当然，这背后的原因并非源于公有制单位出台了针对外劳务工人员的限制措施，其根本原因在于这些群体的受教育水平普遍偏低，难以在竞争中获得机会。所以，总的说来针对户籍的职业隔离已大幅缩减，但出于“编制”原因引起的同工不同酬现象仍然存在。

而在同工同酬方面，其主要表现在于“编制”身份所引致的同工不同酬现象。同工不同酬现象产生的根源在于相关体制内单位的任务和投入之间的不匹配，导致了单位必须要通过增加临时聘用人员来完成工作任务。而这些临时聘用的工作人员由于没有“编制”，相关支出由用人单位负担，因此在薪酬待遇方面则存在着一定差别。所以必须进一步推进编制改革，按照单位的公益属性来赋予其相应的用人自主权。对于那些具有较强市场竞争性的部门，编制反而限制了人才的正常流动，这就需要淡化编制的概念，推进实施市场化的人才招聘和流动机制。

就性别歧视而言，当前实际操作中，部分用人单位以性别为由限制妇女求职就业、拒绝录用妇女，在员工招录过程中将女性婚育情况作为录用与否的关键标准，甚至将妊娠测试作为入职体检项目，差别化地录用女性员工。要消除劳动力市场的性别歧视，除了国家层面的法律保障外，还需要相关体制机制建设进行跟进。一是对于涉嫌就业性别歧视的单位，劳动和社会保障部门要建立约谈机制，对于绝不约谈或者约谈后拒不改正的，要依法从重查处。二是司法系统要为女性在就业歧视方面的维权提供保障，包括指派公益律师、完善司法救济等。三是强化用人单位的招聘监管，对于违规发布涉及性别歧视招聘内容的，相关职能部门要责令改正；对于侵害女性员工孕期、哺乳期权益的，要依法进行处理。

10.2.3 切实推进教育供给侧改革

改革开放40多年来我国教育发展取得了重大进步，国民受教育水平显著提升。当前，我国教育发展面临着向“高质量”转型的迫切要求，这也是人们对美好生活向往的需求。低收入群体之所以缺少发展能力，根本原因在于受教育水平不高，一方面是教育层次不高，另一方面是教育质量不高。

第一，是均衡推进高等职业教育与高等学历教育的发展。从上述研究结论看，职业教育与高等学历教育在促进代际向上流动方面具有相当的作用。因此，可通过加强高等职业技术教育来为个体的教育决策提供更多选择，这对于低收入群体而言更有意义。一方面，这类群体因为初等教育积累不足，进入高水平大学学习的概率相对更低，而高等职业教育不仅能够帮助其掌握专业的职业技能，而且也为其进一步获取更高学历的教育打下了前期基础。

另一方面，当前我国高级技能型人才的缺乏也使得职业技能教育具备较高的收入回报，这也成为短期内改善家庭经济状况的重要途径。目前高等职业教育的发展还相对不足，一是可以转变高等职业院校的定位，除了全日制职业技能人才的培养，还可以为社区居民提供职业技能培训，以增强各年龄段人口的就业能力；二是推进高等职业教育与高等学历教育的结合，为人才的可持续发展打通上升通道。

第二，是保障基础教育服务覆盖面和质量。首先，应持续做好九年制义务教育的保障工作。这主要是针对低收入人口的基础保障，特别是刚刚摆脱贫困且具有较高返贫风险的人口；必须要加大对这类群体的资助力度，保障其基本的受教育权利。其次，我国已实施九年制义务教育多年，这对于国民教育素质的提升起到了基础性保障作用。在一些经济相对发达的地区，已经开始逐步推进十二年制义务教育。这既是经济社会发展对人力资本需求提高的表现，又是社会进步的标志。因此，应通过顶层设计在全国范围内推进十二年制义务教育的普及。最后，在基础教育阶段还应该重视教育质量的提升。教育的简单扩张并不能缓解优质教育资源的分配不均，在这方面仍然是低收入群体处于相对弱势。目前，我国城乡间以及城镇内部的校际发展差距仍然较大，而低收入群体往往难以企及优质的教育资源。尽管从表面上看其获得了基本的教育保障，但质量上的差距仍难以弥补，最终会引致在升学、就业方面的阶层分化。所以，还需要加强对公立学校的建设，使优质教育资源更为均衡的分配、为全体居民所共享。

10.2.4 优化面向低收入群体的支持政策

低收入群体发展能力的缺失，其根源在于教育缺乏和人力资本积累不足。为此，上述已从促进人力资本投资角度进行了政策分析与建议，即“扶智”。与此同时，还要重视“扶志”，以着力培育提升低收入群体的“造血”功能。为此，要将相关帮扶政策的模式由“单向给予”向“正向激励”转变，采用“以奖代补”的方式给予奖励补助。一方面，应结合当地农业生产禀赋，帮助低收入群体发展种植业、养殖业以及获得劳务收入，通过相关技术输出和培训来提升低收入群体的经营能力；另一方面，还需要对于积极增收的低收入农户实施正向激励，对相关产出按照一定的标准进行奖补，以此广泛调动农村低收入家庭发展生产和勤劳致富的积极性、创造性。

此外，还要综合推进医疗保障、教育帮扶等配套措施的实施，从源头上防止返贫现象的发生。从个体层面看，教育和健康是引致贫困风险的重要原因，“因学致贫”“因病致贫”“因病返贫”现象时有发生，从根本上说是低收入群体缺乏应对重大风险的防范机制。因此，应推进精准扶贫相关政策与社会保障的有序衔接，把该群体纳入社会救助体系，将低收入人口中的残疾人、老人、儿童、病人等不具备或丧失劳动能力的人群纳入社会救助范围，从长期内保障其生活来源。从社区和村居层面看，要把美丽乡村建设与贫困治理相结合，推进危房改造、土地治理、安全饮水、面源污染等重大项目建设，从整体上提升落后地区应对风险或灾害的能力，夯实发展的基础条件。

附　　录

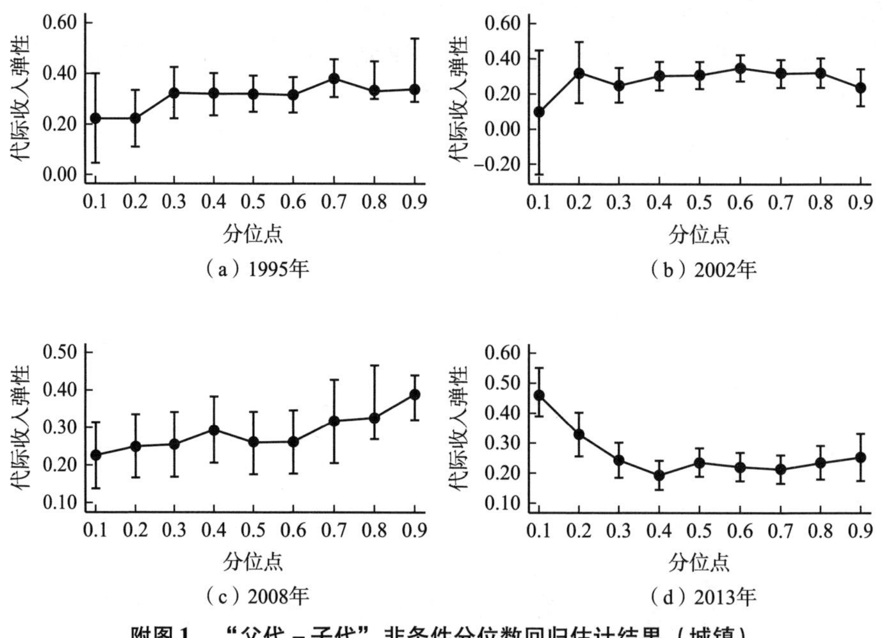

附图1　“父代－子代”非条件分位数回归估计结果（城镇）

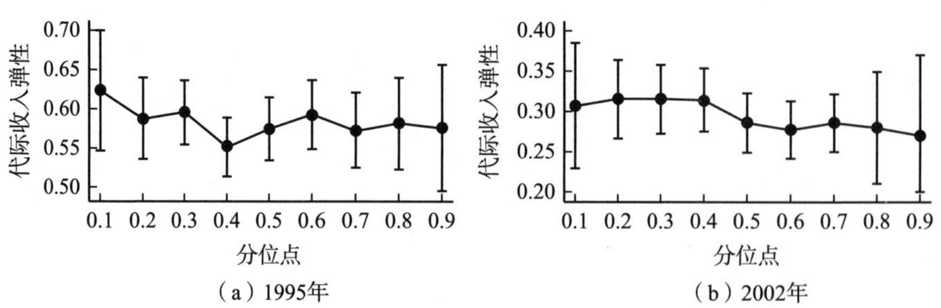

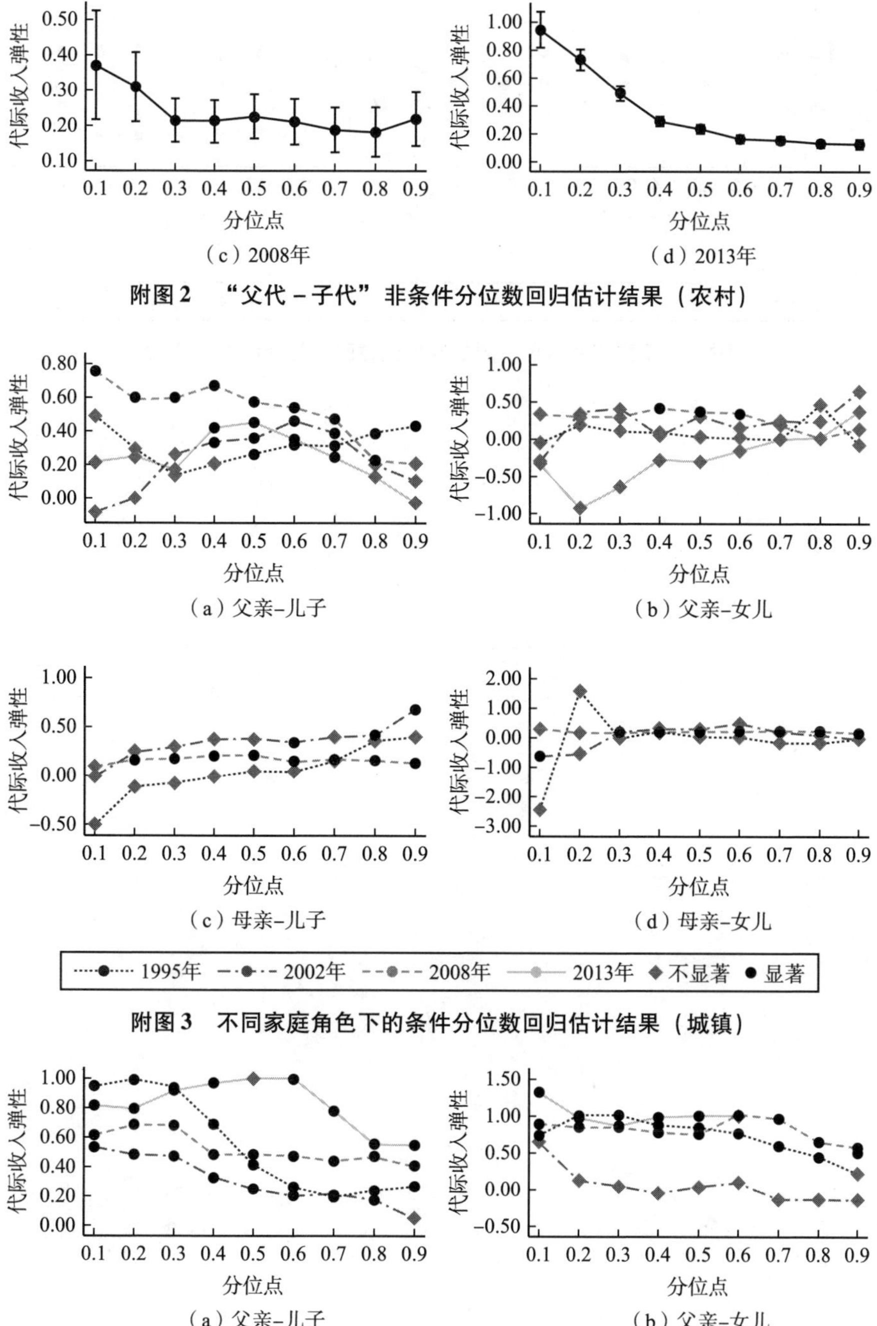

附图2　“父代－子代”非条件分位数回归估计结果（农村）

附图3　不同家庭角色下的条件分位数回归估计结果（城镇）

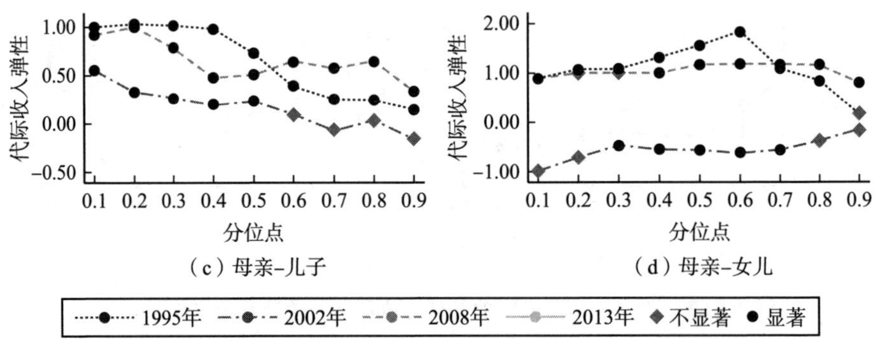

附图4　不同家庭角色下的条件分位数回归估计结果（农村）

附表1　　分位数处理效应模型的参数选择

处理组 = 上大学；对照组 = 其他未上大学			处理组 = 上大学；对照组 = 高中以上但未上大学		
bandwith	lamda	均方误差	bandwith	lamda	均方误差
0.5	0.8	0.074476	0.5	0.8	0.168906
0.5	1	0.073969	0.5	1	0.167553
0.8	0.8	0.073234	0.8	0.8	0.168082
0.8*	1*	0.072887	0.8*	1*	0.166936
pbandwith（√）	plamda	均方误差	pbandwith（√）	plamda	均方误差
0.5*	0.8	1.58E-24	0.5	0.8	8.22E-25
0.5	1	4.36E-26	0.5	1	4.91E-24
0.8	0.8	2.23E-25	0.8	0.8	9.53E-27
0.8	1	4.70E-26	0.8*	1	8.96E-27
pbandwith	plamda（√）	均方误差	pbandwith	plamda（√）	均方误差
0.5	0.8	3.73E-26	0.5	0.8	2.40E-26
0.5	1	1.52E-26	0.5	1	1.12E-25
0.8	0.8*	2.42E-27	0.8	0.8	5.20E-27
0.8	1	1.13E-26	0.8	1*	4.92E-27

注：①*表示确定的参数选择；②括号内打钩，说明是对该参数进行选择。

附表2　　无条件分位数分解的完整结果（二）

变量	要素报酬效应					要素结构效应				
	5百分位	20百分位	50百分位	80百分位	95百分位	5百分位	20百分位	50百分位	80百分位	95百分位
中等教育	0.0002	-0.005	-0.007	-0.003	-0.001	0.037	-0.020	-0.032	-0.012	-0.027
迁移×中等教育	0.007	-0.001	-0.001	-0.001	-0.008	-0.036	0.016	0.021	0.017	-0.039
高等教育	-0.005	-0.008	-0.017	-0.022	-0.025	0.072	-0.036	-0.035	-0.037	-0.075
迁移×高等教育	-0.001	-0.000	-0.000	-0.0002	0.001	-0.054	-0.026	-0.016	-0.009	-0.060

续表

变量	要素报酬效应					要素结构效应				
	5 百分位	20 百分位	50 百分位	80 百分位	95 百分位	5 百分位	20 百分位	50 百分位	80 百分位	95 百分位
迁移状况	-0.022	-0.003	-0.003	0.006	0.012	0.197	-0.113	-0.077	-0.015	-0.041
工作经验	-0.111	0.163	0.012	0.166	0.317	0.180	-0.376	-0.412	-0.631	-1.504
个人户籍性质	0.012	-0.027	-0.034	-0.035	-0.028	-0.012	-0.054	0.003	-0.062	-0.023
性别	0.007	-0.013	-0.012	-0.010	-0.014	-0.131	0.012	0.024	0.081	0.099
拥有证书个数	0.0001	0.392	2.397	3.606	8.472	-0.912	-0.006	-0.039	-0.058	-0.137
中低收入地区	-0.020	0.014	0.008	0.003	-0.004	0.041	0.000	-0.007	0.012	0.060
中等收入地区	0.018	-0.015	-0.007	-0.002	0.000	0.036	0.055	0.033	0.033	0.039
中高收入地区	0.017	-0.019	-0.011	-0.006	-0.008	0.077	-0.014	-0.002	0.007	-0.015
高收入地区	0.041	-0.045	-0.033	-0.026	-0.024	0.059	0.007	0.024	0.004	0.000
其他行业	-0.009	0.008	0.002	-0.004	-0.006	0.019	0.008	0.001	-0.000	-0.004
采掘业	0.002	-0.004	-0.002	-0.001	0.000	0.002	-0.006	-0.003	-0.004	-0.008
制造业	0.002	-0.034	-0.006	0.008	0.009	0.053	0.043	-0.016	-0.030	-0.056
电力、煤气业	-0.006	0.009	-0.005	-0.005	-0.020	0.008	0.001	0.002	0.002	0.003
建筑业	0.020	-0.018	-0.005	0.002	-0.004	0.015	0.023	-0.011	-0.020	-0.039
地勘、水利业	0.0002	0.000	-0.000	-0.000	-0.001	0.001	0.001	0.001	0.001	-0.000
交通、电信业	0.013	-0.028	-0.008	-0.001	0.013	0.017	0.011	0.015	0.018	0.004
批发零售业	0.017	-0.047	-0.017	-0.015	-0.056	0.022	-0.010	-0.050	-0.057	-0.120
金融业	0.002	-0.004	-0.002	-0.002	-0.004	0.005	0.002	-0.004	0.001	-0.002
房地产业	-0.001	0.002	0.000	0.000	-0.004	0.002	0.000	0.000	-0.000	0.004
社会服务业	-0.014	0.017	-0.003	-0.008	-0.017	0.018	0.004	0.002	0.001	0.002
卫生、体育业	0.028	-0.034	-0.001	0.009	0.017	0.007	0.023	0.006	0.016	0.031
教育、广播业	0.005	-0.006	-0.003	-0.0001	0.001	0.015	0.009	0.003	0.017	0.005
科学研究	0.003	-0.003	-0.001	-0.002	-0.011	0.001	0.003	0.002	0.006	-0.023
国家机关、团体	0.009	-0.011	-0.003	0.001	0.001	0.012	0.013	0.009	0.015	0.007

参考文献

一、中文部分

[1] 蔡栋梁，孟晓雨，马双．家庭背景与教育获得的性别不平等［J］．财经科学，2016（10）：110－120.

[2] 陈纯槿，胡咏梅．劳动力市场分割、代际职业流动与收入不平等［J］．教育与经济，2016（3）：12－22.

[3] 陈杰，苏群，周宁．农村居民代际收入流动性及传递机制分析［J］．中国农村经济，2016（3）：36－53.

[4] 陈立中．收入增长和分配对我国农村减贫的影响：方法、特征与证据［J］．经济学（季刊），2009（2）：711－726.

[5] 陈琳，袁志刚．中国代际收入流动性的趋势与内在传递机制［J］．世界经济，2012（6）：115－131.

[6] 陈琳．中国城镇代际收入弹性研究：测量误差的纠正和收入影响的识别［J］．经济学（季刊），2016，15（1）：33－52.

[7] 陈鸣，周发明．制度环境视阈下财政支农投入的减贫效应研究［J］．财经论丛，2017（1）：29－38.

[8] 陈绍华，王燕，王威，邹运．中国经济的增长和贫困的减少：1990—1999年的趋势研究［J］．财经研究，2001（9）：3－11.

[9] 陈耀华，陈琳．新一代信息技术促进更高层次教育公平研究［J］．现代教育技术，2013（11）：22－26.

[10] 程明望，Jin Yanhong，盖庆恩，史清华．农村减贫应该更关注教育还是

健康?：基于收入增长和差距缩小双重视角的实证［J］．经济研究，2014（11）：130－144.

［11］程永宏．改革以来全国总体基尼系数的演变及其城乡分解［J］．中国社会科学，2007（4）：45－60，205.

［12］池振合，杨宜勇．贫困线研究综述［J］．经济理论与经济管理，2012（7）：56－64.

［13］褚宏启．城镇化进程中的户籍制度改革与教育机会均等：如何深化异地中考和异地高考改革［J］．清华大学教育研究，2015（6）：9－16，52.

［14］褚宏启．关于教育公平的几个基本理论问题［J］．中国教育学刊，2006（12）：1－4.

［15］崔华泰．城乡二元视角下的我国基尼系数变化分析［J］．经济社会体制比较，2017（3）：33－44.

［16］崔艳娟，孙刚．金融发展是贫困减缓的原因吗?：来自中国的证据［J］．金融研究，2012（11）：116－127.

［17］邓峰，丁小浩．中国教育收益率的长期变动趋势分析［J］．统计研究，2013（7）：39－47.

［18］邓曲恒．城镇居民与流动人口的收入差异［J］．中国人口科学，2007（2）：8－16.

［19］邸玉娜．代际流动、教育收益与机会平等：基于微观调查数据的研究［J］．经济科学，2014（1）：65－74.

［20］丁志国，谭伶俐，赵晶．农村金融对减少贫困的作用研究［J］．农业经济问题，2011（11）：72－77，112.

［21］杜鹏，顾昕．中国高等教育生均教育经费：低水平、慢增长、不均衡［J］．中国高教研究，2016（5）：46－52.

［22］段龙龙，王林梅．谁更有利于中国的农村减贫：基于财政支农、城镇化两类途径的实证研究［J］．贵州财经大学学报，2018（5）：86－95.

［23］段义德．财政支出促进教育公平的作用机制分解及验证：基于CHIP2013数据的分析［J］．四川师范大学学报（社会科学版），2018（4）：94－102.

［24］樊丽明，解垩．公共转移支付减少了贫困脆弱性吗？［J］．经济研究，

2014 (8): 67 -78.

[25] 樊士德，姜德波. 劳动力流动与地区经济增长差距研究 [J]. 中国人口科学，2011 (2): 27 -38.

[26] 范静波. 家庭因素、教育资源获得与性别公平 [J]. 教育科学，2016 (2): 1 -6.

[27] 范小建. 扶贫开发形势和政策 [M]. 北京：中国财政经济出版社，2008.

[28] 方鸣，应瑞瑶. 中国城乡居民的代际收入流动及分解 [J]. 中国人口·资源与环境，2010，20 (5): 123 -128.

[29] 方鸣，应瑞瑶. 中国农村居民代际收入流动性研究 [J]. 南京农业大学学报（社会科学版），2010 (2): 14 -18，26.

[30] 方迎风，邹薇. 能力投资、健康冲击与贫困脆弱性 [J]. 经济学动态，2013 (7): 36 -49.

[31] 付卫东，王继新，左明章. 信息化助推农村教学点发展的成效、问题及对策 [J]. 华中师范大学学报（人文社会科学版），2016 (5): 146 -155.

[32] 高远东，温涛，王小华. 中国财政金融支农政策减贫效应的空间计量研究 [J]. 经济科学，2013 (1): 36 -46.

[33] 郭彩琴. 教育公平：内涵和规定性 [J]. 江海学刊，2003 (3): 100 -104.

[34] 郭丛斌，闵维方. 中国城镇居民教育与收入代际流动的关系研究 [J]. 教育研究，2007 (5): 3 -14.

[35] 郭冬生. 改革开放三十年来我国女性高等教育的发展 [J]. 中华女子学院学报，2008 (1): 17 -19.

[36] 韩静舒，谢邦昌. 中国居民家庭脆弱性及因病致贫效应分析 [J]. 统计与信息论坛，2016 (7): 36 -49.

[37] 韩军辉，龙志和. 基于多重计量偏误的农村代际收入流动分位回归研究 [J]. 中国人口科学，2011 (5): 26 -35，111.

[38] 何石军，黄桂田. 中国社会的代际收入流动性趋势：2000—2009 [J]. 金融研究，2013 (2): 19 -32.

[39] 洪岩璧，赵延东. 从资本到惯习：中国城市家庭教育模式的阶层分化

[J]. 社会学研究, 2014 (4): 73 - 93, 243.

[40] 侯玉娜, 沈爱祥. 学校资源对上海基础教育质量与公平的影响: 基于国际学生评估项目 (PISA2009) 数据的实证研究 [J]. 教育学术月刊, 2014 (9): 38 - 45.

[41] 侯玉娜, 易全勇. 教育与代际收入流动关系 (上): 基于理论视角的文献述评 [J]. 教育学术月刊, 2013 (9): 23 - 32.

[42] 胡鞍钢, 胡琳琳, 常志霄. 中国经济增长与减少贫困 (1978—2004) [J]. 清华大学学报 (哲学社会科学版), 2006 (5): 105 - 115.

[43] 胡兵, 胡宝娣, 赖景生. 经济增长、收入分配对农村贫困变动的影响 [J]. 财经研究, 2005 (8): 89 - 99.

[44] 胡洪曙, 亓寿伟. 中国居民家庭收入分配的收入代际流动性 [J]. 中南财经政法大学学报, 2014 (2): 20 - 29.

[45] 胡志军, 刘宗明, 龚志民. 中国总体收入基尼系数的估计: 1985—2008 [J]. 经济学 (季刊), 2011 (4): 1423 - 1436.

[46] 黄斌, 高蒙蒙, 查晨婷. 中国农村地区教育收益与收入差异 [J]. 中国农村经济, 2014 (11): 28 - 38.

[47] 黄承伟, 王小林, 徐丽萍. 贫困脆弱性: 概念框架和测量方法 [J]. 农业技术经济, 2010 (8): 4 - 11.

[48] 黄泰岩, 王检贵. 居民收入差距测量指标体系的选择 [J]. 当代经济研究, 2000 (9): 42 - 47, 72.

[49] 黄潇. 健康在多大程度上引致贫困脆弱性: 基于 CHNS 农村数据的经验分析 [J]. 统计与信息论坛, 2013 (9): 54 - 62.

[50] 黄潇. 如何预防贫困的马太效应: 代际收入流动视角 [J]. 经济管理, 2014 (5): 153 - 162.

[51] 黄潇. 中国教育不平等与收入分配差距的实证研究 [D]. 重庆: 重庆大学, 2011.

[52] 贾玉娇. 反贫困的中国道路: 1978—2018 [J]. 浙江社会科学, 2018 (6): 17 - 26, 155.

[53] 江小涓, 李辉. 我国地区之间实际收入差距小于名义收入差距: 加入地区间价格差异后的一项研究 [J]. 经济研究, 2005 (9): 11 - 18, 65.

[54] 赖小妹，徐明．中央扶贫资金投入的减贫效应与益贫机制研究［J］．统计与决策，2018（24）：129－133.

[55] 李超，万海远，田志磊．为教育而流动：随迁子女教育政策改革对农民工流动的影响［J］．财贸经济，2018（1）：132－146.

[56] 李春玲．高等教育扩张与教育机会不平等：高校扩招的平等化效应考查［J］．社会学研究，2010（3）：82－113.

[57] 李春玲．教育不平等的年代变化趋势（1940—2010）：对城乡教育机会不平等的再考察［J］．社会学研究，2014（2）：65－89.

[58] 李春玲．教育地位获得的性别差异：家庭背景对男性和女性教育地位获得的影响［J］．妇女研究论丛，2009（1）：14－18.

[59] 李力行，周广肃．代际传递、社会流动性及其变化趋势：来自收入、职业、教育、政治身份的多角度分析［J］．浙江社会科学，2014（5）：11－22，15.

[60] 李丽，白雪梅．我国城乡居民家庭贫困脆弱性的测度与分解：基于CHNS 微观数据的实证研究［J］．数量经济技术经济研究，2010（8）：61－73.

[61] 李娜，李利，郭艳平．我国行业工资差距：基于泰尔指数的分解分析［J］．统计与决策，2013（7）：93－96.

[62] 李齐云，席华．新农保对家庭贫困脆弱性的影响：基于中国家庭追踪调查数据的研究［J］．上海经济研究，2015（7）：45－54.

[63] 李权葆，薛欣．城乡基尼系数测算与收入分配差距分析：基于CHNS 的实证研究［J］．管理评论，2013（3）：82－90.

[64] 李实，古斯塔夫森．八十年代末中国贫困规模和程度的估计［J］．中国社会科学，1996（6）：29－44.

[65] 李实，罗楚亮．中国收入差距究竟有多大?：对修正样本结构偏差的尝试［J］．经济研究，2011（4）：68－79.

[66] 李实，岳希明．中国城乡收入差距调查［J］．乡镇论坛，2004（8）：21－22.

[67] 李实，赵人伟．中国居民收入分配再研究［J］．经济研究，1999（4）：5－19.

[68] 李实．当前中国的收入分配状况［J］．学术界，2018（3）：5－19，

274.

[69] 李小云，于乐荣，齐顾波.2000~2008 年中国经济增长对贫困减少的作用：一个全国和分区域的实证分析 [J]. 中国农村经济，2010 (4)：4-11.

[70] 李晓嘉.教育能促进脱贫吗：基于 CFPS 农户数据的实证研究 [J]. 北京大学教育评论，2015 (4)：110-122，187.

[71] 李勇辉，李小琴.人力资本投资、劳动力迁移与代际收入流动性 [J]. 云南财经大学学报，2016 (5)：39-50.

[72] 林伯强.中国的经济增长、贫困减少与政策选择 [J]. 经济研究，2003 (12)：15-25，90.

[73] 林盼盼.基于多维度视角下中国农村贫困线的测度研究 [D]. 昆明：云南财经大学，2018.

[74] 林万龙，杨丛丛.贫困农户能有效利用扶贫型小额信贷服务吗?：对四川省仪陇县贫困村互助资金试点的案例分析 [J]. 中国农村经济，2012 (2)：35-45.

[75] 刘保中，张月云，李建新.社会经济地位、文化观念与家庭教育期望 [J]. 青年研究，2014 (6)：46-55，92.

[76] 刘娟.财政支农投入的减贫作用机制及效应分析 [J]. 农业经济，2018 (1)：98-99.

[77] 刘修岩，章元，贺小海.教育与消除农村贫困：基于上海市农户调查数据的实证研究 [J]. 中国农村经济，2007 (10)：61-68.

[78] 刘泽云.上大学是有价值的投资吗：中国高等教育回报率的长期变动 (1988—2007) [J]. 北京大学教育评论，2015 (4)：65-81.

[79] 刘志国，范亚静.代际收入流动性度量及其影响因素的分析：一个综述 [J]. 经济问题探索，2012 (9)：147-151.

[80] 龙翠红，王潇.中国代际收入流动性及传递机制研究 [J]. 华东师范大学学报 (哲学社会科学版)，2014 (5)：156-164，183.

[81] 龙桂珍.基于社会公平视角的教育资源配置问题研究 [J]. 市场研究，2013 (11)：34-36.

[82] 陆铭，高虹，佐藤宏.城市规模与包容性就业 [J]. 中国社会科学，2012 (10)：47-66.

[83] 罗楚亮. 经济增长、收入差距与农村贫困 [J]. 经济研究, 2012 (2): 15 - 27.

[84] 吕炜, 杨沫, 王岩. 城乡收入差距、城乡教育不平等与政府教育投入 [J]. 经济社会体制比较, 2015 (3): 20 - 33.

[85] 吕勇斌, 赵培培. 我国农村金融发展与反贫困绩效: 基于2003—2010年的经验证据 [J]. 农业经济问题, 2014 (1): 54 - 60, 111.

[86] 马俊贤. 农村贫困线的划分及扶贫对策研究 [J]. 统计研究, 2001 (6): 14 - 20.

[87] 马文武, 刘虔. 异质性收入视角下人力资本对农民减贫的作用效应研究 [J]. 中国人口·资源与环境, 2019 (3): 137 - 147.

[88] 马骁骁. 中国城镇居民收入的代际流动性及传递机制 [D]. 北京: 北京大学, 2013.

[89] 毛伟, 李超, 居占杰. 经济增长、收入不平等和政府干预减贫的空间效应与门槛特征 [J]. 农业技术经济, 2013 (10): 16 - 27.

[90] 倪霞. 教育公平视角下我国基础教育政策研究 [J]. 中国教育学刊, 2015 (S1): 134 - 135.

[91] 庞红卫. 信息技术与新的教育不公平: "数字鸿沟" 的出现与应对 [J]. 教育理论与实践, 2015 (10): 22 - 26.

[92] 彭国华. 技术能力匹配、劳动力流动与中国地区差距 [J]. 经济研究, 2015 (1): 99 - 110.

[93] 彭泽平, 姚琳. "分割" 与 "统筹": 城乡义务教育失衡的制度与政策根源及其重构 [J]. 西南大学学报 (社会科学版), 2014 (3): 64 - 71, 182.

[94] 秦建军, 武拉平. 财政支农投入的农村减贫效应研究: 基于中国改革开放30年的考察 [J]. 财贸研究, 2011 (3): 19 - 27, 85.

[95] 邵宜航, 汪宇娟, 刘雅南. 劳动力流动与收入差距演变: 基于我国城市的理论与实证 [J]. 经济学家, 2016 (1): 33 - 41.

[96] 沈扬扬. 经济增长与不平等对农村贫困的影响 [J]. 数量经济技术经济研究, 2012a (8): 19 - 34.

[97] 沈扬扬. 收入增长与不平等对农村贫困的影响: 基于不同经济活动类型农户的研究 [J]. 南开经济研究, 2012b (2): 131 - 150.

[98] 沈有禄，谯欣怡. 教育公平的测度：内容与原则 [J]. 教育科学研究，2009 (7)：15－19.

[99] 师荣蓉，徐璋勇，赵彦嘉. 金融减贫的门槛效应及其实证检验：基于中国西部省际面板数据的研究 [J]. 中国软科学，2013 (3)：32－41.

[100] 苏基溶，廖进中. 中国金融发展与收入分配、贫困关系的经验分析：基于动态面板数据的研究 [J]. 财经科学，2009 (12)：10－16.

[101] 孙百才，刘云鹏. 中国地区间与性别间的教育公平测度：2002—2012年：基于人口受教育年限的基尼系数分析 [J]. 清华大学教育研究，2014 (3)：87－95.

[102] 孙婧芳. 城市劳动力市场中户籍歧视的变化：农民工的就业与工资 [J]. 经济研究，2017 (8)：171－186.

[103] 孙三百，黄薇，洪俊杰. 劳动力自由迁移为何如此重要?：基于代际收入流动的视角 [J]. 经济研究，2012 (5)：147－159.

[104] 孙永强，颜燕. 我国教育代际传递的城乡差异研究：基于中国家庭追踪调查（CFPS）的实证分析 [J]. 北京师范大学学报（社会科学版），2015 (6)：59－67.

[105] 孙玉环，季晓旭. 教育投入对中国经济增长作用的区域差异分析：基于多指标面板数据聚类结果 [J]. 地理研究，2014 (6)：1129－1139.

[106] 邰秀军，罗丞，李树茁，李聪. 外出务工对贫困脆弱性的影响：来自西部山区农户的证据 [J]. 世界经济文汇，2009 (6)：67－76.

[107] 唐任伍. 习近平精准扶贫思想阐释 [J]. 人民论坛，2015 (30)：28－30.

[108] 童星，林闽钢. 我国农村贫困标准线研究 [J]. 中国社会科学，1994 (3)：86－98.

[109] 万广华，刘飞，章元. 资产视角下的贫困脆弱性分解：基于中国农户面板数据的经验分析 [J]. 中国农村经济，2014 (4)：4－19.

[110] 汪晓文，马凌云，李玉洁. 基于ELES方法的甘肃农村贫困线测定分析 [J]. 甘肃联合大学学报（社会科学版），2011 (5)：1－6.

[111] 汪燕敏，金静. 中国劳动力市场代际收入流动研究 [J]. 经济经纬，2013 (3)：96－100.

[112] 王春超，叶琴. 中国农民工多维贫困的演进：基于收入与教育维度的

考察［J］. 经济研究，2014（12）：159－174.

［113］王弟海. 健康人力资本、经济增长和贫困陷阱［J］. 经济研究，2012（6）：143－155.

［114］王海港，黄少安，李琴，罗凤金. 职业技能培训对农村居民非农收入的影响［J］. 经济研究，2009（9）：128－139，151.

［115］王海港. 中国居民家庭的收入变动及其对长期平等的影响［J］. 经济研究，2005（1）：56－66.

［116］王海港. 中国居民收入分配的代际流动［J］. 经济科学，2005（2）：18－25.

［117］王介勇，陈玉福，严茂超. 我国精准扶贫政策及其创新路径研究［J］. 中国科学院院刊，2016（3）：289－295.

［118］王娟，张克中. 公共支出结构与农村减贫：基于省级面板数据的证据［J］. 中国农村经济，2012（1）：31－42.

［119］王美，随晓筱. 新数字鸿沟：信息技术促进教育公平的新挑战［J］. 现代远程教育研究，2014（4）：97－103.

［120］王美今，李仲达. 中国居民收入代际流动性测度："二代"现象经济分析［J］. 中山大学学报（社会科学版），2012（1）：172－181.

［121］王强，杨连子. 我国"就近入学"政策价值合理性缺失及改革思路［J］. 中国教育学刊，2014（10）：5－9.

［122］王少峰. 基础教育资源配置公平指数构建及实证研究：以北京市西城区小学教育为例［J］. 经济社会体制比较，2018（1）：122－129.

［123］王少平，欧阳志刚. 我国城乡收入差距的度量及其对经济增长的效应［J］. 经济研究，2007（10）：44－55.

［124］王小华，王定祥，温涛. 中国农贷的减贫增收效应：贫困县与非贫困县的分层比较［J］. 数量经济技术经济研究，2014（9）：40－55.

［125］王云. 毕节试验区财政支农支出的农村减贫效应研究［D］. 成都：西南大学，2014.

［126］王祖祥，张奎，孟勇. 中国基尼系数的估算研究［J］. 经济评论，2009（3）：14－21.

［127］卫红丽. 教育公平与家庭背景、性别、地区差异：基于CGSS2013的调查数据［J］. 东北农业大学学报（社会科学版），2016（5）：30－

34.
[128] 魏晓艳. 高等教育代际传递及其影响因素的实证研究：谁是“学二代”？[J]. 中国经济问题，2017 (6)：87-97.
[129] 吴愈晓. 中国城乡居民教育获得的性别差异研究 [J]. 社会，2012 (4)：112-137.
[130] 武鹏. 中国行业收入差距研究述评 [J]. 上海经济研究，2010 (8)：60-70，121.
[131] 西南财经大学中国家庭金融调查研究中心. 中国家庭收入差距报告 2013 [R]. 成都：西南财经大学，2013.
[132] 习近平赴湘西调研扶贫攻坚 [EB/OL]. 新华网，http://news.xinhuanet.com/politics/2013-11/03/c_117984236.htm，2013-11-03.
[133] 夏华. 从基尼系数的测算看我国居民收入状况 [J]. 现代财经-天津财经学院学报，2003 (5)：55-59.
[134] 夏庆杰，宋丽娜，Simon Appleton. 经济增长与农村反贫困 [J]. 经济学（季刊），2010 (3)：851-870.
[135] 谢宇，张晓波，李建新. 中国民生发展报告：2014 [M]. 北京：北京大学出版社，2014.
[136] 邢春冰，贾淑艳，李实. 教育回报率的地区差异及其对劳动力流动的影响 [J]. 经济研究，2013 (11)：114-126.
[137] 邢春冰. 中国不同所有制部门的工资决定与教育回报：分位数回归的证据 [J]. 世界经济文汇，2006 (4)：1-26.
[138] 熊兴，余兴厚，黄玲. 乡村振兴战略视域下农村公共产品减贫效应的结构性分析 [J]. 统计与信息论坛，2019 (3)：76-85.
[139] 徐舒. 技术进步、教育收益与收入不平等 [J]. 经济研究，2010 (9)：79-92.
[140] 徐晓红. 中国城乡居民收入差距代际传递变动趋势：2002—2012 [J]. 中国工业经济，2015 (3)：5-17.
[141] 徐艺宁，刘德钦. 基于统计年鉴的我国农村贫困程度研究 [J]. 西南林业大学学报（社会科学），2018 (2)：47-50.
[142] 薛宝贵，何炼成. 我国代际收入传递机制研究 [J]. 云南社会科学，2016 (2)：44-49.

[143] 闫德明．城乡义务教育经费投入一体化水平实证研究：以 X 省为例［J］．教育发展研究，2015（3）：16－21．

[144] 杨俊，黄潇，李晓羽．教育不平等与收入分配差距：中国的实证分析［J］．管理世界，2008（1）：38－47．

[145] 杨俊，王燕，张宗益．中国金融发展与贫困减少的经验分析［J］．世界经济，2008（8）：62－76．

[146] 杨占国，于跃洋．当代中国农村扶贫 30 年（1979～2009）述评［J］．北京社会科学，2009（5）：80－87．

[147] 姚金海．基于 ELES 方法的贫困线测量［J］．统计与决策，2007（2）：115－117．

[148] 姚毅，王朝明．中国城市贫困发生机制的解读：基于经济增长、人力资本和社会资本的视角［J］．财贸经济，2010（10）：106－113．

[149] 叶华，吴晓刚．生育率下降与中国男女教育的平等化趋势［J］．社会学研究，2011（5）：153－177．

[150] 尹飞霄．人力资本与农村贫困研究：理论与实证［D］．南昌：江西财经大学，2013．

[151] 岳希明，李实．我们更应该相信谁的基尼系数？［N］．华尔街日报，2013－01－24．

[152] 岳希明，罗楚亮．农村劳动力外出打工与缓解贫困［J］．世界经济，2010（1）：84－98．

[153] 曾天山．以新理念新机制精准提升教育扶贫成效：以教育部滇西扶贫实践为例［J］．教育研究，2016（12）：35－42．

[154] 张兵，翁辰．农村金融发展的减贫效应：空间溢出和门槛特征［J］．农业技术经济，2015（9）：37－47．

[155] 张车伟．人力资本回报率变化与收入差距：马太效应及其政策含义［J］．经济研究，2006（12）：59－70．

[156] 张辉蓉，盛雅琦，罗敏．我国义务教育均衡发展 40 年：回眸与反思——基于数据分析的视角［J］．西南大学学报（社会科学版），2019（1）：72－80，194．

[157] 张静．改革开放以来中国扶贫政策发展研究［D］．上海：华东政法大学，2013．

[158] 张磊. 中国扶贫开发政策演变（1949—2005年）[M]. 北京：中国财政经济出版社，2007.

[159] 张立东. 中国农村贫困代际传递实证研究 [J]. 中国人口·资源与环境，2013（6）：45-50.

[160] 张玲玲. 基于马丁法的辽宁省农村居民最低生活保障给付水平分析 [D]. 沈阳：辽宁大学，2016.

[161] 张全红，张建华. 中国农村贫困变动：1981—2005：基于不同贫困线标准和指数的对比分析 [J]. 统计研究，2010（2）：28-35.

[162] 张全红. 对中国农村贫困线和贫困人口的再测算 [J]. 农村经济，2010（2）：51-54.

[163] 张爽，陆铭，章元. 社会资本的作用随市场化进程减弱还是加强?：来自中国农村贫困的实证研究 [J]. 经济学（季刊），2007（2）：539-560.

[164] 张苏，曾庆宝. 教育的人力资本代际传递效应述评 [J]. 经济学动态，2011（8）：127-132.

[165] 张涛. 工资收入差异的解释：基于分位数回归的经验研究 [J]. 统计与信息论坛，2011（11）：50-56.

[166] 张菀洺. 我国教育资源配置分析及政策选择：基于教育基尼系数的测算 [J]. 中国人民大学学报，2013（4）：89-97.

[167] 张学敏，吴振华. 教育性别公平的多维测度与比较 [J]. 教育与经济，2019（1）：16-24.

[168] 章莉，李实，William A. Darity，Jr，等. 中国劳动力市场上工资收入的户籍歧视 [J]. 管理世界，2014（11）：35-46.

[169] 赵国芳. 我国农村扶贫开发政策研究 [D]. 北京：北京交通大学，2007.

[170] 赵红霞，冯晓妮. 我国教育代际流动性及地区差异的比较研究：基于CHARLS 2013数据分析 [J]. 中国青年研究，2016（8）：54-58.

[171] 赵军洁，范毅. 改革开放以来户籍制度改革的历史考察和现实观照 [J]. 经济学家，2019（3）：71-80.

[172] 赵西亮. 教育、户籍转换与城乡教育收益率差异 [J]. 经济研究，2017（12）：164-178.

[173] 甄小鹏，凌晨．农村劳动力流动对农村收入及收入差距的影响［J］．经济学（季刊），2017（3）：1073－1096.

[174] 郑浩．贫困陷阱：风险、人力资本传递和脆弱性［D］．武汉：武汉大学，2012.

[175] 郑磊，张鼎权．中国教育性别差异的经济学研究评述［J］．妇女研究论丛，2013（2）：112－119.

[176] 郑筱婷，陆小慧．有兄弟对女性是好消息吗?：家庭人力资本投资中的性别歧视研究［J］．经济学（季刊），2018（1）：277－298.

[177] 中共中央文献研究室．十二大以来重要文献选编（中）［M］．北京：人民出版社，1986.

[178] 中华人民共和国国务院新闻办公室．中国的农村扶贫开发［M］．北京：新星出版社，2001.

[179] 周皓．家庭社会经济地位、教育期望、亲子交流与儿童发展［J］．青年研究，2013（3）：11－26，94.

[180] 周兴，王芳．城乡居民家庭代际收入流动的比较研究［J］．人口学刊，2014（2）：64－73.

[181] 周兴，张鹏．代际间的职业流动与收入流动：来自中国城乡家庭的经验研究［J］．经济学（季刊），2015（1）：351－372.

[182] 周晔馨，叶静怡．社会资本在减轻农村贫困中的作用：文献述评与研究展望［J］．南方经济，2014（7）：35－57.

[183] 宗晓华，杨素红，秦玉友．追求公平而有质量的教育：新时期城乡义务教育质量差距的影响因素与均衡策略［J］．清华大学教育研究，2018（6）：47－57.

[184] 邹薇，郑浩．贫困家庭的孩子为什么不读书：风险，人力资本代际传递和贫困陷阱［J］．经济学动态，2014（6）：16－31.

[185] 邹文杰，冯琳洁．空间异质性、收入门槛与财政支农减贫效应［J］．财经论丛，2015（9）：18－26.

二、外文部分

[1] Abadie A，Angrist J，Imbens G. Instrumental variables estimates of the effect of subsidized training on the quantiles of trainee earnings［J］. Econometrica,

2002, 70 (1): 91 - 117.

[2] Ahluwalia M S, Carter N G, Chenery H B. Growth and poverty in developing countries [J]. Journal of Development Economics, 1979, 6 (3): 299 - 341.

[3] Amemiya T. The maximum likelihood and the nonlinear three-stage least squares estimator in the general nonlinear simultaneous equation model [J]. Econometrica, Econometric Society, 1977, 45 (4): 955 - 968.

[4] Bassett G W, Chen H L. Portfolio Style: Return-Based Attribution Using Quantile Regression [M] // Fitzenberger B, et al. Economic Applications of Quantile Regression. Springer, 2002: 293 - 305.

[5] Bauer J, Feng W, Riley N E, Xiaohua Z. Gender inequality in urban China: Education and employment [J]. Modern China, 1992, 18 (3): 333 - 370.

[6] Beck T, Demirguc-Kunt A, Levine R. Smes, growth, and poverty: Cross-country evidence [J]. Journal of Economic Growth, 2005, 10 (3): 199 - 229.

[7] Becker G S, Kominers S D, Murphy K M, Spenkuch J L. A theory of intergenerational mobility [J]. Journal of Political Economy, 2018, 126 (S1): 7 - 25.

[8] Becker G S, Tomes N. An equilibrium theory of the distribution of income and intergenerational mobility [J]. Journal of Political Economy, 1979, 87 (6): 1153 - 1189.

[9] Benjamin D, Brandt L, Giles J. Of laborinequality and growth in rural China: Does higher inequality impede growth? [J]. Economic Journal, 2011, 121 (557): 1281 - 1309.

[10] Bhalla S S. Imagine there's no country: Poverty, inequality, and growth in the era of globalization [R]. Peterson Institute, 2002.

[11] Blanden J, Haveman R, Smeeding T, Wilson K. Intergenerational mobility in the United States and Great Britain: A comparative study of parent-child pathways [J]. Review of Income and Wealth, 2014, 60 (3): 425 - 449.

[12] Buchinsky M. Changes in the US wage structure 1963 - 1987: Application of quantile regression [J]. Econometrica, 1994, 62 (2): 405 - 458.

[13] Buchinsky M. The dynamics of changes in the female wage distribution in the USA: A quantile regression approach [J]. Journal of Applied Econometrics, 1998, 13 (1): 1-30.

[14] Burgess R, Pande R. Can rural banks reduce poverty? Evidence from the Indian social banking experiment [J]. American Economic Review, 2005, 95 (3): 780-794.

[15] Card D. The Causal Effect of Education on Earnings [M] //Handbook of Labor Economics. Vol 3. Elsevier, 1999: 1801-1863.

[16] Chadwick L, Solon G. Intergenerational income mobility among daughters [J]. American Economic Review, 2002, 92 (1): 335-344.

[17] Chaudhuri S, Jalan J, Suryahadi A. Assessing household vulnerability to poverty from cross-sectional data: A methodology and estimates from Indonesia [Z]. 2002.

[18] Chen Z, Ge Y, Lai H, Wan C. Globalization and gender wage inequality in China [J]. World Development, 2013, 44: 256-266.

[19] Christiaensen L, Subbarao K. Toward an understanding of vulnerability in rural Kenya [J]. Journal of African Economies, 2005, 14 (4): 520-558.

[20] Corak M, Piraino P. The intergenerational transmission of employers [J]. Journal of Labor Economics, 2011, 29 (1): 37-68.

[21] Corak M. Income inequality, equality of opportunity, and intergenerational mobility [J]. Journal of Economic Perspectives, 2013, 27 (3): 79-102.

[22] Demery L, Squire L. Macroeconomic adjustment and poverty in Africa: An emerging picture [J]. The World Bank Research Observer, 1996, 11 (1): 39-59.

[23] Dercon S, Krishnan P. Vulnerability, seasonality and poverty in Ethiopia [J]. The Journal of Development Studies, 2000, 36 (6): 25-53.

[24] Dollar D, Kraay A. Growth is Good for the Poor [J]. Journal of Economic Growth, 2002, 7 (3): 195-225.

[25] Dong Y, Luo R, Zhang L, Liu C, Bai Y. Intergenerational transmission of education: The case of rural China [J]. China Economic Review, 2019, 53:

311 -323.

[26] Eide E R, Showalter M H. Factors affecting the transmission of earnings across generations: A quantile regression approach [J]. Journal of Human Resources, 1999, 34: 253 -267.

[27] Erikson R, Goldthorpe J H. The constant flux: A study of class mobility in industrial societies [M]. Oxford: Clarendon Press, 1992.

[28] Erola J, Jalonen S, Lehti H. Parental education, class and income over early life course and children's achievement [J]. Research in Social Stratification and Mobility, 2016, 44: 33 -43.

[29] Firpo S, Fortin N M, Lemieux T. Unconditional quantile regressions [J]. Econometrica, 2009, 77 (3): 953 -973.

[30] Firpo S. Efficient semiparametric estimation of quantile treatment effects [J]. Econometrica, 2007, 75 (1): 259 -276.

[31] Foster J, Greer J, Thorbecke E. A class of decomposable poverty measures [J]. Econometrica, Econometric Society, 1984: 761 -766.

[32] Gaiha R, Imai K. Measuring vulnerability and poverty estimates for rural India [R]. Research paper/UNU-WIDER, 2008.

[33] Gloede O, Menkhoff L, Waibel H. Shocks, individual risk attitude, and vulnerability to poverty among rural households in Thailand and Vietnam [J]. World Development, 2015, 71: 54 -78.

[34] Goedhuys M, Sleuwaegen L. High-growth entrepreneurial firms in Africa: A quantile regression approach [J]. Small Business Economics, 2010, 34 (1): 31 -51.

[35] Gong H, Leigh A, Meng X. Intergenerational income mobility in urban China [J]. Review of Income and Wealth, 2010, 58 (3): 481 -503.

[36] Grawe N D. Intergenerational Mobility for whom? The Eexperience of High- and Low-Earning Sons in International Perspective [M] //Generational income mobility in North America and Europe. Cambridge University Press, 2004: 58 -89.

[37] Gustafsson B, Shi L. Expenditures on education and health care and poverty in rural China [J]. China Economic Review, 2004, 15 (3): 292 -301.

[38] Haider S, Solon G. Life-cycle variation in the association between current and lifetime earnings [J]. American Economic Review, 2006, 96 (4): 1308 - 1320.

[39] Hannum E, Xie Y. Trends in educational gender inequality in China: 1949 - 1985 [J]. Social Stratifcation and Mobility, 1994, 13: 73 - 98.

[40] Haveman R, Wolfe B. A review of methods and findings [J]. Journal of Economic Literature, 1995, 33 (4): 1829 - 1878.

[41] Heckman J J, Mosso S. The economics of human development and social mobility [R]. NBER Working Paper, 2014, 6 (1): 689 - 733.

[42] Heckman J J, Urzua S, Vytlacil E. Understanding instrumental variables in models with essential heterogeneity [J]. The Review of Economics and Statistics, 2006, 88 (3): 389 - 432.

[43] Huang J, Zhang Q, Rozelle S. Economic growth, the nature of growth and poverty reduction in rural China [J]. China Economic Journal, 2008 (1): 107 - 122.

[44] Jalilian H, Kirkpatrick C. Financial development and poverty reduction in developing countries [J]. International Journal of Finance & Economics, 2002, 7 (2): 97 - 108.

[45] Jeanneney S G, Kpodar K. Financial development and poverty reduction: Can there be a benefit without a cost? [J]. The Journal of Development Studies, 2011, 47 (1): 143 - 163.

[46] Jerrim J, Macmillan L. Income inequality, intergenerational mobility, and the Great Gatsby Curve: Is education the key? [R]. Policy Research Working Paper, 2015, 94 (2): 505 - 533.

[47] Kakwani N, Khandker S, Son H. Poverty equivalent growth rate: With applications to Korea and Thailand [J]. General Information, 2003, 54 (4): 643 - 655.

[48] Kan K, Li I H, Wang R H. Intergenerational income mobility in Taiwan: Evidence from TS2SLS and structural quantile regression [J]. The B. E. Journal of Economic Analysis & Policy, 2015, 15 (1): 257 - 284.

[49] Katz L F, Murphy K M. Changes in relative wages, 1963 - 1987: Supply

and demand factors [J]. Quarterly Journal of Economics, 1992, 107 (1): 35-78.

[50] Knight J, Song L. Increasing urban wage inequality in China: Extent, elements and evaluation [J]. Economics of Transition, 2003, 11 (4): 597-619.

[51] Kühl J J. Disaggregating household vulnerability-analyzing fluctuations in consumption using a simulation approach [R]. Manuscript, Institute of Economics, University of Copenhagen, Denmark, 2003.

[52] Lareau A. Unequal Childhoods: Class, Race, and Family Life [M]. University of California Press, 2011.

[53] Lee C I, Solon G. Trends in intergenerational income mobility [J]. The Review of Economics and Statistics, 2009, 91 (4): 766-772.

[54] Lentz B F, Laband D N. Why so many children of doctors become doctors: Nepotism vs. human capital transfers [J]. Journal of Human Resources, 1989, 24 (3): 396-413.

[55] Li Y, Zhang S, Kong J. Social mobility in China and Britain: A comparative study [J]. International Review of Social Research, 2015, 5 (1), 20-34.

[56] Ligon E, Schechter L. Measuring vulnerability [J]. The Economic Journal, 2003, 113 (486): 95-102.

[57] Martins P S, Pereira P T. Does education reduce wage inequality? Quantile regression evidence from 16 countries [J]. Labour Economics, 2004, 11 (3): 355-371.

[58] Mincer J A. Age and Experience Profiles of Earnings [M] // Schooling, Experience, and Earnings. Columbia University Press, 1974: 64-82.

[59] Mwabu G, Schultz T P. Education returns across quantiles of the wage function: Alternative explanations for returns to education by race in South Africa [J]. The American Economic Review, 1996, 86 (2): 335-339.

[60] Novignon J, Nonvignon J, Mussa R, Chiwaula L S. Health and vulnerability to poverty in Ghana: Evidence from the Ghana Living Standards Survey Round 5 [J]. Health Economics Review, 2012, 2 (1): 11.

[61] Odhiambo N M. Finance-growth-poverty nexus in South Africa: A dynamic causality linkage [J]. The Journal of Socio-Economics, 2009, 38 (2): 320 -325.

[62] Palomino J C, Marrero G A, Rodríguez J G. One size doesn't fit all: a quantile analysis of intergenerational income mobility in the US (1980 - 2010) [J]. The Journal of Economic Inequality, 2018, 16 (3): 347 - 367.

[63] Pérez - Gonzúlez F. Inherited control and firm performance [J]. American Economic Review, 2006, 96 (5): 1559 -1588.

[64] Qin X, Wang T, Zhuang C C. Intergenerational transfer of human capital and its impact on income mobility: Evidence from China [J]. China Economic Review, 2016, 38: 306 -321.

[65] Ravallion M, Chen S. China's (uneven) progress against poverty [J]. Journal of Development Economics, 2007, 82 (1): 1 -42.

[66] Ren W, Miller P W. Changes over time in the return to education in urban China: Conventional and ORU estimates [J]. China Economic Review, 2012, 23 (1): 154 -169.

[67] Sawhill I V. Opportunity in the United States: Myth or reality. [R]. Washington, DC: The Brookings Institution and Carnegie Endowment for International Peace, 2000.

[68] Sen A. The possibility of social choice [J]. American Economic Review, 1999, 89 (3): 349 -378.

[69] Sen A. Poverty: An ordinal approach to measurement [J]. Econometrica, 1976, 44: 219 -231.

[70] Shorrocks A F. Decomposition procedures for distributional analysis: A unified framework based on the Shapley value [R]. Department of Economics, University of Essex, 1999.

[71] Shorrocks A F. Revisiting the sen poverty index [J]. Econometrica, 1995, 63 (5): 1225.

[72] Solon G. Biases in the estimation of intergenerational earnings correlations [J]. The Review of Economics and Statistics, 1989, 71: 172 -174.

[73] Solon G. Intergenerational income mobility in the United States [J]. The American Economic Review, 1992, 82: 393 – 408.

[74] Staneva A, Arabsheibani G R, Murphy P D. Returns to education in four transition countries: quantile regression approach [Z]. KSE/KEI Working paper, 2010.

[75] Thomas V, Wang Y, Fan X. A new dataset on inequality in education: Gini and Theil indices of schooling for 140 countries, 1960 – 2000 [R]. Washington, DC: World Bank, 2001.

[76] Wan G. Accounting for income inequality in rural China: A regression-based approach [J]. Journal of Comparative Economics, 2004, 32 (2): 348 – 363.

[77] Whittington D, Komives K, Wu X. Infrastructure coverage and the poor: A global perspective [R]. Washington, DC: World Bank, 2001.

[78] Wu Y, Zhou D. Women's labor force participation in urban China, 1990 – 2010 [J]. Chinese Sociological Review, 2015, 47 (4): 314 – 342.

[79] Xiong Y. The broken ladder: Why education provides no upward mobility for migrant children in China [J]. The China Quarterly, 2015, 221: 161 – 184.

[80] Xu S, Zhu H, Li X. Who had to leave their children behind? Evidence from a migrant survey in Shanghai [J]. Hitotsubashi Journal of Economics, 2013: 39 – 50.

[81] Yang J, Huang X, Liu X. An analysis of education inequality in China [J]. International Journal of Educational Development, 2014, 37: 2 – 10.

[82] Yeung W J J. Higher education expansion and social stratification in China [J]. Chinese Sociological Review, 2013, 45 (4): 54 – 80.

[83] Zhang H. The poverty trap of education: Education-poverty connections in Western China [J]. International Journal of Educational Development, 2014, 38: 47 – 58.

[84] Zhang H. Opportunity or new poverty trap: Rural-urban education disparity and internal migration in China [J]. China Economic Review, 2017, 44: 112 – 124.

[85] Zhang Y, Eriksson T. Inequality of opportunity and income inequality in nine Chinese provinces, 1989 - 2006 [J]. China Economic Review, 2010, 21 (4): 607 -616.

[86] Zhang Y, Wan G. An empirical analysis of household vulnerability in rural China [J]. Journal of the Asia Pacific Economy, 2006, 11 (2): 196 - 212.

[87] Zimmerman D J. Regression toward mediocrity in economic stature [J]. The American Economic Review, 1992, 82 (3): 409 -429.